E. LE NORDEZ

UNE LETTRE DE CACHET

EN 1870

Réponse à un Diffamateur inviolable

Ex fructibus eorum cognoscetis eos.

PARIS

IMPRIMERIE Ve ÉTHIOU-PÉROU ET A. KLEIN

RUE DAMIETTE, 2 ET 4

—

1879

A MON PÈRE

Tu m'as, en mourant, légué le trésor d'un nom justement honoré.

J'atteste ta chère mémoire que j'ai gardé intact ce précieux héritage et que mes détracteurs ont menti.

E. LE NORDEZ.

Paris, le 12 Janvier 1879.

UN DIFFAMATEUR INVIOLABLE

Dans la séance du samedi 16 novembre, au cours de la discussion sur l'élection de M. de Mun, il s'est produit un incident rapporté comme il suit au *Journal officiel :*

M. le Rapporteur. On s'habitue à dire dans les discours : les républicains sont les ennemis de la propriété, ce sont des incendiaires ! Cela se disait couramment dans la polémique à raison de laquelle les amis de M. de Mun ont été condamnés pour diffamation. Ceux-là, disait-on, sont des communards, des ennemis de la religion, de la propriété, de la famille. On dit cela dans des discours ; vous finissiez de bonne foi par le croire, et c'est un tort !

M. de La Rochefoucauld, duc de Bisaccia. Ce ne sont pourtant pas les royalistes qui ont brûlé Paris ! (Exclamations sur divers bancs.)

Nous n'avons pas fusillé les otages non plus ! (Très-bien ! à droite.)

M. le Rapporteur. Monsieur, j'avais parmi les otages un ami qui a été fusillé. J'étais à Paris, j'ai vu les choses de très-près, et je ne vous ai pas vu à mes côtés ! (Très-bien ! Très-bien ! à gauche.)

M. de La Rochefoucauld, duc de Bisaccia. Parbleu ! vous m'auriez fait comparaître devant une cour martiale, comme vous l'avez fait pour l'un des rédacteurs d'un journal que je patronne. (Bruyantes exclamations à droite.)

M. le Rapporteur. Monsieur de La Rochefoucauld, j'ai fait envoyer devant une cour martiale votre rédacteur, parce qu'il avait révélé dans son journal le secret du camp de Conlie aux Prussiens, qui étaient à cinq lieues de là! (Applaudissements répétés à gauche et au centre.)

M. DE LA ROCHEFOUCAULD, DUC DE BISACCIA. Il avait publié une correspondance qui émanait du cabinet de M. Thiers. Voilà la vérité! (Interruptions et mouvements divers.)

M. LE RAPPORTEUR. On imprimait que le camp de Conlie était à la merci d'une surprise. Voilà la vérité, monsieur! Abritez-vous derrière le nom des morts, mais vous n'empêcherez pas que ce soit l'exacte vérité. Je vous mets au défi de la contredire! (Nouveaux applaudissements à gauche.)

M. DE LA ROCHEFOUCAULD, DUC DE BISACCIA. C'était, je le répète, une correspondance qu'il avait publiée, et qui partait du cabinet de M. Thiers! Je vous défie de me contredire!

M. LE RAPPORTEUR. M. Thiers est mort, et je ne sais ce qu'il dirait. (Exclamations à droite.) Ce que je sais, c'est qu'on avait écrit dans un journal que le camp de Conlie était désarmé et que, quand on écrivait cela, les Prussiens étaient à cinq lieues de là. (Agitation.)

Quel était le rédacteur visé par M. Allain-Targé? Pour ceux qui ont suivi les événements de 1870, aucun doute n'était permis. Plusieurs journaux de la gauche, en détachant du compte rendu de la séance le passage qui précède, y ont ajouté des commentaires malveillants et m'ont nominativement désigné.

Qu'y a-t-il de vrai dans les assertions de M. Allain-Targé? Qui, de lui ou de M. de Larochefoucauld, a, dans ce débat, dit la vérité?

Je ne pouvais laisser ces questions sans réponse.

Le 19 novembre 1878, j'ai adressé aux journaux de Paris la lettre suivante dont aucun organe de la gauche n'a cru devoir faire mention :

MONSIEUR LE DIRECTEUR,

Samedi, au cours de la discussion sur l'élection de M. le comte de Mun, et pour répondre à une interruption de M. de La Rochefoucauld duc de Bisaccia, le rapporteur, M. Allain-Targé, a dit que si, pendant la guerre, il avait fait envoyer un rédacteur devant une cour martiale, c'est parce que, *dans son journal, ce rédacteur avait révélé les secrets du camp de Conlie aux Prussiens, qui étaient à cinq lieues de là.*

L'accusation est grave, et c'est moi qu'elle atteint.

En effet, en novembre 1870, sur l'ordre de M. Allain-Targé, alors commissaire du Gouvernement dans l'Ouest, j'ai été arrêté sous inculpation « d'actes *ayant pour but* d'entraver la défense. » Ces prétendus actes se résumaient en *trois lignes* publiées dans l'*Union de la Sarthe*, dont j'étais le rédacteur en chef, et dans lesquelles il avait été simplement dit que M. Gambetta ne s'était pas montré satisfait de l'organisation du camp de Conlie. Or, le surlendemain, le commandant du camp, l'honorable M. de Kératry, donnait sa démission en la motivant précisément sur la violence avec laquelle M. Gambetta avait publiquement dénigré et son œuvre et sa personne.

L'article incriminé n'était pas de moi et l'accusation était si peu fondée qu'après avoir demandé à toutes les juridictions militaires, cour martiale et conseil de guerre, de l'établir et de me frapper, on dut se résoudre à mettre un terme à ma longue détention par une ordonnance de non-lieu. Quant à l'auteur de l'article, aucune action ne fut exercée contre lui.

D'après ceci, j'étais en droit de me croire à l'abri de toute suspicion malveillante. Cependant, trois fois déjà, depuis 1870, M. Allain-Targé et ses amis m'ont présenté comme ayant manqué, pendant la guerre, aux devoirs les plus sacrés du patriotisme. Je me suis contenté de répondre en rétablissant la vérité des faits et, chaque fois, les journaux qui avaient accueilli l'accusation avec le plus d'empressement ont dû reconnaître que mes loyales explications n'en laissaient rien subsister. J'ai même en main une lettre par laquelle M. Allain-Targé, sans aller jusqu'à reconnaître pleinement l'illégalité de l'arrestation, déclare néanmoins que si, après avoir été arrêté, incarcéré et interrogé, j'ai été remis en liberté, c'est parce que l'instruction avait démontré que mes *intentions* ne pouvaient être suspectées.

Sans tenir plus de compte de mes protestations que de ses propres rectifications, M. Allain-Targé vient de donner à son accusation un caractère particulièrement diffamatoire, en la répétant à la tribune de la Chambre des députés. Je n'ai plus, pour y répondre comme il convient, qu'un moyen : c'est de m'adresser aux tribunaux et de faire établir par eux, d'une façon irrévocable, la vérité sur les faits relatifs à mon arrestation.

Je vais, en conséquence, avoir l'honneur d'adresser à M. le président de la Chambre des députés une demande en autorisation de poursuites.

En prenant cette décision, devant laquelle j'ai reculé depuis huit ans, je n'obéis pas au besoin de ramener l'opinion publique sur des faits dont je puis, pour ma part, me souvenir sans nulle honte ; mais pour l'honneur de la presse à laquelle j'appartiens, j'ai le devoir de mettre un terme à une diffamation qui, à force d'être reproduite, finirait par tromper la bonne foi des gens les moins prévenus.

Il n'y a ici ni question politique, ni préoccupations de partis, et tout honnête homme comprendra qu'il s'agit uniquement et exclusivement d'une affaire de vérité, de loyauté et d'honneur.

Daignez agréer, Monsieur le directeur, l'assurance de mes sentiments respectueux.

E. Le Nordez.

Voici la lettre par laquelle j'adressais à la Chambre des députés une demande en autorisation de poursuites contre M. Allain-Targé :

Paris, le 21 Novembre 1878.

A Monsieur Jules Grévy, Président de la Chambre des Députés.

Monsieur le Président,

Dans le compte rendu officiel de la séance du samedi 16 novembre, se trouve le passage suivant :

M. le Rapporteur. — Monsieur, j'avais parmi les otages un ami qui a été fusillé. J'étais à Paris, j'ai vu les choses de très-près, et je ne vous ai pas vu à mes côtés.

M. de La Rochefoucauld, duc de Bisaccia. — Parbleu ! vous m'auriez fait comparaître devant une Cour martiale, comme vous l'avez fait pour l'un des rédacteurs d'un journal que je patronne.

M. le Rapporteur. — Monsieur de La Rochefoucauld, j'ai fait envoyer devant une Cour martiale votre rédacteur, parce qu'il avait révélé dans son journal le secret du camp de Conlie aux Prussiens, qui étaient à cinq lieues de là.

Je suis le rédacteur ici visé, et plusieurs journaux, en reproduisant la réponse de M. Allain-Targé à M. de La Rochefoucauld, m'ont nominativement désigné.

L'accusation est grave : elle fait peser sur moi des soupçons malveillants qui, en atteignant mon honneur, sont de nature à me porter, dans ma carrière de journaliste et dans mes relations privées, un préjudice très-grand.

Trois fois déjà, depuis 1870, M. Allain-Targé ou ses amis m'ont présenté comme ayant manqué, pendant la guerre, aux devoirs du patriotisme ; j'ai cru qu'il suffisait de rétablir, dans les journaux, la vérité des faits ; je vois aujourd'hui que je me suis trompé.

Les paroles prononcées à la tribune par M. Allain-Targé, dans la séance de samedi, ont donné à l'imputation un retentissement et une portée qui en aggravent le caractère diffamatoire. Il ne me reste plus qu'un moyen de me disculper, c'est d'en appeler aux tribunaux. Je viens, en conséquence, demander à la Chambre de m'autoriser à poursuivre M. Allain-Targé pour diffamation. Je tiens à déclarer que je n'ai ici qu'une pensée et qu'un but : mettre un terme à des assertions diffamatoires lancées à la légère et exploitées contre moi dans les polémiques auxquelles, par état, je me trouve mêlé.

La Chambre, j'en suis convaincu, ne me refusera pas la légitime satisfaction que j'attends de son impartialité.

Veuillez agréer, Monsieur le Président, l'expression de mes sentiments bien respectueux.

E. Le Nordez.

Le lendemain de la remise de cette lettre entre les mains de M. le Président de la Chambre, j'ai reçu du secrétaire général de la Présidence la réponse que voici :

Versailles, le 22 Novembre 1878.

CHAMBRE DES DÉPUTÉS

PRÉSIDENCE

Monsieur,

La loi du 17 mai 1819 (art. 21) ne permettant aucune action à raison des discours tenus dans la Chambre des députés, M. le Président me charge de vous informer qu'il ne peut être donné aucune suite à la requête que vous avez adressée à la Chambre.

Agréez, Monsieur, l'assurance de ma considération distinguée.

Jules POUDRA.

Monsieur Le Nordez, Paris.

M. Allain-Targé se trouvait donc ainsi, grâce à l'immunité parlementaire, à l'abri de toute poursuite.

Il ne me restait plus, dès lors, d'autre moyen de réduire à néant ses imputations calomnieuses que d'intenter un procès en diffamation à l'un des journaux qui, en les reproduisant, se les étaient le plus incontestablement appropriées.

L'Avenir du Mans l'avait fait dans les termes que voici :

Nos lecteurs connaissent les faits auxquels il a été fait allusion.

Ils savent que le journal patronné par M. de La Rochefoucauld est l'*Union de la Sarthe*, et que le rédacteur qui fut arrêté est M. Le Nordez, décoré depuis par le ministère du 16 mai.

Il est, du reste, depuis longtemps acquis que les ennemis de la France ne sont pas ceux des légitimistes.

Ce journal ayant, d'autre part, publié récemment contre moi plusieurs articles qui me paraissaient contenir des diffamations non moins évidentes, j'intentai un procès à *l'Avenir* du Mans.

Dans son numéro du 24 novembre 1878, ce journal publiait la lettre suivante :

Paris, le 22 Novembre 1878.

MONSIEUR,

Si l'on vous fait un procès en diffamation au nom de M. Le Nordez, vous pouvez affirmer qu'on a l'intention d'éviter contre moi un débat contradictoire dans lequel la preuve serait admise et les témoins entendus.

Ajoutez que je prends et que je garde la responsabilité morale de l'arrestation de M. Le Nordez. La responsabilité légale appartient à M. le général Négrier. L'instruction, devant la cour martiale du Mans, fut faite par M. Potel, avocat à la cour de cassation, alors engagé et sous-officier, délégué par M. le général Négrier pour instruire cette affaire.

Il se tiendra, comme moi, je n'en doute pas, à votre disposition, pour vous fournir tout ce qui sera nécessaire à votre défense, si, par hasard, vous recevez une citation. Je ne crois pas qu'un tribunal puisse vous rendre responsable de ce que j'ai dit à la tribune ou ailleurs ; car, les faits auxquels M. de La Rochefoucauld-Bisaccia, mon collègue, a fait allusion ont bientôt huit ans de date et ont fait l'objet de plusieurs polémiques, dans lesquelles j'ai dû intervenir.

Agréez, Monsieur, l'assurance de mes sentiments les plus dévoués.

H. ALLAIN-TARGÉ.

Il est évident que M. Allain-Targé cherchait, par cette lettre, à intervertir les rôles et à échapper à une responsabilité qui lui revient tout entière.

A la tribune, il avait dit : « J'ai fait arrêter...., etc. » Dans la lettre qu'on vient de lire il n'accepte plus que la « responsabilité morale » de mon arrestation, et il rejette la « responsabilité légale » sur M. le général Négrier. C'est là une question que j'examinerai plus loin. Il me suffit ici de faire remarquer, d'une part, que dans le procès en diffamation intenté par moi à l'*Avenir* du Mans, cette question de responsabilité n'avait pas lieu d'être soulevée ; d'autre part que, alors même que j'eusse pu poursuivre M. Allain-Targé, ce n'est pas comme auteur ou comme complice de mon incarcération arbitraire que je l'eusse assigné, mais seulement comme auteur d'assertions fausses et diffamatoires. La distinction que fait sur ce point M. Allain-Targé est donc sans opportunité, et je ferai uniquement observer que, depuis 1870, toutes les fois qu'il s'est agi de l'acte arbitraire dont j'ai été victime, il m'a été impossible de découvrir quel en était le véritable auteur responsable.

M. Allain-Targé invoque le témoignage de M. Potel, « avocat à la Cour de cassation. » Je n'ai trouvé ce nom ni parmi les avocats à la Cour de cassation ni parmi ceux de la Cour d'appel de Paris; mais j'ai en mains un témoignage signé de M. Potel, « docteur en droit », qui, en effet, fut chargé de l'instruction de mon affaire devant la Cour martiale et, ainsi qu'on le verra, ce témoignage est loin de confirmer les assertions diffamatoires de M. Allain-Targé et du journal l'*Avenir* du Mans.

Ce sont là, toutefois, les points secondaires de la lettre de M. Allain-Targé.

Sans vouloir mettre en doute la droiture de ses intentions ou la sincérité de ses assertions, je lui adressai la lettre suivante, véritable mise en demeure, à laquelle je ne doutais pas qu'il ne donnât prompte et entière satisfaction:

Paris, le 26 Novembre 1878.

MONSIEUR,

Dans une lettre que vous adressez au journal *l'Avenir*, du Mans, vous dites :

« Si l'on vous fait un procès en diffamation au nom de M. Le Nordez, « vous pouvez affirmer qu'on a l'intention d'éviter contre moi un débat « contradictoire dans lequel la preuve serait admise et les témoins enten- « dus. »

Vous suspectez bien légèrement mes intentions, Monsieur ; j'aurais peut-être de plus sérieuses raisons de suspecter les vôtres.

Vous ne pouvez, en effet, ignorer que, précisément et uniquement dans le but d'arriver à un débat contradictoire *contre vous*, j'ai adressé à M. le président de la Chambre des députés une requête tendant à obtenir l'autorisation de vous poursuivre. Si vous vous êtes enquis de la suite donnée à ma demande, vous devez aussi connaître la réponse qui m'a été officiellement adressée :

« La loi du 17 mai 1819 (art. 21) ne permettant aucune action à raison « des discours tenus dans la Chambre des députés, il ne peut être donné « aucune suite à une requête adressée à la Chambre afin d'être autorisé à « poursuivre un de ses membres. »

Vous voyez donc bien, Monsieur, que, si l'un de nous a « l'intention d'éviter un débat contradictoire, » ce n'est pas moi. Si vous tenez à prouver que ce n'est pas vous non plus, vous en avez les moyens :

Renoncez exceptionnellement à votre immunité parlementaire et autorisez-moi à vous intenter une action civile.

Si, pour des raisons que je ne prévois pas, cette façon de procéder n'est pas à votre convenance, en voici une autre qui ne laisse place à aucune objection :

Vous m'avez fait arrêter, en 1870, sous inculpation d'*actes ayant pour but d'entraver la défense nationale*, et dans la séance du 16 novembre courant, vous avez déclaré à la tribune que j'avais *révélé les secrets du camp de Conlie aux Prussiens, qui étaient à cinq lieues de là.* Plusieurs journaux de la gauche sont à votre entière disposition : *formulez nettement dans l'un d'eux les accusations ci-dessus et signez-les.* Je pourrai alors vous poursuivre, et ce ne sera pas devant un tribunal correctionnel que je vous appellerai, mais devant un tribunal civil. Vous pourrez ainsi fournir la preuve des faits aussi complétement que vous le voudrez et faire entendre vos témoins.

Ce débat contradictoire, je le désire ardemment, je le veux complet et approfondi, afin qu'il ne reste rien des accusations que vous avez pu lancer impunément contre moi dans le sein de la Chambre des députés.

Il dépend de vous maintenant que la vérité se fasse, et si c'est pour moi affaire d'honneur, c'est pour vous affaire de loyauté.

Recevez, Monsieur, mes salutations.

E. Le Nordez.

M. Allain-Targé ne m'a fait parvenir aucune réponse à la lettre qui précède.

Je me trouve donc ainsi en face d'un *diffamateur inviolable* et, pour réduire à néant ses imputations calomnieuses, je n'ai plus qu'à soumettre à l'appréciation de ses collègues et au jugement de l'opinion publique, les pièces du procès.

Pour tout homme impartial, il en ressortira de la façon la plus évidente que :

1° En me faisant arrêter en novembre 1870, M. Allain-Targé a commis un acte arbitraire et a porté la plus grave atteinte tant à la liberté individuelle qu'à la liberté de la presse ;

2° En reprenant une accusation que les tribunaux avaient reconnue sans fondement et en lui donnant le retentissement de la tribune, M. Allain-Targé s'est sciemment rendu coupable de la plus odieuse diffamation.

UNE LETTRE DE CACHET

EN 1870

I

L'Union de la Sarthe et le Gouvernement de la Défense nationale

Pour bien juger des véritables causes de mon arrestation en 1870 par M. Allain-Targé, il est nécessaire de connaître l'attitude prise par *l'Union de la Sarthe* vis-à-vis du gouvernement de la Défense nationale et vis-à-vis de ses agents administratifs ou militaires.

Lorsque, le 5 septembre, une dépêche télégraphique m'annonça les faits qui s'étaient accomplis la veille: le renversement de l'Empire et la prise du gouvernement par les députés républicains, voici en quels termes je commentai ces graves événements :

Notre patriotisme est trop grand pour que nous puissions avoir la pensée d'ajouter aux difficultés déjà si nombreuses de notre situation nationale et aux embarras du nouveau gouvernement.

Il nous trouvera, comme nous a toujours trouvés l'Empire, indépendants et loyaux, prêts à l'appuyer dans toutes les bonnes mesures qu'il prendra, et le patriotisme le plus désintéressé, comme le plus persévérant, sera la seule règle de notre conduite.

Ce n'est pas une question d'opinions et de parti qui est en jeu, c'est le salut de la patrie ; et ce n'est pas trop, pour cette grande et sainte tâche, que l'union de tous dans un même dévouement, dans une même abnégation, dans un même élan. . . . .

. . . .

Oui, il faut que chacun le comprenne, le salut de la France est, plus que tout et avant tout, chose publique ! *res publica !*

E. Le Nordez.

(*Union de la Sarthe* du 6 septembre 1878.)

Le lendemain, pour bien définir l'attitude que, à notre avis, les conservateurs devaient prendre, et pour préciser la nature et les limites du concours que nous étions prêts à donner « *au gouvernement de la Défense nationale* », *l'Union de la Sarthe* publiait, sous ma signature, l'article suivant :

Nous avons été, nous sommes et nous resterons *conservateurs*.

Conservateurs de *quoi ?*

De la chose publique et d'elle seule, c'est-à-dire du salut de la France et de tout ce qui peut lui assurer la paix, la gloire, la liberté et la prospérité.

Ennemis jurés de tout ce qui y porte atteinte, nous sommes les défenseurs dévoués de tout ce qui doit servir cette cause nationale.

Or, la cause nationale est aujourd'hui tout entière en ceci : repousser l'invasion, arracher la France aux humiliations et à la ruine dont la menacent les Prussiens.

Sauver la patrie et organiser un gouvernement apte à cette grande mission, telle est l'unique pensée qui nous anime, telle doit être la seule préoccupation des vrais *conservateurs*, qui sont réellement les plus sincères patriotes.

Un peuple n'appartient qu'à lui seul, et lui seul a le droit de pourvoir à son gouvernement. *Nous ne saurions dès lors regarder comme définitivement et régulièrement établi le gouvernement du 4 septembre.*

Toutefois, *nous sommes loin de blâmer l'initiative prise par les hommes qui, en présence des événements*, se sont emparés du Gouvernement.

En se donnant à eux-mêmes la tâche d'organiser la défense nationale, ils ont, nous en demeurons convaincus, fait acte de pur dévouement, et ni pensée ambitieuse, ni projets cachés ne se mêlent à leur entreprise patriotique.

En jugeant le passé des membres du nouveau Gouvernement, nous avons dû reconnaître les maladresses et les fautes que l'esprit de parti leur avait fait commettre.

En changeant de terrain, d'opposants devenant patriotes, ils peuvent réparer un passé dont ils ne sont pas innocents et servir au bien de la France plus encore qu'ils n'ont concouru à ses maux. Puissent-ils le comprendre !

Leurs intentions, d'ailleurs, nous paraissent conformes au vœu que nous formons ici.

Dans des proclamations pleines de calme et de patriotisme, ils nous font connaître leur programme, et il nous satisfait.

« *Le Gouvernement,* disent-ils, EST AVANT TOUT *un Gouvernement de défense nationale.*

« *Nous sommes,* NON AU POUVOIR, *mais au péril et au combat.*

« *En acceptant le pouvoir, nous n'avons pas fait œuvre de parti.*

« *Nous ne sommes pas le Gouvernement d'un parti, mais le Gouvernement de la défense nationale.*

« *Nous n'avons qu'un but, le salut de la patrie, par l'armée et par la nation.* »

Nous ne voulons pas douter un seul instant de la sincérité de ces solennels engagements.

Que ceux qui les ont pris les tiennent, c'est tout ce que nous leur demandons.

Qu'ils légalisent leur origine par leurs actes et, oubliant leur passé, nous leur donnerons un concours sincère.. ..

Puisqu'ils se baptisent eux-mêmes « Gouvernement de la défense nationale, » il faut que MM. Gambetta, J. Favre, Picard et leurs collègues se *souviennent qu'ils ne sont que cela.*

Sauver la France, repousser l'invasion, tel doit être leur seul but, comme telle est leur seule raison d'être.......

La plus grande force que nous puissions opposer à l'ennemi, c'est l'union.

Que le Gouvernement s'efforce de l'accroître et qu'il se garde avec un soin scrupuleux de tout ce qui pourrait y nuire.

C'est ce qui arriverait, cependant, s'il faisait trop acte d'autorité administrative ou d'application de ses principes politiques.

Point de destitutions ou de nominations inutiles : ce n'est pas l'heure de *désorganiser*. Il ne faut pas que, comme en 48, on voie *les créatures* de la démocratie plus ou moins radicale apporter dans l'administration *le désordre avec l'incapacité.*

Ce serait semer la haine et la division lorsque l'union la plus parfaite est nécessaire.

Ce sera peut-être le plus difficile de la tâche acceptée par les députés de la gauche ; raison de plus pour qu'ils s'y appliquent avec plus de patriotisme, de sagesse et de désintéressement.

Plus le Gouvernement demandera aux hommes de tous les partis leur concours et leur appui, plus il se fortifiera, mieux il atteindra son but même politique.

L'ordre maintenu, c'est le salut à l'intérieur ; l'union cimentée, c'est, n'en doutons pas, le salut obtenu contre nos cruels et barbares ennemis.

Ces deux points acquis en préparent un troisième vers lequel doivent tendre tous les efforts du Gouvernement, c'est *l'appel à la nation.*

Paris n'est pas la France et ne peut disposer d'elle ; ses députés ont donc raison de déclarer que, « leur devoir rempli, ils remettront à la France le mandat que leur a donné Paris, et qu'ils convoqueront une Assemblée constituante. »

Nous ne pensons pas que, pour mettre la nation en possession d'elle-même, le Gouvernement doive et même puisse attendre qne la guerre soit terminée.

Si la lutte se prolonge, il est de toute nécessité que la France, dont les destinées sont en jeu, aussi bien que celles de sa capitale, prononce elle-même, par ses représentants, sur les mesures qu'elle entend prendre, sur les sacrifices qu'elle pourrait être appelée à faire, etc. Si des négociations de paix sont entamées, il faut que la Prusse, comme les puissances médiatrices, se trouvent en présence d'un gouvernement régulièrement établi et qui tienne de la nation française les pouvoirs de traiter, puisque c'est en son nom qu'il prendra des engagements.

L'accord calme avec lequel le nouveau Gouvernement a été accueilli ne lui permet point d'objecter la possibilité d'une agitation.

Le patriotisme s'affirme universellement, chacun s'occupe de la cause nationale ; on ne saurait non plus arguer du trouble des esprits.

Aucune raison sérieuse n'empêche que le peuple soit appelé à faire entendre la voix du suffrage univ

C'est un devoir pour le Gouvernement de l'y convier sans aucun retard.

Ne pas le faire ce serait compromettre la France et compromettre le Gouvernement lui-même.

Voilà ce que nous demandons et ce que nous attendons du Gouvernement; ce que la France a prouvé qu'elle en attendait lorsqu'elle a répondu, par son calme et sa confiance, à la prise de possession du pouvoir par un parti dans lequel n'étaient que faiblement ses espérances.

Le Gouvernement tient en ses mains ses destinées et les nôtres. Sa mission est grande et grands seront dits ceux qui la sauront bien remplir.

Le Nordez.

(*Union de la Sarthe* du 8 septembre 1878.)

Est-ce là, je le demande, le langage d'un homme prêt à faillir aux devoirs du patriotisme ?

Certes, il me serait facile de montrer que le gouvernement du 4 Septembre, trop souvent préoccupé des intérêts politiques du parti républicain, a mis en prompt et complet oubli les engagements de son programme. Il ne m'appartient pas de faire ici cette démonstration ; je dois et je veux seulement établir que, du 4 septembre à la conclusion de la paix, je ne me suis pas un seul instant départi de la ligne politique que je m'étais tracée dans les lignes qu'on vient de lire.

II

Le concours que je prêtai à la Défense nationale

Dès le début de la guerre, l'*Union de la Sarthe* avait ouvert plusieurs souscriptions : une première en faveur des familles du département dont les soutiens étaient sous les drapeaux ou pouvaient y être appelés ; une seconde en faveur des blessés ; une troisième, dont le produit fut employé à l'organisation d'ambulances, à l'installation de lits soit dans des maisons privées, soit dans des locaux spécialement affectés à cette œuvre de secours. L'ensemble de ces trois souscriptions dépassa la somme de cinquante cinq mille francs. D'autre part, des fonds furent aussi recueillis par nous pour l'organisation, l'équipement et l'armement de corps francs.

Mon journal donna également le concours le plus entier à l'organisation et même à l'instruction des gardes nationales dans le département, à la formation de Comités de défense. Il poussa de tout son pouvoir les corps élus à voter des fonds pour la mise en état de défense de chacune des communes du département et surtout des points qui pouvaient être le plus vigoureusement attaqués par l'ennemi.

Enfin, dans de nombreux articles, par l'insertion de correspondances émanant d'hommes souvent très compétents, et toujours animés d'un ardent patriotisme, l'*Union de la Sarthe* n'a cessé d'encourager les populations à la défense et de prêter son appui à toutes les mesures qui pouvaient y concourir utilement.

Chacun des numéros de ce journal en fournit d'abondantes preuves.

III

Mes premières critiques contre les mesures politiques du Gouvernement du 4 Septembre

Le 8 septembre, M. Georges Le Chevalier était nommé préfet de la Sarthe ; en annonçant le fait, je reproduisis une note d'un journal de Tours qui faisait de M. Le Chevalier, comme avocat, les plus grands éloges. J'applaudis le lendemain, sans réserves, à la « proclamation » dans laquelle le nouveau préfet déclarait que son unique tâche était de préparer et d'assurer la défense et la libération prochaine du territoire.

M. Le Chevalier ajoutait que la concorde devait être entière et que celui qui la troublerait serait « traître au pays ». Qui donc la troubla le premier ?

M. le Préfet se fit donner, pour secrétaire général, le rédacteur en chef d'un journal du Mans qui, non sans raison, passait pour représenter le parti ultra-républicain du département ; n'était-ce pas déjà mettre en péril l'union et la concorde entre tous les citoyens ? Je le pensai, mais, par raison de situation, je me dispensai de le dire.

Le 10 septembre, je félicitais hautement l'administration municipale de la ville du Mans du zèle avec lequel elle avait procédé à la constitution régulière de chacune des compagnies de la garde nationale et j'engageais l'administration préfectorale à hâter l'arrivée des armes qui devaient être remises aux citoyens.

Le 16 septembre, le Conseil général, dans le sein duquel les actionnaires ou les amis politiques de mon journal étaient en majorité, votait 2 millions cinq cent mille francs pour la mise en état de défense du département.

Le lundi 19 septembre, j'écrivais : « Pendant que la conduite du gouvernement de Tours jette dans les esprits une inquiétude trop justifiée, la Défense nationale, grâce à l'initiative des citoyens bien plus qu'à l'intervention du gouvernement et de ses agents inexpérimentés, s'organise activement et fonctionne. Les Conseils généraux et tous les corps élus font preuve de la plus intelligente initiative et du plus ardent patriotisme. Douter de l'avenir, ce serait prêter à l'ennemi la complicité d'un lâche découragement. »

Deux jours plus tard, on annonçait que le gouvernement de Tours avait décidé la dissolution des Conseils municipaux, élus seulement trois semaines auparavant. Je critiquai la mesure : 1° au point de vue des principes, comme une atteinte au suffrage universel ; 2° en fait, comme inopportune et dangereuse, puisque, en désorganisant les administrations municipales, on anéantissait, ou tout au moins on compromettait les mesures de défense qu'elles étaient en voie de mener à bien ; 3° enfin, comme constituant une manœuvre politique ayant pour but de transformer, habilement et par une pression sur la volonté du pays, le gouvernement de la défense nationale en un gouvernement définitif et républicain.

Or, à ce moment, les électeurs étaient convoqués pour le 2 octobre, à l'effet de nommer une constituante, et c'est pourquoi j'ajoutais : « Quel que soit le verdict rendu le 2 octobre, nous l'accepterons ; mais nous voulons que rien n'en vienne fausser et corrompre l'expression, et il est clair que, par la dissolution des Conseils municipaux, le gouvernement veut préparer en sa faveur les élections générales. »

Cet article me valut, de la part des amis de M. le préfet, les plus violentes attaques.

Le 25, on apprend que « le décret qui a dissous les Conseils municipaux est rapporté » et que les élections qui devaient avoir lieu le lendemain ne se feraient pas. C'eût été fort bien, si en même temps le gouvernement n'avait pris la résolution d'ajourner indéfiniment les élections générales. Si, d'un côté, je critiquais cette dernière décision, d'autre part, j'applaudissais, sans réserve, à une proclamation de M. Allain-Targé annonçant que, sous le titre de *Ligue de l'Ouest*, tous les départements de la région s'étaient réunis et entendus pour préparer de concert les moyens de défense.

Je signale, en passant et pour mémoire, un article consacré aux moyens de défense du département de la Sarthe, dans le numéro du 29 septembre, et qui fut remarqué et approuvé, dans les journaux publiés à Tours, par les hommes les plus compétents.

IV

D'où sont partis les premiers ferments de division

Si les agents et les amis des hommes politiques qui formaient le gouvernement du 4 septembre étaient les plus ardents à prêcher, à recommander, à réclamer comme une nécessité de la Défense nationale, l'union de tous dans un même et unique sentiment de patriotisme, ils étaient aussi les premiers, il faut bien le dire, à jeter la division entre les partis et entre les diverses classes de la nation.

Dès le 26 septembre, les journaux radicaux de la région de l'ouest rééditaient un article du *Phare de la Loire*, dans lequel on inventait des catégories de suspects contre lesquels on forgeait les soupçons les plus malveillants, contre lesquels aussi on irritait par ce moyen les passions aveugles des masses. Je veux citer un passage de cet article, parce qu'il a été le point de départ d'une polémique assez violente entre les journaux radicaux de la région et l'*Union de la Sarthe* :

Le gouvernement de la Défense nationale n'a plus aucune entrave à redouter. Les élections auraient été, pour le pouvoir, une source de gênes nombreuses, sans amener aucun des résultats désirés. Au point de vue de la politique intérieure, la déception est pour la réaction, qui s'apprêtait à embrigader les électeurs des campagnes, dans l'intérêt du comte de Chambord, des d'Orléans ou même des Bonaparte.

Il faut espérer que le gouvernement profitera de l'ajournement indéfini des élections pour se recueillir. Il est indispensable que la déconvenue du camp clérical et royaliste soit définitive et que, par des dispositions nouvelles, la République soit fortifiée contre le débordement des passions aveugles et antipatriotiques des réactionnaires.

Ces excitations, ces procès de tendance n'étaient pas seulement d'une révoltante injustice ; ils étaient de nature à jeter le plus grand trouble dans les esprits. Le résultat ne s'en fit pas longtemps attendre. On vit bientôt les dénonciations les plus absurdes, les accusations les plus puériles, mais aussi les plus coupables, se produire contre la noblesse et contre le clergé. Le bruit se répandit que, dans maints châteaux et dans un grand nombre de presbytères, des Prussiens étaient cachés et que, « protégés par les seigneurs et par les prêtres », ils empoisonnaient les puits, accaparaient les vivres, afin de décimer l'armée française. Ailleurs, on affirmait que le comte de Chambord ou les princes d'Orléans tenaient, dans telle ou telle maison, des complots secrets dans le but de profiter des malheurs de la patrie pour s'emparer du pouvoir. La crédulité du peuple accepta sans contrôle ces assertions insensées, et son imagination, surexcitée par les désastres que nous venions d'éprouver, les aggravait encore. L'irritation fut au comble dans plusieurs villages, et plus d'un des actionnaires ou des amis de mon journal furent exposés, non pas seulement à des suspicions malveillantes, mais à des menaces de voie de fait qui mettaient en péril le respect de leurs propriétés et leur propre sécurité personnelle. Je n'en citerai qu'un exemple ; voici une lettre que je retrouve dans la chronique départementale de l'*Union de la Sarthe* :

Sourches, par Conlie (Sarthe).

MONSIEUR LE RÉDACTEUR EN CHEF,

J'ai l'honneur de vous prier de vouloir bien faire insérer dans votre journal la note ci-après :

On a répandu le bruit qu'un grand nombre de Prussiens, des armes et des munitions de guerre sont cachés au château de Sourches. Dans le but de tranquilliser les populations, MM. les Maires de toutes les communes du département de la Sarthe sont invités à visiter eux-mêmes le château de

Sourches, ou à le faire visiter par des brigades de gendarmerie, soit même par des officiers délégués des gardes nationales ou des corps de francs-tireurs.

Veuillez agréer, etc.

Le Régisseur de Sourches,

ASTEAUD.

Or, le château de Sourches avait été mis, dès les premiers jours de l'invasion, à la disposition du ministre de la guerre pour les blessés de l'armée française, et voici ce que nous lisons, à ce sujet, dans le rapport de M. le directeur général des ambulances de l'armée de Bretagne :

« Le château de Sourches, situé à 10 kilomètres du camp « de Conlie, reçut les malades dont l'état exigeait des soins tout « particuliers. Le propriétaire de ce château céda tout son do- « maine à nos ambulances, et il a droit à la reconnaissance « publique. »

D'autre part, au même moment, les fils ou les gendres des principaux actionnaires de l'*Union de la Sarthe* se signalaient sur les champs de bataille, et il me suffira de citer ici les noms de MM. de Luynes, de Chevreuse, de Juigné, de Montesson, de Sabran, de Lamandé, de Xavier de Chavagnac, du colonel de la Touanne, etc. Tous furent glorieusement blessés et plusieurs d'entre eux succombèrent.

En présence de ces faits, dont j'étais chaque jour le témoin et le narrateur, pouvais-je, de sang-froid, entendre et laisser accuser de peu de patriotisme des hommes qui appartenaient tous au parti dont mon journal était l'organe ?

Dans le numéro du samedi 1er octobre, je protestai énergiquement contre les odieux soupçons et les révoltantes assertions du *Phare de la Loire*, dont le journal radical du Mans s'était empressé de se faire le complice dans cette œuvre dissolvante et anti-patriotique.

Je crois devoir citer quelques lignes de ma protestation :

Paix aux soupçons ! paix aux rancunes sinistres en présence de l'étranger en armes !

Le gouvernement de la Défense nationale a été unanimement accepté en France, excepté, cependant, par quelques communes démagogiques qui ont adopté le drapeau rouge et que se gardent bien de nommer ceux qui prêtent aux Conservateurs l'intention de fomenter des troubles.

Nous répudions avec indignation cette comédie burlesque de la terreur, ce système qui, en créant des catégories de suspects, mènerait tout droit à la guerre civile ! Rien ne fait plus de tort à la République elle-même que de la représenter comme la propriété d'une coterie et la gérance d'un parti. Nous ne tolérerons pas qu'un parti jette ainsi son dévolu sur nos aspirations, avant que le pays ait prononcé sur ses destinées. Il n'y a pas de vaincus aujourd'hui dans notre monde politique : nous sommes tous unis, tous frères.

Cet article donna naissance à une polémique violente entre *l'Union de la Sarthe* et *la Feuille du Village :* celle-ci persistant à transformer en suspects les amis politiques de celle-là ; la première protestant contre la tendance des républicains à exploiter les malheurs de la patrie au profit de la politique de leur parti.

V

L'*Union de la Sarthe* et l'organe *préfectoral*

Tout en ayant le titre et tout en remplissant les fonctions de secrétaire général de la préfecture de la Sarthe, M. Joigneaux avait continué à diriger officiellement la rédaction de son journal, *la Feuille du Village,* et il était permis de penser que, si les articles qu'il publiait n'étaient pas inspirés et dictés par le préfet lui-même, ils étaient tout au moins l'écho fidèle de ses sentiments et de ses vues. Ainsi qu'on le verra bientôt, j'aurais presque le droit de dire que *la Feuille du Village* devint l'organe des passions et des ambitions politiques du républicain avancé qui administrait alors le département.

Tout naturellement, ce journal s'en prit d'abord à notre indépendance vis-à-vis de l'administration préfectorale; il s'efforça d'égarer, à ce sujet, l'opinion publique. Il nous dénonça comme faisant une opposition de parti pris, dans le but évident et unique d'empêcher les hommes du 4 septembre de sauver la France, de crainte qu'en la sauvant ils n'en vinssent à assurer aussi le salut de la République. Il qualifia de « vendus au régime qui avait trahi la France à Sédan » les « hommes de *l'Union de la Sarthe.* »

Voici en quels termes modérés et calmes je répondis à cette insolente provocation :

. . . . Indépendants sous l'Empire sans être ses ennemis, nous n'avons point entendu changer de terrain sous l'influence des événements du 4 septembre.

Ce jour-là, nous avons accueilli, sans arrière-pensée, le gouvernement qui prenait en mains la véritable *chose publique*, *res publica*, c'est-à-dire le salut de la patrie.

Si le gouvernement fût resté fidèle à cette mission, qui était un admirable programme, il n'eût trouvé chez nous qu'approbation et concours; *l'Union de la Sarthe* n'a attaqué le gouvernement que lorsqu'il a porté atteinte à la loi qu'il s'était lui-même imposée . . . .

J'ai demandé le respect du suffrage universel; j'ai blâmé toutes les mesures désorganisatrices : destitutions, révocations, fonctions données, en un moment aussi critique que celui-ci, à des gens du parti radical aussi incapables qu'absolus. Y a-t-il donc là quelque chose d'anti-national? Si quelque chose est de nature à éloigner du gouvernement républicain les honnêtes citoyens, ce ne sont pas les actes de mon parti, mais les actes du vôtre. . . . .

(Mardi 4 Octobre 1870.)

Dans le numéro de *l'Union de la Sarthe* du lendemain, je publiai sous le titre : *Où est le Salut?* un article dont je détache le passage que voici :

C'est au pays lui-même à pourvoir à son salut, c'est à la France à se sauver elle-même; à la nation de se gouverner!

Comment le peut-elle?

Elle n'a pas le choix des moyens, on ne lui en a laissé qu'un seul.

Isolés, les citoyens sont faibles et vaincus d'avance. Il faut qu'ils se groupent et que des hommes ayant leur confiance délibèrent, avisent, organisent en leur nom.

La Constituante n'existe pas; le gouvernement, sans motif avouable, en a ajourné l'élection.

Les conseils municipaux sont maintenant dans la main des préfets; dissous, ils n'ont qu'une vie aussi stérile qu'éphémère.

Les conseils généraux sont donc aujourd'hui les seuls représentants du pays.

C'est à eux, et à eux seuls, qu'il appartient d'agir au nom des électeurs, et ils ne sauraient s'en abstenir sans manquer à la mission qui leur a été confiée.

Nous demandons donc instamment, — non qu'on les réunisse, nous savons qu'on ne le fera pas, — mais qu'ils se réunissent de leur propre initiative et sans aucun retard.

Que les présidents ou, à leur défaut, quelques-uns des membres de chaque conseil, convoquent leurs collègues. C'est au nom du salut de la France que nous le leur demandons.

Le temps presse; les ennemis, Prussiens et Jacobins, nous menacent; *sauvons-nous nous-mêmes!*

Ce cri de patriotisme me valut, de la part de mes adversaires, des attaques qui allèrent jusqu'à la menace. C'est ici le lieu d'indiquer certaines manifestations dirigées par les radicaux du Mans, à l'instigation de leur journal, soit contre ma personne, soit contre l'*Union de la Sarthe.*

Je reçus de nombreuses lettres anonymes contenant des menaces de mort; des placards manuscrits dans lesquels ces menaces étaient répétées furent affichés, pendant la nuit, à la porte de mon domicile et sur les murs des bureaux du journal. Des artistes démagogues me représentèrent hissé à un gibet, et j'eusse volontiers ri de cette pendaison en effigie, si certains incidents n'étaient venus me prouver que, des menaces, on était prêt à en venir aux actes. A diverses reprises, comme je quittais mes bureaux assez tard dans la nuit, je fus suivi, provoqué, insulté et, certain soir, je ne dus mon salut qu'à la précaution que j'avais prise de porter sur moi une arme. De ce jour, je crus prudent de ne plus sortir sans être armé, et j'en informai M. le procureur de la République.

D'autre part, par trois fois différentes, des amis de *la Feuille du Village,* au nombre de cinq à six cents environ, se rendirent à la préfecture et réclamèrent bruyamment la suspension de mon journal et mon expulsion du département. Je dois constater que le préfet repoussa ces demandes, en protestant de son respect pour la liberté de la presse, et les manifestants ne remportèrent chaque fois que de bonnes paroles à eux adressées par M. Joigneaux, secrétaire général de la préfecture et rédacteur de *la Feuille du Village.* On agita aussi, dans une réunion radicale, la question de savoir si le mieux ne serait pas de venir tout simplement briser les presses de *l'Union de la Sarthe* et d'enlever son rédacteur. Cette grotesque conspiration transpira et on m'a plus tard affirmé que quelques braves mobiles, qui en avaient eu connaissance, s'étaient préoccupés des moyens d'assurer notre défense.

Au milieu de ces incidents sans importance, une grosse nouvelle vint absorber l'attention du public et de la presse : les élections pour la Constituante étaient fixées au 16 octobre. Voici en quels termes j'appréciai cette décision du gouvernement de Tours :

Jamais le suffrage universel ne s'est exercé dans des conditions plus graves, dans des circonstances plus critiques.

Le territoire de la France est en partie envahi par un ennemi implacable et le parti démagogique cherche à nous jeter dans l'anarchie. C'est à ce double péril que la Constituante aura pour mission de nous arracher.

Certain parti a la prétention d'imposer à la France un gouvernement de son choix; ses membres prétendent violenter le suffrage universel afin de conserver le pouvoir.

En donnant à peine quelques jours pour la préparation des élections, en plaçant le vote au canton, en retirant les scrutins de ballottage, en mettant à la tête des administrations départementales et communales des *citoyens* de leur parti, les hommes du 4 septembre prouvent qu'ils redoutent l'entente entre les électeurs et le verdict du suffrage universel.

En ce faisant, ils ont tracé aux hommes d'ordre ce qu'ils avaient à faire : s'unir étroitement, ne pas s'abstenir.

Certes, il n'y avait rien de bien acrimonieux dans ces critiques, rien de bien passionné dans ces conseils. Cependant, le journal de M. le secrétaire général de la préfecture en fit l'occasion de nouvelles et grossières attaques contre *l'Union de la Sarthe*. Négligeant les termes violents, inconvenants même, dont usait mon adversaire, je discutai ses assertions et ses prétentions dans la forme calme et modérée dont on va juger. Il s'agit tout d'abord de la proposition que j'avais faite touchant la réunion des conseils généraux :

. . . .

Devant l'incurie des hommes qui, après s'être chargés de la défense nationale, n'ont fait que désorganiser, nous avons demandé la réunion des Conseils généraux, les seuls corps élus qui, représentant le pays, n'aient pas été arbitrairement dissous par un gouvernement qui ne tient son mandat d'aucun vote.

Cet appel n'est pas du goût de nos ultra-républicains, et leur organe, pour toute réponse, nous accuse de semer ainsi « la discorde entre les citoyens ». Il nous rappelle en même temps, pour établir sans doute les tendances libérales dont il se dit inspiré, « que les maires et les conseils municipaux peuvent être révoqués par les préfets *qui ont plein pouvoir à ce sujet* ».

En vérité, il est assez curieux d'entendre la presse dite républicaine se vanter de cet arbitraire qui rappelle les abus du pouvoir le plus absolu.

Selon sa louable habitude, *la Feuille du Village* se donne le plaisir de mettre en jeu des personnalités pour les pouvoir insulter à son gré. S'il est des insultes qui rabaissent celui de qui elles viennent pour grandir celui qui les reçoit, ce sont certes celles auxquelles nous faisons allusion.

Quand la même feuille parle de ceux « qui prêchent la guerre civile » et qu'elle qualifie de « crime » leur conduite, il nous semble qu'elle ne fait la leçon qu'à son parti.

Sous quelle bannière se rangent donc les émeutiers de Marseille ou de Toulouse? Qui donc crée les suspects à Lyon et à Bordeaux? Qui cherche à jeter la *terreur* dans nos villes? Qui arrête, emprisonne, maltraite les citoyens? Qui s'est *révolté* jusqu'ici contre le gouvernement du 4 septembre?

On nous parle de « liberté d'opinion » de la « liberté de la religion »; mais ne sont-ce pas vos *frères et amis* qui insultent nos prêtres, qui pillent les églises et les couvents, qui réclament une loi de silence pour ceux qui ne sont pas de leur « opinion », et la suppression des journaux qui discutent leurs actes?

Le journal en question nous demande d'être « sincèrement » ce que nous sommes! Qu'il soit donc, lui, aussi *sincèrement* républicain que nous sommes sincèrement adversaires jurés du despotisme sous toutes les formes, et nous aurons moins souvent à stigmatiser ses actes et ceux de son parti.

Ce que j'avais dit de la façon arbitraire autant qu'inusitée dont le gouvernement entendait procéder dans les élections générales pour la Constituante, n'avait pas été non plus du goût de l'organe radical, et, dans l'article par lequel il me répondit, on voyait déjà percer l'antipathie des républicains pour les *ruraux*, laquelle devait plus tard s'accentuer davantage.

Je détache seulement les lignes suivantes de la réponse que je fis à *la Feuille du Village :*

Nous avons blâmé le vote au canton, parce qu'il est une atteinte évidente au suffrage *universel*, parce qu'il éloigne du vote les populations de nos campagnes qui ont, cependant, les mêmes droits que les habitants des villes à l'expression de leur opinion et de leur volonté. Elles paient les impôts comme eux, supportent *plus qu'eux* les charges de la situation où nous sommes; elles concourent également aux *devoirs* qui incombent aux citoyens vis-à-vis de la chose publique; on ne peut donc, sans abus et sans injustice, leur dénier les mêmes droits. La feuille radicale du Mans nous objecte que, pour ménager les jambes des électeurs ruraux, on pourrait charger le curé ou quelque marquis d'aller chercher les votes à domicile et de les porter au canton. Après un argument aussi spirituel, la discussion est close.

Des faits moins généraux, des actes arbitraires plus locaux suscitèrent bientôt, entre mon journal et celui de M. le secrétaire de la préfecture, des polémiques plus ardentes et suivies avec plus d'intérêt par les lecteurs de l'un et l'autre journal. Je crois devoir citer deux incidents d'autant plus instructifs que M. le préfet Le Chevalier en profita pour intervenir personnellement dans nos discussions.

VI

Dissolution du Conseil municipal de Bonnétable

Le 29 septembre, M. le préfet de la Sarthe, imitant en cela un grand nombre de ses collègues, et ne faisant après tout que se conformer aux tendances de son parti, prit un arrêté qui prononçait la dissolution du Conseil municipal de Bonnétable et le remplaçait par une commission arbitrairement nommée.

Cette mesure avait une gravité particulière et, en la jugeant sévèrement, je fus l'organe autorisé de l'opinion publique. Les conséquences de l'article que je publiai alors se rattachent trop directement, à mon avis du moins, aux véritables causes de mon arrestation pour que je ne le place pas ici intégralement.

Lorsque le fameux décret qui a dissous les conseils municipaux a paru, nous avons dit tout ce que cette mesure avait d'arbitraire, de contraire à l'organisation de la défense nationale, et combien, même au point de vue des principes républicains, elle était injustifiable.

Il est pourtant certain que nous préférions de beaucoup les résultats qu'elle pourrait donner à la situation dans laquelle nous nous trouvons aujourd'hui.

Brisé par le caprice des hommes qui protestent cependant de leur respect pour lui, le suffrage universel nous eût donné des municipalités régulières, tandis qu'aujourd'hui nous sommes en plein dans l'arbitraire le plus complet et le plus despotique. Le bon plaisir des hommes que le gouvernement a mis à la tête de nos départements est l'unique et souveraine loi.

Comment nos préfets républicains usent-ils de ce droit que les préfets de l'Empire n'eurent jamais ?

Nous en avons un exemple dans ce qui s'est passé à Bonnétable.

Sur 1,205 électeurs inscrits, il y eut 1,020 votants aux dernières élections municipales.

Le nombre des conseillers était de 23.

Le maire et un des adjoints eurent chacun près de 950 voix, un autre adjoint eut même l'unanimité moins 18 voix, et le dernier des conseillers en réunit 854.

Avec une majorité aussi considérable, nul ne serait fondé à prétendre que les élections avaient pu être viciées par des manœuvres électorales.

Devant les chiffres ci-dessus, on est forcé de conclure que l'administration municipale, qui fonctionnait à Bonnétable depuis six semaines, était bien l'expression libre et pure de la grande majorité des habitants de cette commune.

Ajoutons que chacun de ses membres jouissait de la sympathie générale.

Ce n'était pas une assemblée politique, il est vrai, et les intérêts de la commune étaient, de l'avis de tous, la seule chose qui dût la préoccuper.

Or, voilà que, par un arrêté du 29 septembre dernier, M. Le Chevalier, préfet de la Sarthe, a renversé ce Conseil.

Nous ne rechercherons pas sous l'empire de quelles préoccupations et par quelles raisons il a été amené à prendre cette mesure radicale, mais, ne considérant que la perturbation qu'elle a jetée dans Bonnétable, nous devons dire combien elle devient plus encore arbitraire et blâmable par la manière dont a été formée la Commission municipale qui remplace le Conseil élu.

Le maire imposé par M. le préfet a eu, aux élections, plus de 400 voix de moins que le dernier des conseillers élus.

Quant aux citoyens qui ont accepté de faire partie de la Commission, celui qui avait eu le plus de voix au scrutin n'arrivait pas même au chiffre de 300, et il y en a dont le nom n'avait réuni que 125 voix.

Pour donner à cette commission un peu de poids vis-à-vis des habitants, M. le préfet avait eu la pensée d'y placer sept membres du Conseil élu et par lui dissous.

Ces hommes honorables ont absolument refusé de faire partie d'une administration *imposée*, et non élue par les suffrages de leurs concitoyens. Nous les félicitons fort de cette résolution.

Le fait en lui-même est, on le voit, des plus arbitraires, car il foule aux pieds le suffrage universel et sape par sa base la liberté communale qui est la source de toutes les autres libertés.

Mais c'est surtout dans ses conséquences que la mesure prise par M. le préfet est pernicieuse et blâmable à tous les points de vue.

Le canton de Bonnétable est un de ceux que sa situation topographique indique comme devant prendre des mesures de défense nationale les plus complètes, les plus urgentes et les plus énergiques.

Or, la commune de Bonnétable, n'ayant en réalité ni Conseil municipal, ni Commission, se trouve sans administration.

L'organisation de la défense nationale est arrêtée, et, au lieu d'établir l'union, plus que jamais nécessaire, puisque l'ennemi est à nos portes, on a semé entre les habitants de cette commune la discorde et la division.

M. le préfet a assumé là une grande responsabilité.

Soit qu'on le considère comme le représentant d'un gouvernement de défense nationale, ou comme préfet républicain, la faute qu'il a commise ici est incontestable et infiniment regrettable, car s'il a mis en oubli les principes les plus élémentaires de la République en ne respectant pas le suffrage universel, il a aussi failli à la seule mission que pouvait lui confier le gouvernement du 4 septembre, celle de travailler à la défense du département et de ne travailler qu'à cela.

Une protestation revêtue de plusieurs centaines de signatures a été faite par les habitants, et une députation a été envoyée pour la remettre à M. le préfet. Cette députation était composée des hommes les plus honorables et les plus honorés de la commune, parmi lesquels se trouvait le commandant de la garde nationale, élu par le suffrage universel.

Que fera M. le préfet?

Il nous a déclaré accepter l'entière responsabilité de tous les actes de son administration; nous ne chercherons donc pas à invoquer le peu de connaissance qu'il a des choses et des affaires du pays pour pallier cette faute évidente. Nous ne pouvons que compter sur sa ferme résolution de la réparer, résolution que ne peut manquer de faire naître dans un esprit droit et loyal l'examen des faits et la réflexion.

Quant à cette résolution, la plus naturelle serait de restituer au Conseil élu des droits qui ne lui ont été qu'arbitrairement enlevés; mais, si ce parti lui déplaît comme étant un trop franc aveu de l'inopportunité de la mesure prise, que M. le préfet convoque alors les électeurs de Bonnétable pour l'élection d'un nouveau Conseil.

Cette décision est nécessaire autant qu'urgente, et nous voulons croire que M. le préfet n'augmentera pas sa responsabilité en laissant se prolonger la désorganisation et le désordre qu'il a lui-même créés dans une des communes les plus importantes du département qu'il administre.

E. Le Nordez.

(Dimanche 9 Octobre 1870.)

VII

L'Intervention de M. Le Chevalier dans mes polémiques contre le journal radical

On a pu juger déjà, par ce qui précède, du caractère de l'opposition faite par mon journal soit au gouvernement du 4 septembre, soit à l'administration de ses préfets en général et de celui de la Sarthe en particulier : concours entier à toutes les mesures qui avaient en vue la défense nationale; opposition énergique à toutes les mesures qui avaient pour but de livrer la France, sans son consentement, au parti républicain.

Cette opposition, je le reconnais, n'était pas de nature à plaire à un homme d'opinions arrêtées et ardentes, comme M. Le Chevalier; aussi, après avoir contenu, pendant quelques semaines, ses passions politiques, il finit par perdre son calme, et il commit alors l'imprudence d'intervenir personnellement dans les polémiques que je soutenais contre son secrétaire général, toujours rédacteur de *la Feuille du Village*.

Le fait qui lui en fournit l'occasion vaut la peine d'être rappelé; son peu d'importance ne fera que mieux ressortir l'état d'esprit et les dispositions mauvaises de M. le préfet à l'égard de *l'Union de la Sarthe* et de moi-même.

J'ai dit que nous avions recueilli des fonds pour aider à organiser les éléments d'une défense pour ainsi dire locale. Parmi les corps francs qui reçurent une part de ces fonds figurait celui des contre-Guérilleros de la Sarthe. Au nombre des officiers de ce corps, se trouvait un capitaine qui portait la décoration de la Légion d'honneur. Il se présenta le 4 octobre à mon cabinet, accompagné de son colonel et de deux autres officiers. Ces messieurs venaient me demander l'insertion d'une lettre par laquelle le capitaine Léon Guébhard exposait qu'il avait été, la veille, arrêté sur l'ordre de M. le préfet de la Sarthe, pour port illégal de décoration; qu'il avait été conduit en plein jour, à travers les rues de la ville, revêtu de son uniforme, devant l'un des substituts, qui aussitôt l'avait fait remettre en liberté. Le colonel m'affirma que le bruit de l'arrestation de l'un de ses officiers s'était répandu parmi les troupes cantonnées au Mans, et que cela avait jeté sur son corps une défaveur qu'il ne pouvait accepter ; il insista pour l'insertion de la lettre du capitaine Guébhard en me donnant sa parole d'honneur que tout ce qui y était dit était conforme à la vérité.

Dans cette lettre, le capitaine Guébhard, après avoir exposé les faits relatifs à son arrestation, donnait sur sa famille et sur les circonstances dans lesquelles il avait été nommé chevalier de la Légion d'honneur, les renseignements les plus circonstanciés. Pas plus que le magistrat devant lequel il avait été conduit, je n'avais les moyens d'en vérifier l'exactitude; mais, en présence de sa mise en liberté et aussi en présence de la démarche de son colonel et de ses camarades, j'étais bien autorisé à présumer de son honorabilité. J'ignore, du reste, ce qu'est devenue cette affaire et même ce qu'est devenu l'officier dont il s'agit.

Quoi qu'il en soit, sans me porter en rien garant des faits, j'insérai la lettre qui m'avait été remise et je fis suivre cette insertion des réflexions que voici :

A Tours, on autorise les radicaux de Lyon à destituer les officiers de l'armée ; ici on arrête un soldat qui, volontairement, offre son bras et son sang pour nous défendre. Tout cela n'est guère dans le rôle d'un « gouvernement de défense nationale. »

Nous avons de sérieuses raisons de croire que, bien loin d'émaner de M. le préfet, certains abus regrettables n'ont même pas toujours son assentiment.

Qu'il prenne garde toutefois à son entourage, celui-ci vise à l'entraîner à des mesures radicales qui, en le compromettant, le feraient passer aux yeux de ses administrés pour appartenir au parti extra-républicain autant qu'extravagant.

Ces quelques lignes eurent le don d'irriter au suprême degré M. le préfet Le Chevalier, et voici la lettre qu'il m'adressa le lendemain :

Le Mans, le 5 Octobre 1870.

MONSIEUR LE RÉDACTEUR,

Vous voulez bien vous occuper de moi ; je vous en remercie. Mais vous m'ouvrez par là même un droit qui m'appartient, comme à tout citoyen nommé dans un journal : celui de vous répondre.

Vous me reprochez des mesures que vous qualifiez de radicales, en m'accordant toutefois des circonstances atténuantes, sous prétexte que les *abus* commis sous mon autorité n'auraient pas toujours mon assentiment.

Je vous demande la permission, Monsieur le rédacteur, de ne pas profiter de votre excuse. Les actes que je signe sont toujours approuvés par moi, et si je suis prêt à écouter les conseils de tout le monde, je sais ne subir l'ascendant de personne.

Vous faites de moi la malheureuse victime d'un entourage *ultra-republicain*, dites-vous. Tranquillisez-vous sur mon sort ; je ne suis et je n'entends être la victime de qui que ce soit, et j'aime assez et depuis assez longtemps la République pour n'avoir rien à redouter des républicains.

Quant au fait spécial qui me fournit l'occasion de vous écrire, il est fort simple, et moins radical que vous ne le dites, car il a simplement consisté dans une arrestation pour port illégal de décoration, délit prévu par la loi.

La prévention est-elle fondée? La justice appréciera, et j'ai toujours l'habitude, qui devrait être plus généralement observée, de me taire sur les faits dont elle est saisie.

Agréez, monsieur le rédacteur, l'assurance de mes sentiments distingués.

Georges LE CHEVALIER,
Préfet de la Sarthe.

Je vous prie de vouloir bien insérer cette lettre dans votre plus prochain numéro.

J'insérai cette lettre, selon le désir de son auteur, et je la fis suivre des lignes suivantes :

Il y a dans la lettre de M. Georges Le Chevalier un certain ton d'ironie fantaisiste qui n'échappera pas à nos lecteurs. Nous n'hésitons pas à déclarer que le style concis et impersonnel des *communiqués* nous paraît plus convenable que ce quasi-badinage administratif. Il est des fonctions et aussi des situations où la *gravité* est nécessaire à la dignité.

M. le préfet nous *remercie* de « vouloir bien nous occuper de lui. »

Nous le prierons de reconnaître que, pour nous, ce n'est pas moins un *devoir* qu'un *droit* de nous « occuper de lui » et de discuter librement ses actes.

Il n'a pas plus à nous remercier de cela qu'à nous « demander la permission d'user de son droit de réponse. »

Nous sommes heureux, toutefois, d'avoir fourni à M. le préfet l'occasion de déclarer qu'il accepte pleinement l'initiative absolue et l'entière responsabilité de tous les actes de son administration. Nous ne l'oublierons pas quand nous aurons à les juger, il peut en être assuré ; seulement nous ne lui cachons pas qu'en nous plaçant sur ce terrain, il nous arrrivera souvent de ne pas le trouver « assez » républicain et beaucoup trop absolu, trop radical.

Quant au fait spécial qui fournissait à M. Le Chevalier « l'occasion » de m'écrire, je me permis de faire remarquer que le capitaine arrêté par ordre du préfet avait été remis en liberté par ordre du parquet et que, dès lors, la prévention n'avait pas été suffisamment établie pour justifier une arrestation aussi brutale que celle de M. Guébhard. J'ajoutais qu'alors même que la prévention eût été mieux établie, l'administration préfectorale, par égard pour l'uniforme militaire, pour le grade du prévenu et pour le corps auquel il appartenait, aurait pu et aurait dû procéder à son arrestation d'une façon moins bruyante, moins publique et moins précipitée.

On conviendra, toutefois, que, pour entrer directement en polémique avec mon journal, M. le préfet eût pu trouver une « occasion » plus sérieuse et plus digne de ses hautes fonctions. Le procédé fut assez sévèrement jugé dans le public qui, comme moi, comprit parfaitement que M. Le Chevalier avait obéi à l'irritation qu'il ressentait de l'opposition que je faisais à ceux de ses actes que dictait seul son esprit de parti.

VIII

La mise en suspicion des Conservateurs

Les bruits absurdes dont j'ai déjà eu occasion de parler continuaient à se répandre dans les campagnes à mesure que l'ennemi se rapprochait du département. Les prêtres, les religieux, les riches propriétaires ou leurs régisseurs étaient accusés de correspondre avec l'ennemi, pour lui livrer le pays et ses moyens de défense. On affirmait, et le nombre des crédules était grand, que dans les presbytères, dans les couvents, dans les châteaux, on cachait des armes, des approvisionnements, de l'argent, etc.; que tout cela était destiné aux Prussiens, et on ajoutait que les nobles et leurs amis refusaient de loger les soldats français.

Si l'on ne se souvenait du trouble qui régnait à ce moment dans les esprits et de la surexcitation que les passions politiques jetaient jusque dans les hameaux, on ne pourrait croire aujourd'hui à l'entière confiance que trouvaient dans les masses ces absurdités. Voici, à titre de curiosité, quelques détails que j'extrais d'une lettre signée, qui me fut adressée et que je publiai à la date du 19 octobre :

Dans plus de vingt localités différentes, des paysans m'ont affirmé qu'ils avaient vu passer des fourgons dont les roues étaient entourées de caoutchouc, traînés par des chevaux dont les sabots étaient enveloppés de morceaux d'étoffe, et qui se dirigeaient vers les lignes prussiennes. Ces fourgons, m'affirmaient mes crédules compatriotes, renfermaient des sommes considérables d'argent, des barriques de vin de Bordeaux et des provisions de choix pour le roi Guillaume et pour M. de Bismark.

Voici d'autres faits qui m'ont été attestés d'une façon non moins générale et non moins absurde.

On dit que les nobles sont partis pour se battre dans l'armée française ; ils sont, au contraire, allés à l'armée prussienne.

C'est le Pape qui fait passer au Roi de Prusse les fonds que recueillent les curés.

D'autres affirment que, pendant les nuits obscures, les nobles vont chercher les Prussiens dans leurs voitures en les déguisant en laquais.

Mon correspondant ajoutait :

J'en passe et des meilleurs : je craindrais que le vrai ne vous parût par trop invraisemblable.

Toutes ces histoires sont semées (peut-être en vue des élections) et affirmées avec une ténacité incroyable, dans les classes pauvres, *campagnardes*, ou *bourgadines*, lesquelles *y accordent une foi qu'aucun raisonnement ne peut atteindre ni ebranler*. Cela semble fabuleux, et l'on croit rêver en voyant tant de bêtise uni à tant d'audace.

C'est avec ces contes que l'on fait, comme cela vient d'avoir lieu en plusieurs endroits, arrêter la nuit des francs-tireurs ou quasi-fusiller des gardes mobiles qui, en cachette, portent les ordres de leur chefs, afin de n'être vus ni des bavards français ni des espions prussiens. C'est avec ces contes que l'on fera voter dans tel sens et que l'on empêchera de voter dans tel autre *dans beaucoup de nos campagnes.*

Mais ce qui est plus regrettable encore, c'est que beaucoup de ces jobards, si imprégnés de défiance et si certains de la trahison de leurs concitoyens, sont les premiers à découvrir aux Prussiens ce qui peut les attirer chez nous.

Une dizaine d'hommes ont, en effet, parcouru ces jours-ci les campagnes de l'ouest et du sud-ouest de la Sarthe. Partout ils se sont fait passer pour Normands et se sont minutieusement renseignés auprès des fermiers s'il se trouvait des fourrages dans la localité, si beaucoup de personnes avaient voitures (et par conséquent chevaux); si l'on trouvait de vastes écuries ou étables pour les foires dans les villes ou les bourgs; si le bétail était nombreux; s'il y avait de l'avoine, du blé, des farines etc., etc..... Par la plus incroyable maladresse et dans l'espoir de faire quelques bonnes affaires avec ces... Normands, les paysans ont donné les détails les plus circonstanciés sur les routes les plus roulantes, sur les chemins de traverses les mieux entretenus, sur les transports les plus faciles, etc., etc.

Ne serait-il pas nécessaire de faire imprimer dans les journaux, afficher et *tambouriner* dans les bourgs : 1° qu'il faut éviter de donner à qui que ce soit des indications sur le pays, ses produits, ses richesses et ses routes?

2° Qu'il faut faire arrêter les inconnus qui parcourent le pays prenant des renseignements de toutes sortes et qui marquent les arbres et surtout les barrières (on en rencontre, en effet, jusque dans Maine-et-Loire) ?

Remarquez que, lorsque les Prussiens viendront..... s'ils viennent dans nos localités, les nigauds qui les ont si bien renseignés seront les premiers à crier à la trahison et à accuser les prêtres, les nobles et tout le monde de les avoir attirés chez nous.

On comprendra plus tard pourquoi j'attache quelque importance à ce que ces faits soient rappelés ici ; ils ne sont pas sans corrélation avec les motifs de mon arrestation.

Tout d'abord, il est bon de remarquer que ce n'est pas sans

raison que mon correspondant donnait à ces racontars insensés toute la portée d'une manœuvre électorale.

Je demandais instamment au préfet d'opposer à ces bruits un démenti et je sommais le journal rédigé par son secrétaire général de rassurer d'un mot les populations effarées par ces bruits aussi ridicules que mal fondés. Il me semblait qu'il y avait urgence et nécessité de mettre un terme à l'émotion et au trouble qu'ils jetaient dans les populations. C'est au nom même de la défense nationale, qui s'en trouvait compromise, que je réclamais de l'administration des actes ou seulement des paroles propres à calmer les inquiétudes et à mettre à l'abri des passions populaires les hommes honorables dont une nouvelle *terreur* faisait des *suspects*. Certes, les faits qui se passaient alors dans plusieurs villes du midi de la France donnaient à mes conseils une indéniable opportunité. Le peu de compte que l'on en tenait, cependant, l'ironie avec laquelle les accueillait l'organe officieux de M. le préfet et le parti pris évident de laisser s'accréditer les bruits que je viens de rapporter, en se gardant soigneusement de les réduire à néant, tout cela indiquait assez que l'administration préfectorale croyait avoir quelque avantage à les laisser se propager.

Mes amis politiques n'étaient-ils pas autorisés à penser que, en laissant ainsi la calomnie faire son chemin, le préfet républicain et son parti caressaient secrètement les résultats électoraux qu'ils en retireraient à un moment donné? Mais, après avoir présenté aux masses les nobles, les prêtres, les riches, en un mot tous les conservateurs, comme des « traîtres, » comme des « amis des Prussiens, » on se dit que ce serait assurer le succès de la manœuvre que d'arrêter le rédacteur du principal organe conservateur, en l'accusant à son tour de trahir et de servir la cause de l'ennemi. Les naïfs qui avaient cru à la félonie d'hommes tels que MM. de Nicolaï, de la Rochefoucauld-Bisaccia, de Juigné, de Mailly, etc., ne pourraient évidemment qu'applaudir à l'arrestation du rédacteur de leur journal.

J'avais deviné le machiavélisme de mes adversaires et, en le dévoilant, en termes un peu ardents peut-être, j'avais poussé leur irritation au dernier degré.

On voit, maintenant, comment les bruits que j'ai plus haut qualifiés d'absurdes avaient en réalité une très grande importance politique.

Une réflexion encore à propos de la lettre dont j'ai donné ci-dessus de si curieux extraits. On remarquera que mon correspondant conseillait à l'administration de prendre toutes les mesures propres à éviter que des indications fussent fournies à l'ennemi, sur le pays, sur ses routes, ses produits et ses richesses ; or, quelques jours après, M. le préfet de la Sarthe accusait mon journal de chercher à « éclairer la marche de l'ennemi. »

IX

République et Défense nationale

Mon but, qu'on ne l'oublie pas, est d'établir que j'ai constamment, dans l'*Union de la Sarthe,* donné le plus entier concours à tout ce qui pouvait servir à la défense nationale, mais, par contre, fait une opposition également énergique à toutes les mesures gouvernementales ou administratives qui tendaient à faire tourner au profit du parti républicain soit les désastres de la patrie, soit la fièvre patriotique du pays tout entier.

Qu'on me permette donc de continuer à relever, au jour le jour, dans les colonnes de mon journal, les faits, les incidents, les articles qui doivent fournir de nouvelles preuves à ma démonstration.

Au commencement d'octobre, le gouvernement de la défense rendit un décret constituant des Cours martiales en remplacement des conseils de guerre. Les membres de la délégation de Tours *considéraient* que la législation et les règlements actuels ne contenaient pas de dispositions « permettant de réprimer immédiatement les crimes et délits commis *par les militaires en campagne* » et, « au nom de la patrie envahie, » ils établissaient, en treize articles, toute une législation nouvelle. Elle était sévère et créait une justice sommaire qui, malheureusement, trouvait sa justification dans la nécessité « du maintien et du rétablissement de la discipline d'où dépendent la dignité et la force des armées. »

J'avoue qu'en approuvant cet acte énergique, j'étais loin de supposer que, quelques jours plus tard, je serais exposé à en être victime. Il est vrai que le décret sur les Cours martiales paraissait devoir être applicable et appliqué aux seuls « militaires en campagne » et nullement aux journalistes en lutte contre l'administration.

Le 8 octobre, je recevais et je publiais la dépêche suivante :

Gambetta est arrivé ce matin à Amiens, par ballon. Un décret ajourne les élections générales sans date fixe.

Dans le numéro de *l'Union de la Sarthe* portant la date du lundi 10 octobre, je relève la note suivante :

A Amiens, à Rouen, au Mans et à Tours, le langage de M. Gambetta a été le même : défense énergique, prompte organisation des forces nationales. Nous applaudissons à un tel programme et nous déclarons que nous prêterons tout notre concours au gouvernement si cette conversion est sincère.

Le lendemain, on connaissait la proclamation adressée à la France par M. Gambetta. J'approuvai surtout le passage très-caractéristique que voici :

Citoyens des départements, le premier de vos devoirs, c'est de ne vous laisser divertir par aucune préoccupation qui ne soit pas la guerre ; le second, c'est, jusqu'à la paix, d'accepter fraternellement le commandement du pouvoir républicain sorti de la nécessité. Ce pouvoir, d'ailleurs, ne saurait sans décheoir, s'exercer au profit d'aucune ambition..... La République fait appel au concours de tous ; son gouvernement se fera un devoir d'utiliser tous les courages, d'employer toutes les capacités.

Je fis suivre la proclamation de M. Gambetta de quelques lignes dans lesquelles je signalais l'absence d'unité d'action comme une des causes principales de nos échecs successifs, et j'ajoutais :

Les énergiques paroles de M. Gambetta laissent espérer un prompt remède à ce mal, mais nous regrettons que le ministre de l'intérieur cumule avec la mission administrative qui, à ce titre, lui incombe, les lourdes et difficiles fonctions de ministre de la guerre.

M. Gambetta a une âme ardente, un sincère patriotisme et un courage à la hauteur de la mission dont il s'est chargé, nous en sommes convaincus; mais, dans la situation présente, il nous faut un homme du métier.

Et, avec toute la presse conservatrice, j'exprimais le vœu que M. Gambetta mît à profit l'expérience de l'amiral Fourichon, dont MM. Crémieux et Glais-Bizoin avaient eu l'aveuglement de faire trop peu de cas.

Le 15 octobre, en insérant une proclamation nouvelle de M. Gambetta, je le félicitais de crier : Vive la France ! au lieu de : Vive la République ! comme le faisaient à tout propos et hors d'à-propos les préfets et autres agents du 4 septembre.

Le 18 octobre, le Conseil général, convoqué par M. le préfet, se réunit en session extraordinaire.

Au cours de la séance, plusieurs questions traitées par *l'Union de la Sarthe* furent discutées. Citons, entre autres, une interpellation sur la formation des comités de défense. Plusieurs conseillers généraux firent observer qu'ils avaient été formés par l'administration seule, et que leurs membres, non-seulement n'avaient pas été désignés par le suffrage universel, mais qu'ils paraissaient avoir été choisis parmi ceux qui étaient les moins sympathiques aux populations.

Le Conseil général émit, d'autre part, le vœu suivant :

Il est utile et nécessaire que le Gouvernement convoque les électeurs pour la formation d'une Constituante.

Enfin, il se produisit dans cette séance un incident assez vif, relativement aux retards apportés dans l'armement des gardes nationales.

Dans ces diverses discussions, M. Le Chevalier se montra irrité, presque agressif.

L'Union de la Sarthe publia le compte rendu de ces débats qui donnèrent lieu à de nouvelles et violentes polémiques entre ce journal et l'organe officieux de la préfecture.

Certains articles empruntés par moi aux journaux de Tours et relatifs au révoltant arbitraire de certains préfets, tels que : MM. Esquiros, Duportal, Chalemel-Lacour et autres, vexèrent aussi beaucoup l'entourage radical de M. Le Chevalier.

Aujourd'hui, on aura peine à croire que les lignes suivantes aient pu irriter des républicains sérieux ; le 21 octobre, je disais :

On se préoccupe beaucoup de la situation de Marseille. Le Gouvernement révolutionnaire de cette ville vient de prononcer la déchéance du Gouvernement de Tours et de proclamer nettement son indépendance. De pareils excès sont intolérables. Il y a là une véritable trahison devant l'invasion étrangère, et la conscience publique indignée ne comprendrait pas que l'autorité centrale hésitât une minute pour agir et faire rentrer dans le devoir les forcenés ou les égarés qui compromettent le salut du pays.

Il paraît que, dans l'entourage de M. le préfet, ce langage fut regardé comme plus antipatriotique encore qu'antirépublicain.

X

Le Correspondant de l'*Union de la Sarthe* à Tours

Que ce fût le résultat de mon énergique attitude ou la conséquence des conditions dans lesquelles mon journal était publié, le fait est que son tirage augmentait dans une très-large mesure. La ville du Mans était devenue un centre important au point de vue des mouvements militaires ; elle était, d'autre part, reliée avec toutes les parties du territoire non envahi, et *l'Union de la Sarthe* en était arrivée à pénétrer dans toute la basse Bretagne et dans une grande partie de la Normandie.

Mon comité de direction comprit qu'il y avait nécessité, pour répondre aux vœux de nos nombreux lecteurs, de choisir à Tours, c'est-à-dire auprès du gouvernement, un correspondant à même d'être bien informé. Je fus naturellement consulté sur ce projet, auquel je donnai, en principe, la plus complète approbation. Je fis, toutefois, observer qu'il me serait absolument impossible d'exercer le moindre contrôle sur le contenu des correspondances qui me seraient envoyées et que, bien que responsable des articles non signés, le gérant du journal ne pourrait pas davantage apprécier l'exactitude des faits ou le bien fondé des commentaires auxquels ils pourraient donner lieu. Il fallait donc apporter la plus grande prudence dans le choix du correspondant et exiger qu'il donnât d'entières garanties tant pour la sûreté des renseignements que pour l'autorité de ses appréciations.

On me demanda d'indiquer quelques-uns de mes confrères parmi lesquels mon Comité pût choisir ce correspondant ; j'en désignai trois, et je me hâte d'ajouter que je montrai d'ardentes préférences pour M. Léon Lavedan, qui dirigeait, à Tours, le journal *le Français.* J'exposai à mon comité de direction que M. Lavedan était en relations politiques depuis longtemps avec l'honorable M. Thiers, aux tendances, aux vues, à la politique duquel mon journal s'était complétement associé.

Le gérant de *l'Union de la Sarthe,* M. Georges Petit, fut chargé d'entrer en pourparlers avec M. Lavedan et de traiter avec lui, s'il y avait lieu, des conditions dans lesquelles il nous adresserait des correspondances quotidiennes.

On a dit, — j'aurai occasion de revenir sur cette question de détail, — que M. Lavedan m'avait été « imposé » par mon Comité de direction. M. Allain-Targé, auteur de cette assertion, s'est absolument trompé sur ce point comme sur beaucoup d'autres. C'est, au contraire, conformément aux renseignements que j'avais fournis, et même au vœu que j'avais exprimé, que M. Lavedan fût choisi comme correspondant de *l'Union de la Sarthe.*

Il n'en est pas moins vrai, cependant, que je n'ai jamais accepté la responsabilité des faits relatés et des appréciations données dans ses correspondances, et cela est si vrai que, pendant longtemps, elles furent toujours suivies de cette mention : *Pour copie conforme :* G. Petit.

Il est, d'ailleurs, aussi naturel que légal qu'un rédacteur en chef ne soit et ne veuille être responsable que de ses propres écrits, et c'est surtout lorsqu'il s'agit d'une correspondance dont le principal élément est dans l'*information,* que cette responsabilité ne peut être encourue que par le « gérant responsable ».

Un mot encore sur l'ensemble des correspondances de M. Léon Lavedan.

Tombant dans une contradiction dont il ne paraît pas s'être aperçu, M. Allain-Targé a écrit quelque part, pour pallier l'illégalité de mon arrestation, qu'on avait cru que les correspondances que publiait *l'Union de la Sarthe* étaient tout simplement l'œuvre de son rédacteur en chef, bien qu'elles fussent datées de Tours.

M. le préfet de la Sarthe savait parfaitement qu'il n'en était rien. A plusieurs reprises, en effet, l'insertion de ces correspondances avait été accompagnée de notes qui ne pouvaient laisser place à aucun doute sur leur origine. C'est ainsi, par exemple, que, dans le numéro du 23 octobre, avant de publier une lettre dans laquelle M. Lavedan donnait des renseignements précis autant qu'importants, j'avais pris soin d'appeler l'attention particulière de nos lecteurs sur les divers points de cette correspondance et d'ajouter :

Ce que nous tenons à bien affirmer, c'est que notre correspondant est on ne peut plus à même d'être exactement informé, et qu'il mérite aussi, tant par son caractère que par sa position et ses relations, la confiance la plus entière.

On verra par la suite quelle place importante les correspondances dont il s'agit ont prise dans le conflit engagé entre mon journal et la préfecture de la Sarthe.

XI

La Conspiration ourdie par M. Thiers

M. Thiers arriva à Tours dans la nuit du 20 au 21 octobre. On sait quelles impressions il rapportait de sa visite aux principales cours d'Europe; on sait également dans quelles dispositions d'esprit il se trouvait vis-à-vis de la délégation du gouvernement de la défense. A tous ceux qui eurent l'honneur d'être reçus par lui, M. Thiers tint le même langage et traça ce programme : armistice, élections pour une Constituante, ouverture de négociations pour arriver à la conclusion de la paix.

Les partisans de la guerre à outrance, que déjà M. Thiers traitait en « fous furieux », se révoltèrent contre cette politique pacifique et traitèrent l'homme d'État qui s'en faisait le promoteur autorisé comme un ennemi d'autant plus détesté qu'il était plus redoutable.

Entre ces deux tendances, mon journal et moi avions déjà choisi.

Le 21 octobre, M. Lavedan adressait à *l'Union de la Sarthe* une correspondance d'un intérêt tout particulier, laquelle fut publiée en gros texte et en tête de nos colonnes. En voici quelques passages :

L'arrivée de M. Thiers est le principal incident du jour. Il est débarqué cette nuit, très-fatigué, et *je n'ai pu que l'entrevoir à peine ;* mais *je dois l'entretenir dans la journée*, et j'espère qu'il me sera possible d'ajouter un *post-scriptum* à ma lettre avant le départ du courrier.

A la suite de renseignements sur les mouvements militaires, sur les nouvelles répandues au sujet du maréchal Bazaine, etc., M. Lavedan, parlant des bruits de paix, ajoutait :

Quelle sera la combinaison? C'est ici que l'énigme se pose. J'en aurais long à vous dire à ce sujet, car j'ai recueilli les détails les plus curieux ; mais le temps me presse et je remets à demain.

Seulement, je le répète en terminant, croyez que nous ne sommes pas loin d'une solution pacifique.

Je crois devoir citer en entier le *post scriptum* très-important de cette correspondance. On y trouvait la preuve irrécusable des relations étroites de mon correspondant avec M. Thiers et de la confiance que celui-ci avait en celui-là.

P. S. — Je viens de voir M. Thiers et j'ai pu causer avec lui malgré le nombre énorme de personnes qui l'assiègent. L'illustre homme d'État m'a dit bien des choses; je ne suis malheureusement pas autorisé à les répéter. Seulement, tenez pour certain que la situation diplomatique est meilleure qu'on ne croit, que les puissances pèsent plus fortement qu'on ne se l'imagine sur la Prusse, et qu'*avant peu vous aurez la preuve de cette situation nouvelle.*

Je n'ai pas voulu demander à M. Thiers s'il était vrai qu'il dût se rendre au quartier général du roi de Prusse à Versailles, mais le fait ne paraît pas douteux; du moins, tout le monde y croit ici.

A l'heure où je vous écris, il y a grand conseil du gouvernement. M. Gambetta a commencé par se rendre chez M. Thiers, à l'hôtel de Bordeaux, et ils ont eu ensemble un long entretien.

M. Glais-Bizoin a passé ensuite dans le cabinet de l'éminent homme d'État.

La lettre datée de Tours, 22 octobre, renfermait de nouveaux et intéressants détails. Je n'en citerai que quelques lignes.

On assure que, cédant aux vues de M. Thiers comme aux nécessités de la situation, le gouvernement de Tours se déciderait enfin à faire les élections..... Les anciens députés qui arrivent à Tours en assez grand nombre sont unanimes dans ce sens. Une réunion a été tenue à l'hôtel de Bordeaux, dans l'appartement de M. Wilson. Ce sont les élections qui ont été le thème des entretiens ; il n'y a eu qu'une voix pour les réclamer, et M. Grévy aurait, me dit-on, prononcé un discours des plus énergiques dans ce sens. M. Grévy, du reste, désapprouve avec éclat les illégalités et les violences que se permettent certains proconsuls de la République et, sans cesser d'être largement libéral, il se montre nettement anti-révolutionnaire. Cette attitude courageuse lui vaut beaucoup de sympathies et, après M. Thiers, c'est M. Grévy qui exerce en ce moment le plus d'influence ici.

M. Thiers doit quitter Tours lundi ou mardi, mais pour y revenir. Il se rendrait à Versailles et se proposerait même d'aller ensuite à Paris pour y faire comprendre la nécessité des élections.

Le lendemain, 23, M. Lavedan donnait, dans sa correspondance, des renseignements dont la précision et l'importance produisirent une grande émotion.

Un armistice, des élections, la paix, telles sont les trois nouvelles ou tout au moins les trois perspectives du jour. C'était, du reste, dans l'air et, dès l'arrivée de M. Thiers, chacun pressentait que la situation allait entrer dans une nouvelle phase.

L'illustre homme d'Etat, il n'y a plus d'indiscrétion à le dire, est énergiquement passionné pour des élections très-prochaines s'accomplissant à l'aide d'un armistice et dotant la France d'un gouvernement régulier avec lequel la Prusse et l'Europe pourront nouer des négociations sérieuses.

Des élections, a dit M. Thiers en arrivant à Tours, et depuis il ne cesse de répéter uniquement la même chose. MM. Crémieux et Glais-Bizoin s'y résigneraient; MAIS M. GAMBETTA Y RÉPUGNE ET IL INVOQUE LA DÉCISION CONTRAIRE DU GOUVERNEMENT DE PARIS.

Paris n'est pas la France ; il appartient à celle-ci d'aviser elle-même dans les circonstances extraordinaires où elle se trouve, et M. GAMBETTA NE SAURAIT FAIRE PASSER SES PRÉFÉRENCES AVANT CELLES DE L'IMMENSE MAJORITÉ DE LA NATION.

Vous pouvez donc considérer comme imminent un appel aux électeurs ; M. Thiers se charge d'aller à Paris lever les obstacles que pourrait rencontrer cette décision. La Prusse fait connaître qu'elle facilitera de tout son pouvoir les élections dans les départements qu'elle occupe, de manière à assurer une prompte et sincère représentation nationale. . . . .

. . . .

J'extrais de la lettre datée de *Tours*, *24 octobre*, les quelques lignes suivantes :

M. Thiers est encore à Tours, fort impatienté de n'avoir pas encore reçu le sauf-conduit à l'aide duquel il doit se rendre à Paris pour traiter des conditions d'un armistice; c'est lord Lyons, ambassadeur d'Angleterre, qui a demandé ce sauf-conduit, et il commence à s'étonner lui-même de ne pas voir sa demande suivie d'un effet plus rapide.

L'insertion de ces correspondances dans l'*Union de la Sarthe* mit le comble à l'irritation de M. le préfet et des radicaux de la région. Mon journal devint alors l'objet d'une recrudescence d'attaques sans mesure. Ce ne fut plus seulement contre *la Feuille du village* (du Mans) que j'eus à me défendre; il me fallut aussi lutter contre les organes radicaux d'Angers et de Nantes, et bientôt *le Siècle*, qui se publiait à Tours, se mit de la partie. Il est bon de savoir que, parmi ses rédacteurs ordinaires, figurait depuis longtemps M. Joigneaux, dont le fils était précisément le secrétaire général de la préfecture de la Sarthe.

Tous ces journaux, comme s'ils eussent obéi à un mot d'ordre, lancèrent simultanément, contre l'*Union de la Sarthe*, la plus grave des accusations. On présenta ses propriétaires, ses inspirateurs, son rédacteur et le correspondant de Tours comme faisant partie d'une « RÉVOLTANTE CONSPIRATION », dont le centre était auprès du gouvernement de la Défense, et qui avait « pour but, sous prétexte de défendre les droits de la nation, de compromettre le salut du pays » et de « trahir la patrie. »

La violence et l'ensemble de ces différentes attaques avaient un caractère tout particulier de gravité. Avant de répondre aux odieuses accusations dont nous étions l'objet, je voulus m'éclairer auprès de qui de droit, sur leur véritable origine et sur leur but. Je me rendis donc à Tours et je pus m'entretenir avec les hommes politiques les mieux placés pour me bien renseigner.

J'appris que M. Thiers était en butte à une opposition des plus irritées, de la part de M. Gambetta et de tout son entourage; j'acquis la certitude que ce n'était pas, en réalité, contre mon journal, moins encore contre moi-même, que les journaux radicaux dirigeaient leur campagne de dénigrement et de dénonciation. Ils visaient plus haut et, dans leur pensée, l'âme de ce qu'ils appelaient une « conspiration » n'était autre que l'honorable M. Thiers. On voulait, à toute force, le dépopulariser d'abord et, ensuite, paralyser ses efforts désespérés en faveur d'un armistice, des élections et de la paix. Pour atteindre M. Thiers, on commençait par frapper ceux qui s'étaient courageusement alliés à lui.

De retour au Mans, je fus quelque peu étonné de voir mes adversaires parfaitement renseignés sur mes pas et démarches à Tours, et je fus surtout très-désagréablement surpris en ne voyant plus, depuis ce jour, les correspondances de M. Léon Lavedan arriver avec la régularité d'autrefois. Dire que je ne soupçonnai pas les agents de M. Ranc, chef de la police, d'être dans tout ceci pour quelque chose, je ne l'oserais pas; mais je me gardai bien d'avouer de pareils soupçons.

Quoi qu'il en soit, je ne pouvais laisser sans réponse les calomnies des journaux républicains ameutés contre *l'Union de la Sarthe*, et voici l'article que je publiai dans le numéro du 27 octobre :

LES CONSPIRATEURS.

Nous savons, de par l'histoire et de par l'expérience, que quelquefois l'audace supplée au bon droit; que la violence tient lieu de la justice; mais nous savons aussi que ce ne peut être là qu'un phénonème transitoire ne produisant que des fruits éphémères.

C'est ce qui fait que nous nous montrons médiocrement inquiets des agissements actuels du parti démagogique.

Il est cependant nécessaire de les signaler.

Depuis le 4 septembre, la France est livrée aux mains d'un gouvernement qui s'est emparé du pouvoir.

Il s'était tracé un programme : « la défense nationale; » il l'a assez mal rempli.

Impuissant à arrêter l'invasion, il l'a été plus encore vis-à-vis de l'anarchie.

En prenant le pouvoir, les hommes du 4 septembre ont tous déclaré qu'ils avaient pour unique but de sauver la France, de la remettre en possession d'elle-même, afin qu'elle pût alors librement disposer de ses destinées.

Or, en même temps que les Prussiens dévastent nos provinces, que les démagogues tyrannisent nos cités, les hommes du 4 septembre eux-mêmes, poussés en cela par la presse radicale, cherchent à donner à la France, avant de l'avoir consultée, un gouvernement de leur goût. Il est visible qu'ils n'ont voulu être ses sauveurs qu'afin de devenir plus sûrement et plus promptement ses maîtres.

Nous avons applaudi et prêté notre concours à toutes les mesures de défense nationale, mais nous faisons la plus vive opposition à tout ce qui porte atteinte au droit le plus sacré d'un peuple: celui de disposer de lui-même et de prononcer sur ses destinées.

Voilà pourquoi nous ne cessons de demander avec le parti libéral que la France soit appelée à élire une Constituante et pourquoi les élections, ne pouvant se faire que pendant un armistice, nous nous félicitons de voir les puissances européennes intervenir dans ce sens et la Prusse elle-même s'y prêter.

Cette ligne de conduite nous vaut, de la part des journaux radicaux, les attaques les plus violentes, les insultes les plus vives.

Nous sommes des « réactionnaires », de mauvais citoyens; le *Siècle* nous traite de « conspirateurs », et la *feuille* qui, dans notre département, a pour but et pour mission de cacher les honteuses nudités de la démagogie, renchérit encore sur son maître en nous accusant d'être des « traîtres à la patrie ». Elle va même jusqu'à demander qu'on nous traite comme « félons » afin de donner un « terrible exemple ».

Cette colère est plus étrange encore qu'impuissante.

On nous traite de « réactionnaires » lorsque sous un gouvernement républicain nous demandons le suffrage universel!

On nous dit « conspirateurs » lorsque nous ne voulons pas qu'on trompe la France et qu'on lui impose un gouvernement qu'elle n'a pas choisi!

On nous accuse de trahir la patrie lorsque nous voulons la mettre à même de se sauver à la fois de l'invasion et de l'anarchie!

Nous répondrons en deux mots à nos détracteurs, que les « réactionnaires », les « conspirateurs », les « traîtres à la patrie » sont dans leur camp.

Ils ne veulent plus du suffrage universel, ils le redoutent parce qu'ils veulent conserver le pouvoir et qu'ils ont peur qu'il ne le leur arrache!

Ils repoussent l'armistice, parce qu'ils comprennent qu'alors ils n'auront plus de motifs pour retarder davantage l'appel à la France!

Le *Siècle* ne craint pas de l'écrire! « Il n'y a qu'une guerre à outrance qui puisse nous donner une république immortelle. »

D'abord, il ne s'agit pas ici de paix; il s'agit de savoir ce que veut la France; l'armistice n'a pas d'autre but que de lui permettre d'exprimer sa volonté et de nommer ceux par lesquels elle entend l'exercer.

Que la République périsse ou qu'elle vive, là n'est pas la question capitale.

Avant d'être républicain ou monarchiste, nous sommes Français. Avant de sauver la République, songeons à sauver la nation et respectons sa souveraine volonté.

Nous ne craignons pas de le dire, ceux qui, par ambition, veulent, au moyen de manœuvres, imposer à un peuple leurs idées et leurs personnes, ceux-là sont les vrais réactionnaires, les vrais conspirateurs, les vrais traîtres à la patrie!

E. Le Nordez.

Le lendemain de la publication de cet article, l'organe de plus en plus officiel de M. le préfet de la Sarthe nous répondit par une longue diatribe dont les quatre lignes suivantes, qui en étaient la conclusion, en sont aussi le résumé fidèle :

OUI, NOUS VOUS DÉNONÇONS A L'INDIGNATION PUBLIQUE; OUI, NOUS VOUS ACCUSONS DE TRAHIR LA PATRIE, QUAND VOUS VENEZ FAIRE L'ÉLOGE DE M. THIERS.

L'aveu était dépouillé d'artifice, et il suffit pour prouver que, à la vérité, le grand crime de *l'Union de la Sarthe*, aux yeux de l'administration préfectorale et des radicaux ses amis, c'était de défendre les vues de M. Thiers et d'attaquer les agissements politiques de M. Gambetta.

XII

Pendant le voyage de M. Thiers à Paris

Le 28 octobre, M. Lavedan écrivait dans *l'Union de la Sarthe* :

La nouvelle du jour est le départ de M. Thiers. Le sauf-conduit pour Paris est arrivé dans la nuit, et ce matin il y a eu conseil du gouvernement au sujet de la mission de M. Thiers, qui part avec beaucoup d'espérances de succès.

Le lendemain même du jour où M. Thiers avait quitté Tours, on recevait la nouvelle de la reddition de Metz. Les membres du gouvernement ayant publié, à ce sujet, une proclamation qui se terminait par ces mots : *Vive la République une et indivisible !* je fis suivre ce document des quelques lignes que voici :

Tout en donnant à la douleur que causera à tout Français cette nouvelle catastrophe la plus large part, nous ne devons pas nous laisser abattre.

Quand de tels désastres fondent sur un peuple, il n'y a plus de partis, il n'y a plus de haines ; il ne doit y avoir qu'une effective fraternité.

Aujourd'hui, soyons Français et rien que cela ; donnons-nous la main, serrons nos rangs, et quand notre sang à tous peut demain couler dans le même sillon, ne nous querellons pas, ne nous séparons pas. Ne crions ni vive ceci, ni vive cela; qu'un seul cri s'échappe de toutes les poitrines et porte à nos ennemis l'expression de notre patriotisme : Vive la France!

Le 1er novembre, notre correspondance de Tours nous donnait les renseignements suivants :

On n'a point encore d'information officielle sur les clauses de la capitulation de Metz. En attendant, l'opinion reste très-sévère pour la proclamation passionnée de M. Gambetta, et le jeune ministre en éprouve une irritation profonde. Il incline à quitter Tours pour aller demander aux passions violentes du Midi le concours tumultueux qu'il ne rencontre pas aux bords de la Loire. C'est à Toulouse qu'il voudrait porter le siége du gouvernement. Il trouverait là tous les éléments jacobins auxquels il semble faire appel depuis quelques jours.

M. Gambetta ne veut entendre parler ni d'un armistice ni des élections. On assure, au contraire, que les principaux membres du gouvernement de Paris seraient disposés à accepter l'un et l'autre. C'est peut-être même pour cette raison que M. Gambetta songe à quitter Tours.

..... On n'attend pas M. Thiers à Tours avant samedi.

Le 5 novembre, un ballon parti de Paris et descendu à La Flèche nous apportait le récit des événements qui s'étaient accomplis à Paris le 31 octobre. Après l'avoir publié, je commentais les faits en quelques lignes :

Voilà comment les démagogues font du patriotisme!

L'ennemi entoure Paris, et quand tous les honnêtes citoyens ne songent qu'à défendre la capitale de la France, les Prussiens de l'intérieur sèment la discorde et excitent à la guerre civile...

En face de ces indignes Français qui déchirent le sein de la patrie pendant que l'étranger veut lui voler sa liberté et son honneur, nous dirons encore et quand même : Unissons-nous ! C'est aux hommes d'ordre à sauver la France.

Sans attendre les premières nouvelles sur la mission dont M. Thiers s'était chargé, M. Gambetta, ne voulant à aucun prix d'un armistice, décrétait la levée en masse de tous les hommes valides de 21 à 40 ans.

Le 7 novembre, on apprenait la rupture des négociations et, pendant que la presse *conservatrice* en exprimait des regrets unanimes, les journaux radicaux célébraient bruyamment « l'heureux échec de M. Thiers. »

Dans une correspondance du 8 novembre, M. Lavedan exprimait la pensée que l'on ne devait cependant pas renoncer à tout projet de réunir une assemblée, et il ajoutait que les hommes politiques les plus importants estimaient que, pour continuer la guerre, il importait de convoquer une assemblée nationale, seule capable de décréter certaines mesures de salut public et de les faire accepter au pays.

On se souvient qu'une campagne s'engagea dans la presse à ce sujet et que M. Thiers s'employa activement à la faire réussir. Il était, d'ailleurs, secondé dans cette voie par les hommes politiques les plus influents et par les journaux les plus autorisés. En associant mon journal à cette politique, à la suite de M. Grévy d'une part et de M. Émile de Girardin de l'autre, je n'eus pas un instant la pensée de manquer de patriotisme. Le rédacteur de *la Feuille du Village* en jugea tout autrement, et c'est ici que se place un incident que je ne rappelle que parce qu'il se rattache étroitement au fait principal qui doit ici m'occuper : mon arrestation et ses causes.

XIII

Un Duel manqué

On a beaucoup parlé, en ces derniers temps, du *Bulletin des Communes,* et, sous le 16 Mai, les républicains ont, à maintes reprises, protesté contre les articles qui y étaient publiés; d'aucuns même ont été poursuivis. Je n'ai ici aucune opinion à émettre sur les articles dont il s'agit, non plus que sur les poursuites auxquelles ils ont donné lieu. Il m'est, toutefois, avis que *le Bulletin des Communes* n'a jamais compromis le gouvernement du 16 Mai autant que le *Bulletin de la République* a, en 1870, compromis le gouvernement de M. Gambetta, lequel, il est vrai, était à la fois et l'inspirateur et l'exploiteur de ce journal-affiche.

Dès les premiers numéros, le *Bulletin de la République* avait soulevé les plus vives protestations; elles parurent assez fondées à M. Gambetta pour lui faire regarder comme nécessaire de justifier lui-même, par une circulaire spéciale, les articles qu'il publiait. Il déclarait tout d'abord que le Bulletin avait pour but de démontrer que la République seule pouvait assurer la grandeur et la prospérité de la France, et, pour cette propagande qu'il déclarait obligatoire aux communes, M. Gambetta transformait les instituteurs primaires en missionnaires de la République. Je me permis de qualifier ledit Bulletin de *prospectus-réclame* en faveur d'une marchandise non encore brevetée, et je refusai au Gouvernement le droit de contraindre les instituteurs à s'en faire *les commis-placiers.*

Voici comment le journal de M. le Secrétaire général de la Préfecture releva ces critiques assez anodines :

Que les cléricaux et les réactionnaires fassent la grimace en voyant afficher sur tous les murs le *Bulletin de la République*, nous le comprenons. Dans tous ses numéros, il consacre une portion de ses colonnes à dévoiler toutes les turpitudes commises sous l'empire, à nous faire connaître les noms de tous ceux qui ont plongé leurs doigts dans les caisses de l'État ou mendié des subventions au maître du jour. Des révélations de ce genre doivent, en effet, fort inquiéter ces Messieurs et les irriter fort contre les républicains.

Il y avait dans ces lignes une insinuation diffamatoire que je ne crus pas devoir laisser passer, et je sommai son auteur d'avoir à dire nettement et sans ambages qui, à l'*Union de la Sarthe*, avait des raisons de s'inquiéter des turpitudes que révélait le *Bulletin de la République* et qui avait plongé les doigts dans les caisses de l'Empire ou mendié des subventions au maître du jour.

A cette sommation, la *Feuille du Village* répondit que le rédacteur de l'article n'avait pas eu l'intention de s'adresser à moi. Je ne pouvais accepter cet échappatoire, et je sommai de nouveau mon adversaire d'avoir à dire nettement qui il avait entendu désigner. La discussion languit sans que je pusse obtenir satisfaction. C'est alors que j'adressai au rédacteur de *la Feuille du Village* une lettre dans laquelle, après avoir résumé cette polémique stérile, j'ajoutais : « Je ne puis accepter votre fuite qui aurait pour résultat de ne plus me donner pour adversaire qu'un homme qui tourne le dos. Je croyais avoir dit que l'heure n'est plus aux ambiguïtés ni aux échappatoires. »

Pour sortir d'embarras, mon adversaire eut recours à un procédé singulier. Il se posa en *insulté* et m'envoya deux témoins. J'abouchai avec ces derniers deux de mes amis ayant mandat de déclarer que je désirais vivement une rencontre, mais que j'avais à réclamer et non pas à accepter un duel; que mes articles des quatre derniers jours prouvaient surabondamment mon intention de demander raison, au rédacteur de *la Feuille du Village,* des injures qu'il avait adressées à mes amis politiques, tout en me mettant hors de cause.

Les témoins de mon adversaire proposèrent de laisser de côté la discussion d'offenseur et d'offensé et — idée fort originale — de remettre à la trancher après la rencontre. Or, en même temps, ces messieurs entendaient réserver pour leur mandataire le choix des armes, ce qui, en réalité, remettait en question justement ce que l'on proposait de ne pas discuter. Ce fut en vain que mes témoins, reprenant en main les articles de *la Feuille du Village* et ceux de *l'Union de la Sarthe,* établirent que le premier de ces journaux avait multiplié les insultes, que le second ne les avait relevées que par des sommations tendant à contraindre le rédacteur de *la Feuille du Village* à sortir des termes ambigus dans lesquels il persistait à se renfermer.

Après plusieurs entrevues, les témoins de mon adversaire, persistant à réclamer pour celui-ci le choix des armes et le rôle d'insulté, mes mandataires furent d'avis que, comme représentant d'un journal, c'est-à-dire d'un intérêt général et politique, il ne m'était pas possible, surtout après avoir été mis personnellement hors de cause, de renoncer à l'avantage moral qu'assure la position d'insulté. Ils déclarèrent à nouveau, toutefois, que j'avais incontestablement désiré une rencontre, que j'avais tout fait pour qu'elle eût lieu, mais que je ne l'accepterais que sur le terrain d'un droit que l'on ne pouvait loyalement me dénier.

Ce « duel manqué » eut, cependant, un résultat. L'opinion publique, c'est-à-dire tous les hommes sans parti pris, approuvèrent pleinement ma conduite et, même parmi les partisans de *la Feuille du Village* l'attitude prise par le rédacteur de ce journal fut défavorablement jugée. Il s'ensuivit un changement *radical* non-seulement dans le ton, mais aussi dans le caractère des articles de *la Feuille du Village* ayant trait au parti dont *l'Union de la Sarthe* était l'organe. Les attaques précédentes ne se reproduisirent pas ; on évitait, avec un soin significatif et remarqué, de citer mon journal et, bien que notre politique fût toujours la même, elle ne donna lieu pendant quelques semaines à aucune polémique. Cette modération feinte me fit penser qu'on pouvait bien préparer contre nous quelque manœuvre secrète. Mes adversaires n'étaient pas hommes à désarmer : ils devaient évidemment *machiner* quelque chose. Mes prévisions sur ce point étaient fondées et les faits ne tardèrent pas à le prouver.

XIV

Les fausses nouvelles et les paniques

Le 19 octobre, la ville du Mans avait été tout à coup jetée, au point du jour, dans une panique inattendue. De tous côtés, on sonnait le clairon, les tambours battaient le rappel et la générale ; des hommes effarés couraient à travers les rues, frappaient aux portes, annonçaient que les Prussiens entraient dans la ville et *ordonnaient*, au nom de l'autorité, à tous les citoyens de se réunir en armes afin d'organiser la défense. Pendant deux heures, le trouble fut indescriptible dans tous les quartiers, et ce ne fut qu'après une longue attente que M. le préfet arriva et renvoya au lendemain « un appel aux gardes nationaux volontaires disposés à partir. »

A qui revenait la responsabilité de cet incident regrettable ? C'est ce qu'il ne fut pas possible de découvrir ; aussi, sans accuser personne, je fis appel à la vigilance de l'administration et j'ajoutai que si, comme on l'assurait, M. le préfet avait décidé de son autorité privée, la levée en masse de tous les citoyens valides dans tout le département, cette mesure nous paraissait, à tous les points de vue, injustifiable. Il est permis de croire que l'autorité militaire en jugea de même, car, dès le lendemain, le général commandant supérieur des forces de l'Ouest mettait en état de guerre le département de la Sarthe, ce qui avait, pour résultat immédiat de placer tout ce qui se rattachait à la défense nationale sous l'autorité du chef militaire du département. J'applaudis à cette excellente mesure.

Trois jours plus tard, la ville de Mamers était à son tour mise en grand émoi dans les circonstances suivantes :

Vers onze heures du matin, les tambours battirent le rappel; les hommes de 21 à 40 ans furent tous rassemblés et entendirent la lecture d'un ordre formel qui les appelait à la Ferté-Bernard. Interrogé par le commandant et les officiers de la garde nationale sur l'origine et le caractère de cette mesure, M. le sous-préfet de Mamers se refusa à donner des explications. Quelques heures plus tard, une dépêche datée de la Ferté-Bernard était affichée à la sous-préfecture et annonçait que l'ordre de départ précédemment donné était « suspendu. »

Après avoir rapporté ces faits, je demandais deux choses : 1° que l'autorité militaire fît une enquête afin de savoir à qui incombait la responsabilité de ces paniques ; 2° que l'autorité préfectorale prît des mesures pour porter à la connaissance du public, soit directement par voie d'affiches, soit indirectement par des communications aux journaux, les nouvelles militaires officielles que l'on était anxieux de recevoir et dont l'absence donnait précisément lieu aux fausses nouvelles et aux terreurs sans fondement.

XV

Les Nouvelles militaires et les Journaux

L'absence de nouvelles et le semblant de parti pris du gouvernement de n'en point donner, avait de nombreux inconvénients et, au lieu d'accueillir toutes celles qui nous étaient directement communiquées, mais sur lesquelles il nous était presque impossible d'exercer un contrôle efficace, je demandais instamment à l'administration de communiquer chaque jour aux journaux, les renseignements qui pouvaient être portés à la connaissance du public, sans nuire aux opérations de la défense.

Le 29 octobre, je revenais sur ce point en des termes plus pressants :

Voilà bientôt huit jours que nous sommes à peu près complétement sans nouvelles, et le public commence à trouver, avec quelque raison, que l'attente se prolonge trop.

De Paris, rien; d'Orléans, rien; de Vendôme, rien; de l'armée de la Loire, rien; de partout et toujours rien.

Des bruits aussi vagues que nombreux se sont répandus, et aucune communication du gouvernement n'est venue les détruire, les rectifier ou les confirmer.

Ce mutisme est regrettable et nuisible, car, dans notre situation, on est porté à conclure : Point de nouvelles, mauvaises nouvelles.

Quelques jours plus tard, revenant sur la même question, j'écrivais :

Des nouvelles, des nouvelles !

Sans détails encore sur la capitulation de Metz, nous sommes complétement sans nouvelles sur ce qui se passe à Paris et en province.

Le gouvernement ne peut-il donc se tenir dans un juste milieu?

Il y a quelques jours, il nous accablait de nouvelles où le plus petit fait prenait les proportions d'un événement, où une sortie devenait une grande bataille, où un avantage d'escarmouche se transformait en une importante victoire.

Tout en blâmant et en regrettant l'esprit d'exagération optimiste qui présidait à la rédaction de ces communications, nous les préférons au mutisme absolu d'aujourd'hui.

Si nous pouvions croire qu'il n'y a, en effet, rien à signaler, aucun fait à communiquer, nous ne réclamerions pas. Mais il n'en est pas ainsi.

Il y a presque chaque jour des engagements, et quelques-uns même, dans ces derniers jours, ont pris l'importance de combats véritables et sérieux.

Pourquoi ne pas nous renseigner sur leurs péripéties, sur leur issue, sur leurs conséquences?

Nous ne voyons aucune raison sérieuse qui puisse être invoquée pour justifier cette conduite du gouvernement.

Il semble, en vérité, qu'il y ait un parti pris dont personne ne voit le but et l'utilité.

Cet état de choses ne pourrait se prolonger sans danger.

Rien ne le justifie, rien ne l'explique, rien ne peut le faire accepter ; il est temps de mettre un terme à une désorganisation aussi déplorable.

Chaque jour modifie la situation, la France a le droit d'exiger qu'on la tienne au courant de tout ce qui touche à son salut; nous croyons donc être l'organe de l'opinion publique en demandant que, *chaque jour*, et d'une façon régulière et immédiate, le gouvernement communique les modifications, bonnes ou mauvaises, survenues par la suite des événements, et qu'il nous donne en même temps des nouvelles promptes et des nouvelles vraies.

Étions-nous les seuls à tenir ce langage? Non, certes.

Le journal *la France*, se plaignant comme nous de cette disette de renseignements, disait :

Si trop de communications nuit, *une absence complète de communication nuit bien davantage, en ce qu'elle apporte le découragement et l'indifférence.*

Nous comprenons fort bien que le gouvernement veuille nous mettre en garde contre les fausses joies, que nous avons eues si souvent, et qui nous ont fait tomber de si haut; mais qu'il ne nous épargne point la vérité. Nous avons fait l'expérience des plus mauvaises nouvelles : il ne faut plus craindre qu'elles nous abattent.

De son côté, *le Constitutionnel* s'exprimait ainsi : « Au « nom des familles, au nom du pays, qui a besoin de savoir s'il « doit craindre ou se rassurer, nous demandons qu'il soit enfin

« mis un terme à un état de choses insupportable et qui pro-
« voque justement des plaintes générales. »

Citons encore *la Gazette de France :*

M. Gambetta est à la fois ministre de la guerre et ministre de l'intérieur ; à ce double titre, il doit être renseigné des premiers, à moins qu'il ne soit trop au-dessous des fonctions dont il s'est chargé lui-même.

On s'est justement indigné, dans les derniers jours de l'empire, du retard qu'apportait M. de Palikao à publier les nouvelles de la guerre ; c'est une des fautes qui ont le plus contribué à exaspérer l'opinion contre le régime impérial. M. Gambetta imite, en les aggravant, les pratiques du dernier ministère de l'empire. Il devrait craindre d'aboutir aux mêmes résultats.

La Liberté, à l'appui de ces plaintes, auxquelles elle s'associait, citait des faits :

A Montbéliard, nous avons remporté une victoire; dans le Nord, dans l'Est, dans l'Ouest, nos soldats opposent à l'invasion une résistance féconde en glorieux faits d'armes et bien propre à rendre au pays un peu plus de confiance, propre aussi à donner aux soldats qui n'ont pas encore vu le feu un salutaire entrain.

En vain, nous attendons, on ne nous donne aucun renseignement.

Mais voici quelque chose de bien plus surprenant et aussi de bien plus regrettable.

Chaque jour pour ainsi dire, des combats ont lieu autour de Besançon, aux portes de la ville. Or, *le Constitutionnel* assure que les habitants de cette cité ne les ont connus que par les dépêches publiées par les journaux de Tours.

Voici, du reste, ce que disait, à ce sujet, *la Franche-Comté* de Besançon :

Notre population inquiète, sous le coup d'une émotion légitime, encombre les rues, les places publiques ; les plus impatients s'approchent du côté du combat, ils interrogent les soldats qui reviennent, ramenant les blessés, ils voient passer les estafettes qui apportent aux autorités les détails de la journée, et ils pensent avec raison que ces nouvelles leur seront bientôt communiquées. Il n'en est rien! Ils voudraient arrêter ces courriers qu'ils interrogent du regard, mais ils pensent que peut-être ils sont porteurs d'ordres pressés et que le moindre retard serait fatal au succès qu'ils espèrent, et ils attendent encore.

Que s'est-il passé hier? Que se passe-t-il aujourd'hui? Les uns nous disent qu'on se bat, d'autres assurent qu on observe, mais qu'en sait-on officiellement du moins? Rien, absolument rien.

Était-ce à dire que mes confrères et moi eussions la prétention de contraindre le gouvernement ou ses représentants à publier tous les faits militaires, de quelque nature qu'ils fussent? Pas le moins du monde. Nous étions les premiers, au contraire, à recommander la discrétion et, chaque jour, je taisais des nouvelles qui m'étaient communiquées de sources autorisées. On en trouverait la preuve dans un grand nombre de numéros de l'*Union de la Sarthe;* c'est ainsi, pour n'en fournir qu'un exemple, que, le 27 octobre, je donnais en tête de mes colonnes une note ainsi conçue :

Nous aurions bien de fort importantes et significatives nouvelles sur les mouvements considérables de troupes qui se font plus particulièrement dans la région de l'ouest; ils nous fourniraient d'abondants éléments pour prévoir les événements qui se préparent, mais c'est ici surtout que le silence est d or.

Le 5 novembre, *le Moniteur officiel* de la délégation de Tours publia la note suivante :

Le ministre de la guerre et de l'intérieur rappelle aux journaux paraissant à Tours l'existence des lois qui punissent la divulgation des mouvements militaires en voie d'exécution.

Il a paru, notamment et trop fréquemment, des notes et des indications sur les mouvements de l'armée de la Loire. Il ne sera point fait de procès de presse pour la répression de pareils délits. Les journaux qui se permettent d'aussi coupables manœuvres, alors que l'ennemi est si près de nous, contraindront le gouvernement à décréter l'état de siége, qui l'armera contre eux du droit de répression pur et simple.

Le gouvernement est fermement résolu à ne plus tolérer aucune publication de nature à renseigner l'ennemi sur nos opérations militaires.

Un ou plusieurs journaux de Tours avaient-ils motivé cette note sévère? Aucun d'eux, à la vérité, ne l'a prise pour lui ; mais personne non plus ne songea à la discuter ni à protester contre les avertissements qu'elle contenait. En effet, chacun comprenait que c'était un devoir de patriotisme de ne rien faire qui pût nuire à la défense. Les journaux de la Sarthe étaient, d'autre part, tenus à se montrer, sur ce point, particulièrement prudents, puisque l'état de siége avait été précédemment décrété dans ce département. Quant à *l'Union de la Sarthe,* je veillai personnellement, avec le plus grand soin, à ce qu'il ne parût dans ses colonnes aucune indication de la nature de celles qu'interdisait la note ci-dessus.

XVI

M. le Préfet de la Sarthe m'informe qu'il me fera passer devant une Cour martiale

Le 10 novembre dans la matinée, M. le commissaire central de la ville du Mans vint inviter mon gérant à se rendre avec moi, dans le plus bref délai, chez M. le préfet, qui avait « des communications importantes à nous faire. »

Déférant immédiatement à cette invitation, nous nous rendîmes, mon gérant et moi, à la préfecture, où nous ne fûmes reçus qu'après avoir fait antichambre pendant près de trois quarts d'heure. Je ne veux rien changer au récit, que je publiai le soir même dans mon journal, de mon entrevue avec M. Le Chevalier ; j'appelle seulement l'attention toute spéciale de mes lecteurs sur les significatifs incidents de cette « *audience d'un préfet républicain*.

M. le préfet s'assit dans une posture pleine — comment dirons-nous ? — pleine d'aisance, et à peine avions-nous *pris nous-même la peine de choisir un siége*, que d'une voix d'avocat au tribunal, M. Le Chevalier nous apostrophait ainsi :

« En vérité, *quand vous seriez vendus aux Prussiens*, je déclare.... (ici un éclat de voix portant le ton au diapason plus aigre) je déclare que *vous n'agiriez pas autrement que vous ne le faites tous les jours*. »

M. le préfet, visiblement ému et tournant de plus en plus à la note violente, allait continuer.

Nous crûmes prudent de l'arrêter.

« Pardon de vous interrompre, monsieur le préfet, lui avons-nous dit, mais, tout en nous étonnant que vous nous ayez *invités* à venir entendre de semblables violences, nous devons vous assurer que, si votre désir était de porter la discussion sur un terrain aussi vif, aussi irritant et aussi insultant pour nous, nous n'aurions qu'à nous retirer, car nous n'avons nulle envie de vous suivre dans cette voie. »

L'observation parut produire *un peu* son effet, et le colloque suivant s'engagea :

M. le Préfet. — « C'est bien votre journal, *ça ?* »

Nous. — « Oui, *ça* c'est bien notre journal. »

M. le Préfet. — « Avez-vous lu dans *le Moniteur* l'avis du gouvernement qui interdit aux journaux de rien insérer qui puisse renseigner l'ennemi sur les positions de nos armées ? »

Nous. — « Oui, monsieur le préfet, nous avons lu l'avis dont vous parlez. »

M. le Préfet. — « Eh bien, dans votre numéro d'hier vous avez donné, *en connaissance de cause, des renseignements précieux pour les Prussiens*. »

Négligeant l'allusion calomnieuse de cette observation, nous demandâmes à M. le préfet en quoi et comment nous avions renseigné les Prussiens.

M. le préfet nous lut alors les lignes suivantes de notre numéro d'hier soir :

Le général Fiérek est parti, nous assure-t-on, la nuit dernière, pour l'armée actuellement campée du côté de Marchenoir. On en conclut que, sur ce point, l'action va être vigoureusement engagée dans le plus bref délai.

De nombreux départs de troupes ont eu lieu depuis 36 heures, à la gare du Mans, et le mouvement continue tant au camp de Pontlieue que parmi les troupes actuellement logées en ville.

Un violent coup de couteau à papier sur le bureau fut le premier argument de M. le préfet, et il fut suivi d'une foule d'autres à peu près aussi violents et tout aussi concluants.

Nous avions tout écouté en silence et avec calme. Faite sous une autre forme, nous eussions accepté l'observation, mais ainsi transmise, elle exigeait une réponse. Voici textuellement quelle elle a été :

« *On s'est battu à Marchenoir, le public le sait, les Prussiens le savent aussi, puisqu'ils y ont été vigoureusement repoussés* (1).

« *Le départ d'un général pour une armée et pour un point où la situation même des Prussiens indique suffisamment l'imminence d'un combat est naturelle, et elle ne fournit pas, que nous voyions, de bien précieux renseignements à nos ennemis.*

« *Quant aux mouvements et aux départs de troupes, il est assez naturel encore qu'en temps de guerre il s'en produise un peu partout, et* **PENDANT QU'ON N'INDIQUE PAS LE POINT SUR LEQUEL ON LES DIRIGE,** *on ne saurait être regardé comme enfreignant l'avis, d'ailleurs très-sage, rappelé par vous, Monsieur le préfet.* »

Nous avons ajouté que, chaque jour, *le Moniteur* lui-même et tous les journaux de Tours et des départements fournissaient des renseignements de même nature.

Le calme de cette réponse fit perdre à M. le préfet celui qu'il avait paru un instant retrouver.

« Je vous dis que *vous livrez aux Prussiens des renseignements que vous ne devriez pas leur fournir,* que j'ai le droit de vous poursuivre, que le

(1) Marchenoir se trouve à quatre journées de marche du Mans et, au moment où paraissait le numéro de mon journal qui contenait la note rappelée par le préfet, a bataille était engagée et même gagnée.

département étant en état de siége, vous relèveriez de la cour martiale, car *vous faites tous les jours l'affaire des Prussiens* et, QUAND VOUS LEUR SERIEZ VENDU, VOUS NE LE FERIEZ PAS MIEUX. »

Le ton de cette véhémente réplique concordait parfaitement avec le fond de l'argumentation ; c'était le paroxysme de la colère...., colère sans motif, il est vrai, et ce sont souvent celles-là que l'on sait le moins surmonter.

Si nous n'eussions, à ce moment, deviné le but de M. le préfet, peut-être, à bout de patience, aurions-nous perdu nous-mêmes notre calme ; mais, comprenant tout à coup qu'un mot violent de notre part eût fait l'affaire de M. le préfet, en lui fournissant des armes contre nous et un semblant de justification dans certaines mesures à notre égard, ce fut, nous l'attestons, avec un calme profond que nous répondîmes ceci à M. le préfet :

« Voilà deux fois en dix minutes que vous formulez devant nous et sur notre journal cette *calomnie*.

« *Il n'est ni dans votre droit, ni dans votre rôle de nous outrager ainsi*, et pour ne pas avoir à le souffrir plus longtemps, nous croyons devoir arrêter cette discussion et nous retirer. »

Ce que disant, nous nous sommes levés, notre gérant et nous, et nous nous sommes dirigés vers la porte, pendant qu'un vigoureux coup de poing faisait trembler le bureau préfectoral.

« Restez ici, monsieur Le Nordez, » a crié M. le préfet.

« Non, Monsieur, avons-nous répondu ; du moment où *discuter* devient synonyme de *disputer*, nous n'avons plus rien à faire ici. »

D'un bond, M. le préfet s'est élancé vers nous et, avec une violence sans bornes, nous a enjoint de rester, « parce qu'il avait un avertissement à nous *formuler*. »

« Veuillez nous le formuler par écrit, il sera plus calme et aussi plus digne de vous et de nous.

— JE VOUS FERAI TRADUIRE DEVANT LA COUR MARTIALE.

— Si vous avez la force, Monsieur le préfet, pourquoi recourez-vous à la violence et à l'insulte ? »

L'échange de ces dernières paroles avait lieu dans l'antichambre, en face des huissiers et des garçons de bureau et de plus de trente personnes qui attendaient aussi une audience.

Cet auditoire, auquel jusque-là M. le préfet n'avait pas songé, l'a-t-il fait réfléchir sur le rôle étrange qu'il jouait en ce moment ?

Peut-être, mais changeant tout à coup de ton d'allures, il nous a répondu :

« Je n'ai pas été violent.

— Pardon, avons-nous repris en ouvrant la porte de sortie, vous en avez même brisé votre couteau à papier, manquant à la dignité de vos fonctions et au respect que, comme homme, vous vous devez à vous-même.

— « *Ah! les couteaux à papier,* s'est alors écrié M. le préfet un sourire épanoui sur les lèvres, *les couteaux à papier, avec ça que les candidats officiels d'autrefois se privaient d'en faire usage!* Ah! ah! ah!

Ce mot de la fin qui, du drame, nous transportait, sans transitions, dans l'élément comique, nous a désarmé. Nous l'avons trouvé si joli, si concluant surtout que, prenant sans mot dire le chemin de l'escalier, nous nous demandions si cette scène avait bien eu pour héros *un préfet de la République!*

Ainsi, j'étais bien et dûment averti qu'on avait l'intention, arrêtée depuis longtemps sans doute, de me faire passer devant une cour martiale, et l'état d'esprit où j'avais trouvé M. le Préfet de la Sarthe ne me permettait pas de douter que, pour tenir menaçante *promesse*, il saisirait la première occasion et le plus petit prétexte.

Cette perspective n'avait rien de positivement gai, ni de précisément rassurant; aussi la passion de mes adversaires me rendit-elle très-calme, et leur aveugle emportement me donna-t-il une extrême prudence.

XVII

L'excessive discrétion dont je fis preuve

Dans la soirée du jour où la *scène* dont on vient de lire le récit avait eu lieu, je reçus, comme tous mes confrères du Mans, un *Communiqué* ainsi conçu :

La situation du département de la Sarthe impose aux journaux qui se publient au Mans une discrétion encore plus grande que partout ailleurs.

Ce devoir si simple et si élémentaire a été mis en oubli malgré les ordres précis du gouvernement.

Le préfet avertit tous les journaux et *spécialement celui qui motive le présent avis,* que, décidé à supporter tout ce qui est du domaine de la discussion, il sera non moins résolu à empêcher la publication des renseignements pouvant être utiles à l'ennemi.

Si cela devient nécessaire, il fera appel aux rigueurs de l'autorité militaire.

10 Novembre 1870.

Le préfet de la Sarthe,

G. Le Chevalier.

Ce *Communiqué* se ressentait visiblement des dispositions peu bienveillantes où nous avions, le matin, laissé M. Le Chevalier. Je n'en pris pas moins bonne note et, après l'avoir publié, je fis même cette réflexion qu'il eût été bien plus simple à M. le préfet de nous envoyer cet avertissement, que de nous inviter à venir entendre ses violentes objurgations.

Je n'hésite pas à l'avouer, les termes de l'interdiction qui nous était adressée par M. le préfet de la Sarthe me mirent dans un embarras extrême.

Je me demandai jusqu'à quelle limite je pouvais publier les renseignements qui m'étaient fournis, et où commençait la « discrétion » que, sous des menaces sévères, nous imposait l'administration. J'étais convaincu que mon *devoir* était de renseigner mes lecteurs, de rassurer l'opinion publique prompte à s'alarmer et de prévenir, en même temps, les bruits alarmants qui suscitaient des paniques, et les nouvelles optimistes qui engendraient une confiance dangereuse.

Par suite des nombreuses relations des propriétaires ou des amis de *l'Union de la Sarthe*, nous recevions quotidiennement beaucoup de renseignements, soit sur les mesures militaires projetées, soit sur les chances de succès d'opérations en voie d'exécution, soit même sur certains détails de la stratégie de l'ennemi.

Souvent il m'arriva d'être indécis sur la publication de certains de ces renseignements ; il me semblait qu'ils pouvaient fournir aux opérations de nos généraux de précieuses indications, et je n'étais pas absolument dans l'erreur. Je me souviens, en effet, que, plus tard, alors que je fus traduit devant un conseil de guerre, l'officier chargé de l'instruction, examinant les pièces : lettres, notes, rapports, etc., qui avaient été saisies dans mes bureaux ou à mon domicile, s'étonna de la précision et de l'importance de certains de ces renseignements ; il fit même, à plusieurs reprises, l'observation qu'ils eussent été de nature à éclairer les mouvements militaires de l'armée de la Loire, en particulier.

Cependant, depuis le jour où M. le préfet m'avait, avec une excessive franchise, exprimé son intention de me traduire devant une cour martiale, je me dispensai de publier celles de mes informations particulières qui pouvaient, directement ou indirectement, se rattacher aux opérations militaires.

On en retrouverait les preuves dans chaque numéro de *l'Union de la Sarthe*.

Le 12 novembre, je publiais, en tête de mes colonnes, les quelques lignes que voici :

Si nous en croyons certains renseignements qui nous parviennent, les opérations qui viennent d'être si bien menées près d'Orléans ne seraient que le début de l'exécution d'un plan stratégique savamment conçu et habilement préparé que nous nous garderons bien d'indiquer.

Voici, d'autre part, les premières lignes de mon « Bulletin de la guerre » du 15 novembre :

Si la discrétion ne nous faisait un devoir de taire les renseignements qui nous arrivent sur les mouvements de nos troupes, nous aurions à inscrire aujourd'hui plus d'un détail propre à nous faire espérer, dans un bref délai, un second succès du côté d'Orléans ; mais, si nous devons garder le secret sur ces préparatifs, nous pouvons au moins dire qu'ils sont de nature à rendre confiants les plus sceptiques.

Sans multiplier ces citations, je retranscris encore la note suivante, qui se trouvait en tête de la seconde édition de *l'Union de la Sarthe* du 22 novembre :

Au milieu des bruits de toutes sortes qui se produisent, la prudence nous fait un devoir de garder un silence plus grand que jamais ; les fausses joies ne sont pas moins à éviter que les paniques sans raison. Nos lecteurs comprendront la réserve que nous nous imposons. Le moment est grave, l'heure est solennelle ; il ne faut compromettre en rien la situation.

Certes, je puis maintenant en faire l'observation sans danger pour personne ; la plupart de mes confrères de Tours ou de la région de l'ouest étaient loin de montrer la même réserve, et je n'avais nulle envie de m'en plaindre, car c'est grâce à eux qu'il me fut possible de renseigner mes lecteurs.

Les colonnes de *l'Union de la Sarthe* étaient remplies d'extraits et d'emprunts et, en feuilletant aujourd'hui la collection des numéros de mon journal, je retrouve des preuves nombreuses et significatives de l'exagération — motivée à la vérité — de mes scrupules. *Le Moniteur officiel* se distinguait entre tous par l'abondance des renseignements non officiels qu'il publiait ; il lui arrivait même souvent de rectifier, par ses dépêches particulières, les communications qu'il recevait du ministère de la guerre.

La Liberté, la France et *le Siècle* lui-même donnaient chaque jour des nouvelles militaires plus ou moins autorisées et plus ou moins prudentes.

Le journal que dirigeait, au Mans, M. le secrétaire général de la Sarthe prodiguait, lui aussi, les renseignements qu'il croyait de nature à intéresser le public ; on put même penser qu'il en puisait les meilleurs éléments dans les dépêches que l'administration préfectorale ne pouvait pas ne pas recevoir, mais dont elle privait les journaux qui lui étaient politiquement moins sympathiques.

Il y a plus ; l'*Agence Havas* qui, selon son habitude et conformément à la tradition, était non-seulement à la disposition du gouvernement, mais pour ainsi dire sous sa direction, puisqu'elle insérait tous les renseignements politiques ou militaires même avant l'organe du gouvernement, l'*Agence Havas,* dis-je, adressait chaque jour à tous les journaux des départements non envahis les renseignements les plus circonstanciés sur les mouvements et même sur les opérations militaires.

Si on le niait, j'en fournirais une preuve irrécusable. Le 10 novembre, en effet, M. le préfet de la Sarthe fit communiquer *confidentiellement* au rédacteur en chef de chacun des journaux du Mans un avis ainsi conçu :

Par ordre du ministre de l'intérieur, les journaux ne doivent insérer aucune dépêche Havas ni aucune communication *quelconque*, quelle qu'en soit l'origine, soit sur les mouvements, forces ou situation de nos troupes, soit sur . . . .

En insérant cette note, je crus devoir remplacer par des points une partie de son contenu; la suite eût, en effet, révélé un fait sur lequel nous avions gardé le silence et qui eût été pour l'ennemi un renseignement précieux. J'en fis l'observation et j'en tirai cette conclusion qu'il était difficile, même au gouvernement, d'observer strictement l'ordre qu'il donnait aux journaux. J'ajoutais :

Nous ne voyons pas trop pourquoi l'administration nous communique cette note *confidentiellement*, et comme elle concerne tout autant nos lecteurs que nous, nous la portons à leur connaissance, afin qu'ils soient à même d'apprécier combien sont vagues et de pratique difficile les avis qu'on nous donne, — avec menace de cour martiale en cas d'inobservance; — combien aussi, en les prenant prudemment à la lettre, notre rôle se trouve restreint. C'est à ne plus rien dire du tout pour n'en pas dire trop!

En ce qui concerne l'*Agence Havas* qui, chacun le sait, reçoit directement ses renseignemenis du gouvernement, et même ne les transmet que sous son contrôle, il nous paraît beaucoup plus simple qu'on ne lui laisse adresser aux journaux que ce que l'on jugera bon qu'ils insèrent.

Ceci nous semble d'autant plus opportun qu'il nous est assez difficile de juger jusqu'à quel degré le gouvernement entend nous permettre de renseigner à l'avenir nos lecteurs. C'est que, en effet, du moment où nous ne devons insérer « aucune communication quelconque » sur les mouvements, forces ou situation de nos troupes, nous ne voyons pas où se trouve la ligne de démarcation entre ce qui est permis et ce qui est défendu.

Personne ne pourra nier la justesse de ces observations; la presse se trouvait placée dans la plus fausse et la plus difficile des situations. Cela est si vrai que, je le répète, l'organe officiel du gouvernement était fréquemment le premier à enfreindre ses ordres.

Un jour il annonçait qu'il se formait à Tours, avec l'autorisation du gouvernement, des compagnies de corps francs *qui auraient pour but spécial l'attaque et la destruction des convois prussiens dans la région de l'ouest.*

Et, le 13 décembre, je reproduisais la note *officielle* que voici :

Tout semble indiquer, en ce moment, que les Prussiens songent à se diriger sur la Loire ; *la marche que vient d'exécuter l'armée du général de Paladines hâtera, sans aucun doute, leur mouvement dans ce sens.*

Dans le Nord, *le général Bourbaki réunit les divisions qui vont former son corps d'armée.*

Les nouvelles de chaque jour, insérées dans le *Journal officiel*, étaient pleines de détails de ce genre, fort peu conformes, on en conviendra, à la note ci-dessus qui interdisait l'insertion de toute communication même sur la situation d'un corps de troupe.

Je me hâte, toutefois, d'ajouter que, tout en protestant contre les instructions vagues du gouvernement, nous continuâmes à les observer avec le plus grand soin, de même qu'avec le plus grand souci. C'est ainsi que, le surlendemain de la communication dont je viens de parler, j'écrivais, en tête des « Nouvelles de la guerre » :

Ne rien dire n'est pas synonyme de ne rien savoir, mais nos lecteurs comprennent les causes du silence que nous gardons sur les mouvements, très-*activés*, de nos troupes depuis quelques jours. Attendons patients, mais confiants.

J'ai relu depuis lors toutes les correspondances adressées par M. Léon Lavedan à l'*Union de la Sarthe*, et dans aucune d'elles je n'ai trouvé le moindre renseignement soit sur les mouvements de la situation des troupes, soit sur les opérations projetées par leurs chefs.

Toutes ces lettres étaient presque exclusivement consacrées aux questions politiques. C'est ainsi que, le 11 novembre, après quelques mots sur les succès de l'armée de la Loire à Orléans, notre correspondant écrivait :

Ce succès ne fait point perdre de vue l'utilité des élections, et M. Thiers demeure très-ferme à ce sujet. On parle même d'une démonstration qui se ferait prochainement dans ce sens, mais l'heure n'est pas venue de vous donner tous les détails qui sont à ma connaissance particulière.

Le 12, M. Lavedan écrivait :

Le bruit se répand que le gouvernement de Tours préparerait un manifeste en vue de déclarer les élections impossibles. Combien de temps encore, la fantaisie despotique d'un seul homme s'imposera-t-elle aux besoins et à la volonté d'un peuple ?

La lettre du 14 novembre était remplie par des renseignements sur le rapport fait par M. Thiers relativement à sa mission diplomatique et par de curieux détails sur l'emprunt que M. Laurier était allé conclure en Angleterre; celle du 17 avait trait à la conduite du maréchal Bazaine. Dans celle du 18, il est question des conflits qui s'élevaient souvent entre l'amiral Fourichon et M. Gambetta et, dans celle du 20, M. Lavedan nous entretenait du déplacement prochain de la délégation de Tours.

Pendant quatre jours, nous ne reçûmes aucune des correspondances que M. Lavedan nous adressait cependant régulièrement chaque jour.

Le 25, la lettre datée du 24 arriva en mon absence; elle fut insérée dans le numéro du jour; il y était longuement parlé de la visite de M. Gambetta au camp de Conlie et de la facilité avec laquelle le jeune avocat improvisé ministre de la guerre tranchait les questions militaires, destituait les généraux et improvisait de la stratégie.

XVIII

La première entrée des Prussiens dans la Sarthe

Le 23 novembre, dans l'après-midi, le bruit se répandit, dans la ville du Mans et dans les environs, que les Prussiens étaient entrés en forces dans le département de la Sarthe par La Ferté-Bernard et qu'ils arrivaient à marches forcées vers le chef-lieu du département.

Des renseignements particuliers me permettaient de croire qu'il y avait, dans ces nouvelles, beaucoup d'exagération. En effet, un de nos amis parti la veille au soir de La Ferté-Bernard m'affirmait que quelques uhlans seulement étaient entrés dans cette dernière ville, et qu'ils avaient été faits prisonniers. Comme le numéro de mon journal allait paraître, je ne pus consacrer à ces bruits graves que quelques lignes qui se terminaient ainsi :

Nous savons que le général Jaurès a pris les mesures les plus énergiques. Il nous est impossible de donner aucun détail sur la force des troupes et sur les mouvements effectués, mais nous avons la plus grande confiance, et il y a tout lieu d'espérer qu'elle ne sera pas déçue.

Dans la nuit, j'apprenais que, le 22 novembre, à 8 heures et quelques minutes du soir, La Ferté-Bernard avait été envahie par toutes ses principales artères et qu'un combat sanglant avait eu lieu dans les rues.

Il n'y avait plus lieu d'en douter, les Prussiens étaient entrés dans la Sarthe.

Dans son édition du matin, mon journal donna de nombreux renseignements de nature à calmer l'inquiétude générale; mais comme la préfecture ne nous faisait aucune communication, j'adressai à M. Le Chevalier, la lettre suivante :

Le Mans, 24 novembre 1870.

MONSIEUR LE PRÉFET,

Les Prussiens approchent, l'incertitude est grande, le public est anxieux et la presse a le devoir de le renseigner Mieux que nous, vous êtes juge de l'opportunité des renseignements dont il convient que nous nous fassions les échos ; veuillez donc, Monsieur le préfet, nous adresser, à moi et à mes confrères, un bulletin journalier de la situation, ou nous indiquer le moyen de donner satisfaction à l'attente légitime du public sans outrepasser les prohibitions du gouvernement.

Dans l'attente d'une réponse que le porteur de cette lettre attendra,

Veuillez agréer, etc.

E. LE NORDEZ.

A trois reprises différentes j'envoyai chercher la réponse réclamée par moi, je n'en reçus aucune ; on comprend dans quelle situation difficile la presse se trouvait placée par suite de cette attitude de l'administration.

A la suite des quelques renseignements particuliers que je crus pouvoir publier, je plaçai l'article qu'on va lire :

L'ennemi est entré dans notre département ; c'était un fait prévu et qui entrait trop visiblement dans les plans des Prussiens pour qu'il nous surprenne. Nous n'examinerons pas si la prévision même de cette marche n'eût point permis de l'arrêter et de ne point exposer le Mans, qui est un des centres les plus stratégiquement importants de l'ouest, à une occupation prussienne.

Ce n'est plus l'heure des récriminations, mais bien celle de l'action. Nous reconnaissons que depuis quatre jours on agit avec promptitude, c'est fort bien, mais il faut que cette activité subite soit réglée et que l'ordre préside à la prise des mesures autant qu'à leur exécution.

Il n'y a pas de temps à perdre, donc rien d'inutile, pas de démarches fausses, pas de décisions irréfléchies, pas d'ordres arbitraires, pas de mouvements stériles, sans cela on aggrave le mal au lieu de l'amoindrir.

Rien n'est encore perdu, il s'en faut, et dans les conditions où nous sommes, connaissant les positions et les forces de l'ennemi, nous pouvons le repousser et le forcer à abandonner ses projets sur le Mans, projets dont la réalisation aurait pour résultat immédiat d'isoler la Bretagne et la Normandie du reste du territoire en coupant toute communication.

L'entrée des Prussiens au Mans, c'est comme leur prise de possession de l'ouest.

Il importe donc de ne rien négliger pour défendre ce point. Les mesures prises depuis quatre jours nous donnent lieu de croire qu'on l'a enfin compris.

Quant à nos concitoyens, nous leur demandons le plus grand calme ; le trouble, la panique seraient des auxiliaires précieux pour nos ennemis.

Le vrai courage est calme, soyons donc vraiment courageux et sachons aussi, au moment de l'inquiétude et de l'épreuve, nous souvenir qu'au-dessus des volontés humaines, il en est une qui gouverne tout et dont il a été dit avec vérité : « L'homme s'agite et Dieu le mène. »

Si le courage est dans le calme, le calme est dans la confiance, et lorsque tout sombre autour de nous, lorsque nos maux sont si grands, en qui pourrions-nous, hélas ! placer la nôtre, sinon en ce Dieu des armées qui délivra nos pères du terrible Attila, et qui ramena la victoire dans l'armée des Francs, quand Clovis, au milieu de leur défaite, éleva vers lui son cœur.

Aidons-nous, mais demandons au ciel de nous aider !

Le lendemain, l'administration nous laissait encore absolument sans renseignements, et j'en étais réduit à recueillir le bruit qui courait qu'un engagement avait eu lieu au-delà de Ballon, et que nos troupes y avaient remporté un succès relatif.

Dans la soirée, cette dernière nouvelle prenait de la consistance et je me proposais d'envoyer, dès le matin du 26, prendre des renseignements à Ballon même, afin de suppléer au parti pris de mutisme de M. le préfet de la Sarthe.

On va voir comment je fus dans l'impossibilité de mettre ce projet à exécution.

XIX

Mon Arrestation

Le 25 septembre, je restai à la rédaction de mon journal jusqu'à une heure avancée de la nuit. En rentrant à mon domicile, à minuit et un quart, j'appris que deux *Messieurs* étaient venus me demander vers onze heures et demie et avaient dit qu'ayant une communication importante et pressée à me faire, ils reviendraient de bonne heure le lendemain matin.

Le lendemain, en effet, vers cinq heures du matin, les deux mêmes *Messieurs* sonnèrent, et poliment me firent *prier* de leur accorder quelques instants d'entretien.

Tout en trouvant très-matinale la visite de ces personnages inconnus, je me levai et descendis de ma chambre pour les recevoir.

Leur toilette était correcte, trop correcte même, et leur air emprunté autant qu'apprêté fit naître subitement en moi des soupçons. Sans d'ailleurs me décliner leurs titres, ils m'affirmèrent que M. le Procureur de la République, devant partir pour Tours, désirait me faire une communication très-urgente et qu'il les avait chargés de venir m'inviter à me rendre auprès de lui. Je crois même me souvenir qu'ils m'exprimèrent, de la part de M. le Procureur, tout le regret qu'il avait de me déranger à pareille heure.

En dépit de toutes ces précautions oratoires, je devinai aisément la nature de la mission dont ces deux *Messieurs* étaient chargés et je leur répondis :

— Dites-moi plutôt et avec franchise que vous avez mandat de m'arrêter.

Malgré leurs protestations, après m'être habillé, je remis à ma sœur, qui restait avec moi, des papiers de familles et quelques valeurs que je portais et je me mis aux ordres des deux mystérieux personnages qui n'avaient pas un instant cessé de surveiller mes mouvements avec une curiosité significative autant qu'indiscrète.

Aussitôt sortis, ils me placèrent entre eux et me conduisirent ainsi jusqu'au Palais de Justice, qui renferme en même temps le parquet et la prison. Arrivé là je fus, en effet, introduit par la porte du Palais de Justice; mais après avoir suivi, dans les ténèbres, de longs corridors, je me trouvai tout à coup brutalement poussé dans un étroit espace que je reconnus bien vite pour faire partie de la prison en voyant le costume du geôlier qui refermait la porte derrière moi.

On me fit déposer ma montre, mon porte-monnaie, sur le contenu duquel on préleva une petite somme qui me fut remise, et après avoir inscrit mon nom et ma profession sur le registre d'écrou, le gardien chef chargea un de ses collègues de me conduire dans une cellule dont il donna le numéro.

Lorsque j'y fus arrivé, je constatai que j'étais dans une chambre absolument vide où non-seulement il n'y avait ni un lit ni une chaise, mais pas même un peu de paille. Je m'assis sur la dalle, bien réellement humide, et j'attendis que le jour vînt m'apprendre, à différents points de vues, la situation où je me trouvais. Quand le soleil se leva je pus vérifier l'incommodité et le peu de luxe de l'appartement que m'octroyait l'administration de M. le préfet de la Sarthe, mais ce ne fut que le soir que je reçus les premiers renseignements sur les causes de mon arrestation.

Pendant toute la journée, en effet, j'eus beau frapper, appeler, personne ne vint, personne ne répondît et, mourant de froid et plus encore de faim, je me demandais si, par un procédé plus expéditif encore que la cour martiale, M. le Chevalier m'avait fait jeter dans une *oubliette*.

Vers cinq heures du soir, un des gardiens de la prison vint me demander si je *souhaitais* quelque chose ; sur ma réponse très affirmative, il me demanda de quoi j'avais besoin.

« Tout d'abord, lui répondis-je, j'ai besoin de savoir comment et pourquoi je suis ici ; secondement, j'ai besoin de manger ; troisièmement, j'ai besoin d'un lit ou tout au moins d'un peu de paille pour dormir. »

Le brave homme, en me montrant beaucoup de compassion, me déclara qu'il ne pouvait donner satisfaction à aucune de mes demandes, mais qu'il allait aussitôt en référer au directeur de la prison.

Il se retira et, quelques instants plus tard, on me faisait quitter la cellule où je me trouvais, pour me conduire dans une autre un peu plus confortable, en ce sens qu'elle contenait un lit ; on m'y servit le repas des prisonniers ; je le trouvai .... passable, grâce au jeûne rigoureux que l'on venait de m'imposer.

Ayant pu obtenir une plume, de l'encre et du papier de la prison, j'écrivis une lettre, qui me fut remise dans la suite par le destinataire et que je retrouve dans mes papiers. J'en extrais ce qui suit pour que l'on puisse juger de l'état d'esprit où j'étais à ce moment :

Prison du Mans, le 26 Novembre 1870.

PRISONS DE LA SARTHE

Les détenus ne peuvent écrire que tous les mois.

Les détenus ne peuvent correspondre qu'avec les autorités, les proches parents ou tuteurs.

MON CHER AMI,

Ce matin, on me faisait lever pour *voir* M. le Procureur de la République ; je ne l'ai point vu, mais j'ai été *écroué* à la prison du Mans. Pourquoi ? C'est ce que l'on ne m'a pas encore dit ; j'attends, sinon avec patience, au moins avec calme. Tâchez de rassurer ma sœur ; il ne faut pas qu'elle s'exagère la gravité de ma situation, je sortirai de cette affaire à mon honneur.

Combien de temps serais-je à l'ombre? Je ne puis le savoir. On m'avait annoncé la visite de ceux qui m'ont fait arrêter, mais je n'ai vu personne encore.

Faites *sans retard* toutes les démarches nécessaires pour que je puisse vous voir et vous donner des instructions tant sur mes affaires de famille que sur celles du journal.

Parti ce matin précipitamment, je manque d'une quantité de choses, et vous m'obligerez en me faisant passer, s'il est possible, un peu de linge et quelques ustensiles de toilette.

Informez promptement de ce qui arrive les membres de mon Comité pour qu'ils avisent et que le service du journal ne souffre en rien.

A vous bien cordialement.

E. Le Nordez.

Cette lettre, remise ouverte au gardien, fut communiquée à je ne sais quelle autorité, qui y mit son visa pour en autoriser l'expédition. Elle porte le timbre de la dernière distribution, par la poste du Mans, du 27 novembre.

Le matin de ce jour, j'avais écrit à M. le directeur de la prison en le priant instamment de m'informer des causes de mon arrestation. Il me fit répondre qu'on ne lui avait, sur ce point, fourni aucun renseignement.

M. le procureur de la République, à qui j'écrivis ensuite, me fit savoir que mon arrestation ne le regardait en rien, qu'elle émanait de l'autorité militaire, à laquelle je devais adresser ma requête.

Vers onze heures du matin, je reçus enfin, des mains du gardien chef, une feuille manuscrite dont voici la copie textuelle :

« *Le Général, commandant la subdivision de la Sarthe,*

« *Attendu que le nommé Le Nordez, rédacteur en chef du journal* l'Union de la Sarthe, *est prévenu d'actes ayant pour but d'entraver la défense,*

« *Ordonne qu'il soit immédiatement arrêté et écroué dans la maison d'arrêt du Mans.*

« Au Mans, le 25 novembre 1870.

« *Le Général commandant la subdivision,*

« *Signé :* De Négrier.

« *Nous, commissaire central de police de la ville du Mans, certifions avoir notifié le dit mandat à M. Le Nordez et lui avoir laissé la présente copie aux fins de droit.*

Fait au Mans, le 26 novembre 1870.

(Signature illisible.)

Ce mandat, signé par l'autorité militaire, notifié (?) par un commissaire de police et remis par un gardien de prison, ne m'apprenait pas grand'chose et je me demandai comment je pouvais m'être rendu coupable d'*actes* ayant pour but d'entraver la défense. J'attendis que le juge d'instruction, dont on m'annonça la visite pour le lendemain 28, voulût bien m'expliquer cette énigme.

C'est, sans doute, parce que j'avais fait l'observation que, seul et sans aucun moyen de distraction, je m'ennuyais fort dans ma cellule, que l'on me donna bientôt un compagnon. C'était un capitaine de l'un des régiments de mobile de l'armée de Bretagne. Il me raconta que, brigadier de gendarmerie en retraite, il avait volontairement repris du service dès le début de la guerre et qu'il était au camp de Conlie depuis sa formation ; il y avait même pris d'affreuses douleurs rhumatismales qui ne lui laissaient pas un instant de repos. Quant à son crime, le voici : la veille, il avait critiqué tout haut les proclamations républicaines de M. Gambetta et déclaré que *ce n'était certainement pas pour fonder la République qu'il exposait sa peau.* De ce fait, il était inculpé d'avoir poussé les soldats à la révolte. J'ai su, après la guerre, que ce *royaliste,* étant resté longtemps en prison, y avait contracté une maladie de poitrine à laquelle il avait succombé peu de temps après son retour en Bretagne.

Vers le soir du même jour on amena dans notre cellule un nouveau détenu ; il était lui aussi capitaine, mais dans les francs-tireurs de l'Hérault. Ce corps avait été chargé du service d'honneur de M. le préfet de la Sarthe; le capitaine en question n'avait pas, paraît-il, fait un assez grand cas de cet « honneur ; » il avait protesté en déclarant qu'il ne s'était pas engagé pour veiller à la sécurité de M. Le Chevalier, et il avait demandé d'aller à l'ennemi. On l'avait tout aussitôt arrêté, et le mandat qu'il nous fit voir portait : « Traduit devant la Cour martiale pour *rébellion devant l'ennemi.* » Je le retrouverai le lendemain de la prise du Mans, dans les rues de la ville, et comme je lui demandais s'il avait été fait prisonnier par les Prussiens, il me répondit : « Je serais encore dans la prison du Mans, en attendant mon jugement, si les Allemands ne m'en avaient ouvert les portes. »

XX

L'Inculpation

Le lundi 28, je fus extrait de ma cellule et conduit dans une des salles du greffe ; je me trouvai là en présence d'un franc-tireur, sur le grade duquel j'ai su, plus tard, que je m'étais trompé ; je l'avais pris pour un sergent et il était lieutenant.

Il me présenta le numéro de l'*Union de la Sarthe* du 25 novembre 1870 et me lut le passage suivant de la correspondance de Tours, qui y avait été publié :

Tours, 24 Novembre.

On attend d'heure en heure des événements décisifs, et il ne m'appartient pas de vous dire qu'ils pourraient tout aussi bien se produire de votre côté que du nôtre.

Vous savez aussi bien que moi que M. Gambetta a visité le camp de Conlie; mais ce que je puis ajouter, c'est que le JEUNE MINISTRE DE LA GUERRE NE SE MONTRE NULLEMENT SATISFAIT, A TORT OU A RAISON, DE L'OEUVRE DU COMTE DE KÉRATRY, *et je puis vous garantir qu'il a adressé à ce sujet à ses collègues du gouvernement une dépêche tout à fait caractéristique, dans laquelle* IL VA JUSQU'A DIRE QUE LE CAMP DE CONLIE NE PROUVE QUE L'INCAPACITÉ DE SON ORGANISATEUR.

Il est vraiment singulier de voir avec quelle facilité un avocat, sorti de Paris en ballon, juge les questions militaires, destitue des généraux, et improvise de la stratégie !

Le juge instructeur me fit connaître que c'était l'insertion des lignes que je souligne ici qui avait motivé mon arrestation. Il ajouta que j'étais traduit devant la cour martiale comme prévenu d'avoir, par cette correspondance, volontairement et sciemment donné des renseignements à l'ennemi sur les mouvements de l'armée, et il m'informa que, dans l'après-midi, il me ferait subir un premier interrogatoire.

C'est ici le lieu de publier les dépêches échangées à mon sujet, entre le préfet de la Sarthe, le Commissaire de la Défense dans l'Ouest, M. Allain-Targé, M. Gambetta, ministre de la guerre, et M. de Kératry, commandant du camp de Conlie.

Les auteurs de mon arrestation ne mirent pas beaucoup de temps avant de la décider; il est vrai que, depuis plusieurs jours, ils n'attendaient, pour le faire, qu'une occasion ou plutôt qu'un prétexte.

Mon journal avait paru à trois heures; M. le Chevalier et M. Allain-Targé s'étaient aussitôt concertés et avaient adressé à M. Gambetta, à Tours, la dépêche suivante :

« Préfet du Mans à intérieur Tours. — Journal *Union de la Sarthe*, dans correspondance particulière de Tours, dit que le ministre a visité le camp de Conlie, et, à tort ou à raison, ne s'est pas montré satisfait ; qu'il a adressé à ses collègues une dépêche dans laquelle il va jusqu'à dire que le camp de Conlie ne prouve que l'incapacité de son organisateur ; *ceci suivi du blâme de la facilité avec laquelle un avocat juge les questions militaires...*

M'autorisez-vous à dire au général de convoquer la cour martiale ? Je crois qu'il faut se montrer énergique. »

A cette dépêche, M. Gambetta répondit par celle que voici :

EXTRÊME URGENCE

Intérieur et guerre à préfet du Mans.

25 Novembre.

Cette manœuvre est odieuse. J'ai eu le plaisir de féliciter moi-même le général de Kératry, le général Le Bouëdec, les colonels Bonneau et Julien sur l'excellente organisation du camp de Conlie et l'état des fortifications. Nous ne pouvons pas laisser d'indignes citoyens répandre de fausses nouvelles et la calomnie pour desservir les opérations de la guerre.

L. GAMBETTA.

Le lendemain, M. Allain-Targé lançait la dépêche suivante :

Le Mans, 26 Novembre 1870, 10 heures 10 du matin.

Allain-Targé à général de Kératry (Yvré)

Vous n'avez pas le temps de lire les journaux ; je tiens à vous dire cependant que le rédacteur de l'*Union de la Sarthe*, ayant publié un article odieusement mensonger sur la visite du Ministre au camp de Conlie, vient d'être arrêté et traduit en cour martiale.

Le Commissaire,

ALLAIN-TARGÉ.

Cette dépêche était bientôt suivie d'une lettre ainsi conçue :

A Monsieur le général Kératry.

Le Mans, 26 Novembre 1870.

PRÉFECTURE
DE LA SARTHE

MONSIEUR LE GÉNÉRAL,

Un article calomnieux et odieux, dont le but évident était de semer la défiance entre le gouvernement, les généraux, les officiers et les soldats, a paru dans l'*Union de la Sarthe,* relativement à la visite du ministre de la guerre au camp de Conlie. Vous savez en quels termes monsieur le ministre vous a félicité vous et votre état-major : vous savez quelle a été sa satisfaction. Aussi l'arrestation du rédacteur a été immédiatement ordonnée. Il passera aujourd'hui devant la Cour martiale. C'est une réparation qui était due à l'armée de Bretagne.

Agréez, monsieur le Général, l'assurance de ma haute considération.

Le commissaire de la Défense.

H. ALLAIN-TARGÉ.

De son côté, M. le préfet de la Sarthe adressait au général de Kératry la lettre suivante :

Le Mans, 29 Novembre 1870.

CABINET DU PRÉFET
DE LA SARTHE

GÉNÉRAL.

Je vous envoie la copie de la dépêche que j'ai reçue vendredi du ministre.

Vous y verrez avec quelle énergie il a repoussé le jugement qu'on lui prêtait sur l'organisation de votre camp de Conlie.

Je suis personnellement heureux, Général, de cette occasion de joindre mes félicitations à celles du ministre et de vous assurer de mes sentiments les plus distingués et les plus dévoués.

Le préfet de la Sarthe,

LE CHEVALIER.

Il faut tirer de ces documents quelques conclusions.

De par le mandat d'amener décerné contre moi, j'étais inculpé « d'actes ayant pour but d'entraver la défense nationale » ; le juge d'instruction de la cour martiale me disait « prévenu d'avoir volontairement et sciemment donné des renseignements à l'ennemi sur les mouvements de l'armée ». Dans sa dépêche au préfet, M. Gambetta m'accuse de l'avoir « calomnié » et d'avoir « répandu de fausses nouvelles ». D'après M. Allain-Targé, ce serait M. de Kératry lui-même que j'aurais calomnié, et cela, non plus dans l'intention d'entraver la défense, mais dans le « but évident de semer la défiance entre le gouvernement, les généraux, les officiers et les soldats. »

Voilà, certes, des accusations aussi grosses que nombreuses et, dans leur multiplicité, dans leur diversité non exempte d'un peu de contradiction, on trouvera peut-être la preuve que, dans leur précipitation à me faire incarcérer, MM. Allain-Targé et Le Chevalier avaient oublié de se mettre d'accord sur l'accusation qu'ils porteraient contre moi. Il paraît bien qu'ils s'étaient dit : « Empoignons-le d'abord ; nous verrons ensuite de quoi nous pourrons bien l'inculper. »

XXI

L'Instruction devant la Cour martiale

Dans le premier interrogatoire que me fit subir le juge d'instruction de la cour martiale, je voulus discuter l'accusation en elle-même et établir deux points : d'abord, que les détails donnés sur l'organisation défectueuse du camp de Conlie, dans la correspondance incriminée, étaient vrais et connus de tous ; ensuite que leur publication dans l'*Union de la Sarthe* du 25 novembre n'avait pu porter aucun préjudice à la défense nationale.

Le juge d'instruction me déclara qu'il n'avait pas mission de discuter avec moi l'accusation en elle-même ; je dus alors me réfugier dans mon irresponsabilité.

J'étais le *rédacteur* de l'*Union de la Sarthe*, mais je n'en étais ni le directeur politique ni le gérant. D'après les lois sur la presse, je n'étais dès lors responsable que de mes propres écrits, tous signés de moi. Or, la correspondance en question n'était pas de moi; les manuscrits saisis et que le juge instructeur avait sous les yeux, en fournissaient la preuve irrécusable.

Lorsque je répondais : « Je ne suis ni l'auteur ni l'éditeur responsable de la lettre incriminée, » voici ce que m'objectait mon interrogateur : « Je n'ai pas à entrer dans ces distinctions subtiles; on vous tient pour responsable jusqu'à ce que vous ayez désigné l'auteur des correspondances qui vous sont envoyées de Tours et qu'il ait été établi que vos déclarations à ce sujet sont sincères. »

On me lut ensuite trois articles du Code criminel des cours martiales, et tout ce que je compris c'est qu'il était uniquement question de condamnation à mort et de fusillade.

C'était une véritable menace de mort; je pensai que l'on voulait tout simplement m'effrayer dans l'espoir de m'arracher des confidences ou des délations.

Je ne pouvais céder devant de pareils moyens de pression. Je n'avais aucune crainte que M. Lavedan pût être inquiété si je donnais son nom; mais c'eût été dégager ma responsabilité par un acte peu courageux que de le faire lorsqu'on employait de pareils moyens d'intimidation. Je demandai, en conséquence, qu'on entendît un ou plusieurs des membres de mon comité de direction et qu'on leur demandât ou de nommer le correspondant auteur de la lettre incriminée, ou de m'autoriser à le faire moi-même.

Je fus reconduit dans ma cellule après avoir signé ce premier interrogatoire.

Le juge instructeur fit citer et entendit, le jour même, MM. de La Rochefoucauld, duc de Bisaccia, et Vérel.

Le lendemain, je fus de nouveau conduit au greffe pour y subir un second interrogatoire.

Le juge me déclara que les membres de mon comité n'avaient point cru devoir donner le nom du correspondant de Tours et qu'ils avaient déclaré que, selon leur opinion, c'était à moi à le faire, ou, à mon défaut, soit au directeur politique, soit au gérant responsable. Ces deux derniers avaient-ils été entendus? Lorsque je le demandai, on me répondit.... qu'il fallait en finir et que si je ne voulais pas faire connaître enfin l'auteur responsable de l'article incriminé, *je paierais pour lui.*

Lecture m'ayant été donnée, sur ma demande, des dépositions de MM. de La Rochefoucauld et Vérel, j'y trouvai, de la façon la plus évidente, l'invitation de nommer M. Lavedan. Je le fis avec d'autant moins d'inquiétude que, je le répète, j'étais certain que l'on se garderait bien de procéder aussi militairement, aussi arbitrairement avec lui qu'avec moi. Sa situation à Tours et ses relations avec M. Thiers le mettaient à l'abri de l'arbitraire dont j'étais victime. Je ne me trompais pas, puisque non-seulement il ne fut pas inquiété, mais ne fut même jamais interrogé.

Après mes déclarations, le juge instructeur me présenta les manuscrits de plusieurs des correspondances de M. Lavedan et me fit observer que quelques-unes d'entre elles portaient en tête des mentions comme celles-ci : « renseignement personnel »; — « à garder en réserve jusqu'à nouvel ordre » ; — « ceci est la reproduction à peu près textuelle d'une conversation que j'ai eue avec M. Thiers », etc. D'autre part, comme j'avais déclaré que ces correspondances devaient être quotidiennes, mais qu'il y avait des interruptions parmi celles qui avaient été saisies, mon interrogateur s'enquit de ce qu'étaient devenues les lettres qui manquaient à certaines dates. Sur ma réponse qu'elles ne nous étaient pas parvenues, il me demanda si plutôt *on ne les avait pas fait disparaître* parce qu'elles étaient de nature à mettre la justice sur la trace de certains personnages que l'on supposait pouvoir être *mes complices.* Je déclarai ne pas comprendre, mais je me souvins de ce qui m'avait été affirmé, un mois auparavant, sur les soupçons malveillants dont M. Thiers était l'objet de la part de M. Gambetta.

Ceci se passait le mardi dans la soirée.

Le mercredi, vers huit heures du matin, on vint extraire de la cellule contiguë à la mienne un jeune homme d'une vingtaine d'années qui, me dit-on, avait été condamné à mort pour intelligences avec l'ennemi ; il allait subir sa peine, et comme on l'emmenait, un gardien me dit : « Voilà comment on finit quand on passe devant la cour martiale. » Cette réflexion n'était pas précisément de nature à me rassurer sur mon sort.

Pendant toute la journée, je fus plongé dans d'assez sombres réflexions ; je commençais à craindre de me trouver sérieusement exposé à la peine aussi radicale que capitale dont le juge d'instruction m'avait, à plusieurs reprises, menacé.

Le lendemain, au point du jour, deux gendarmes, l'arme au bras, furent introduits dans ma cellule. Sur leur ordre, je me levai et m'habillai ; ils me dirent de « faire mon paquet. » Comme je leur demandais ce qu'ils allaient faire de moi, ils me *confièrent* qu'ils avaient mission de me transférer à Tours.

Je ne comprenais rien à ce dénoûment inattendu, relativement préférable, toutefois, à celui que j'avais pu redouter.

Je fus conduit devant le gardien chef qui, après m'avoir remis les objets saisis sur moi à mon entrée dans la prison du Mans, leva mon écrou.

A peine si j'étais sorti que, malgré l'heure matinale, un assez grand nombre d'individus, qui n'étaient visiblement pas de mes amis mais qui me connaissaient, me suivirent en m'insultant et en me menaçant. Il fallut toute l'énergie des deux gendarmes pour me soustraire à leurs mauvais traitements. Je ne veux pas dire qu'ils eussent été prévenus par ceux qui, *seuls*, pouvaient connaître, à ce moment, mon transfert à Tours ; mais on conviendra que cette manifestation avait quelque chose d'anormal et que la présence de ces individus hostiles devant la prison à l'heure où j'en sortais était des plus singulières.

J'ai su plus tard qu'au même instant on avait fait courir dans la ville du Mans la nouvelle que je venais d'être fusillé, et qu'elle avait été aussitôt annoncée aux membres de ma famille.

Arrivé à la gare, on me fit monter dans un compartiment *réservé* et mes gendarmes se mirent aux portières, en s'excusant très-poliment, d'ailleurs, sur les devoirs de leur profession et sur la consigne.

Ce ne fut que vers deux heures et demie que le train arriva en gare d'Angers; aucun départ ne devant avoir lieu pour Tours, on me fit descendre, et pendant qu'un des gendarmes était allé chercher des ordres à mon sujet, le chef de gare, sachant qui j'étais, me fit entrer dans son cabinet particulier, afin dit-il, de me soustraire aux insultes des gens de toute classe qui étaient dans la gare.

Pendant que je me réchauffais et que je mangeais un morceau de pain de munition, dont un militaire m'avait fait l'aumône, je parcourus anxieusement quelques journaux qui se trouvaient là, et l'on va voir de quelle importance étaient pour moi les renseignements que j'y trouvai.

XXII

La Démission de M. de Kératry

La première chose qui me tomba sous les yeux fut la lettre suivante :

Angers, le 28 novembre 1870.

MONSIEUR LE MINISTRE,

Par décret du 22 octobre dernier, vous m'aviez nommé commandant en chef des forces mobilisées des cinq départements de Bretagne. A cette date, rien n'existait encore. Grâce au patriotisme de mes compatriotes et au dévouement de tous mes officiers, le 22 novembre, le camp de Conlie était créé et rendu inexpugnable. Quarante-sept bataillons de Bretons mobilisés, sept compagnies de francs-tireurs hardis et disciplinés étaient accourus tout équipés à mon appel; neuf batteries d'artillerie, toutes formées en matériel et en personnel, n'attendaient plus que des harnais pour manœuvrer utilement. Ce spectacle était unique en France, et le 24 novembre, après avoir vu de vos propres yeux, vous exprimiez hautement à tous les coopérateurs de cette œuvre nationale votre plus vive satisfaction, dont vous m'avez renouvelé l'assurance le même soir à la préfecture du Mans.

A la même heure, le Mans était menacé, l'aile gauche de l'armée de la Loire pouvait être débordée ; les troupes du général Fierech avaient été déroutées et fuyaient depuis Nogent-le-Rotrou jusqu'aux portes de mon camp, vous fîtes un appel pressant à l'armée de Bretagne : 10,000 de ses enfants, *malgré leur organisation incomplète, comptant plus sur leur courage que sur leur armement inachevé*, *me suivirent le 24 novembre au matin*, *du camp de Conlie au bivac d'Yvré*, *et le 26*, *nous faisions une marche de 31 kilomètres à l'ennemi.* Mes braves volontaires marins traînèrent leurs pièces d'artillerie douze heures de route, l'ennemi venait d'évacuer en toute hâte.

Les intérêts de la défense ne me permettent pas d'ajouter un seul mot aujourd'hui.

Malgré les prières de mes troupes, je vous ai informé, le 27 novembre, que la teneur de vos ordres, conçus le 26 novembre, à Tours, à l'heure même où nous allions à l'attaque, *me forçait à tous égards à résigner mon commandement.*

Vous avez accepté le même jour ma démission, qui aurait dû paraître aujourd'hui même au *Journal officiel.*

La douleur que j'avais d'abandonner l'armée que j'avais formée avec mon brave ami et ancien collègue, Carré-Kérisouet, qui a cru devoir me suivre dans la retraite, a été profonde ; mais elle ne me fait point oublier mes devoirs impérieux.

Rentré dans la vie privée, j'ai retrouvé ma liberté politique, que j'avais aliénée complétement sous l'uniforme. En appelant mes concitoyens à la défense de la patrie, j'avais contracté charge d'âme ; aussi j'ai l'honneur de vous annoncer que, dès que les événements vont me le permettre, *je ferai traduire en conseil de guerre les hautes administrations de la guerre et de la marine : du même coup elles et moi nous comparaîtrons à la barre du pays, et aucun des documents que j'ai sous la main ne sera écarté.*

Agréez, Monsieur le Ministre, l'assurance de ma haute considération.

Comte DE KÉRATRY.

P. S. — J'ai entre les mains les décrets et les arrêtés que vous avez signés comme ministre, vous avez commis l'insigne faiblesse de les laisser tous protester, et cela par une administration dont M. de Loverdo est le véritable chef, et qui, pour tous les yeux clairvoyants, personnifie la trahison vis-à-vis de la France non impérialiste. Il n'y a que vous qui ne vous en soyez pas aperçu, malgré les avertissements réitérés et télégraphiés.

Je reviendrai plus tard sur cet important document; je note seulement ici que je ne pus me défendre d'un sentiment d'indignation en songeant que l'on me faisait subir de véritables tortures et que l'on me maintenait en état d'arrestation pour l'insertion de quelques lignes sur le camp de Conlie, alors que la lettre de M. de Kératry, lettre rendue publique, disait, au fond, les mêmes choses en termes beaucoup plus graves.

XXIII

L'Opinion de la Presse sur mon incarcération

Il m'importait beaucoup, à tous les points de vue, de connaître les appréciations des journaux de toute nuance sur mon arrestation. Ceux que je pus parcourir à la gare d'Angers m'édifièrent pleinement et me rendirent de l'espoir, en même temps qu'ils me fournirent des éléments précieux pour l'attitude que j'aurais à prendre vis-à-vis des nouveaux juges devant lesquels, sans aucun doute, on me renvoyait.

Alors qu'aucun de mes amis ni personne dans la ville du Mans ne connaissait les motifs de mon arrestation; alors que moi-même je n'avais pas encore reçu notification du mandat d'amener décerné contre moi, le journal de M. le secrétaire de la préfecture du Mans publiait, dans son édition du matin, portant la date du 26 novembre, l'article que voici :

L'Union de la Sarthe, dans son numéro d'hier, contenait, sous le titre de : *Correspondance de Tours*, un article dans lequel l'auteur déclarait que le ministre de la guerre, lors de sa visite au camp de Conlie, ne s'était nullement montré satisfait de l'œuvre du général de Kératry, et que, dans une dépêche adressée à ses collègues, il aurait dit « que le camp de Conlie ne prouve que l'incapacité de son organisateur. »

Nous ne savons par quel moyen le rédacteur de *l'Union de la Sarthe* aurait pu prendre communication d'une dépêche adressée par un membre du gouvernement à ses collègues.

Ce que nous pouvons affirmer, c'est que le ministre de la guerre a félicité publiquement le général de Kératry, le général Le Bouëdec et les colonels Rousseau et Julien, sur l'excellente organisation du camp de Conlie, et qu'il a témoigné au commandant de l'armée de Bretagne toute sa reconnaissance pour sa patriotique activité.

Au public d'apprécier *une aussi odieuse calomnie*, ne pouvant avoir d'autre but que de jeter, dans l'armée, l'esprit d'indiscipline et de découragement.

Plus loin, dans ses nouvelles de la dernière heure, la *Feuille du Village* ajoutait :

Nous apprenons que M. Le Nordez, rédacteur en chef de *l'Union de la Sarthe*, a été arrêté ce matin à six heures, et écroué à la prison du Mans, par ordre de l'autorité militaire.

J'aurai plus loin à rappeler les termes mêmes de la note qui précède et, en les rapprochant des dépêches qui furent échangées, relativement à mon arrestation, entre MM. Le Chevalier, Allain-Targé, Gambetta et Kératry, on sera frappé de leur parfaite identité avec le texte de ces dépêches. Il est évident que, pour être aussi exactement et aussi complétement informé, M. Joignaux avait pris part aux délibérations qui avaient précédé mon incarcération.

Le journal *la Sarthe*, organe de l'appel au peuple, avec lequel j'avais été presque chaque jour en polémiques souvent très-vives, publia, dans l'après-midi du 26, les lignes suivantes dont je souligne certains passages plus particulièrement dignes d'attention :

Une nouvelle très-grave circulait ce matin dans la ville du Mans : on avait peine à y croire ; mais des renseignements précis que nous venons de prendre la confirment.

M. Le Nordez, rédacteur en chef de l'*Union de la Sarthe*, a été arrêté ce matin à six heures, à son domicile, par ordre, paraît-il, de l'autorité militaire.

On sait combien nous sommes souvent en dissentiment avec le journal l'*Union de la Sarthe*, et on se souvient des nombreuses polémiques que la *Sarthe* a échangées avec cette feuille.

Nous n'en croyons pas moins devoir protester énergiquement contre l'arrestation de notre confrère.

Nous ne savons à quel motif attribuer cet acte arbitraire.

Cependant, si l'on en croit la rumeur publique, M. Le Nordez serait prévenu d'avoir, par des articles insérés dans son journal, commis des actes pouvant nuire à la défense nationale.

S'agit-il de renseignements publiés sur les mouvements de troupes ou sur des faits de guerre?

Si cela est, tout le monde a pu constater que beaucoup de journaux, et particulièrement les feuilles de Tours, vont chaque jour beaucoup plus loin que « l'Union de la Sarthe » dans les informations qu'elles donnent au public.

On fera peut-être, dans tous les cas, la remarque que *ces poursuites coïncident malheureusement avec des critiques très-vives adressées par « l'Union » à M. le Préfet de la Sarthe.*

Ces mesures prises contre la presse semblent, du reste, la conséquence forcée, l'enchaînement naturel de la marche dictatoriale suivie par le gouvernement de Tours : en fait de liberté, tout se tient.

Du moment où les franchises municipales n'existent pas, où le contrôle de la tribune est supprimé, la liberté de la presse devait, elle aussi, disparaître.

Nous qui sommes préoccupés au plus haut point de la défense nationale, mais qui défendrons la liberté, tant et autant que cela nous sera possible, nous nous consolons en voyant qu'à Paris la liberté n'est pas regardée comme un vain mot.

En effet, les franchises municipales y sont conservées; le Gouvernement a reconnu la nécessité de se faire légitimer par la ville de Paris; quant à la presse, elle est plus libre que jamais, aussi bien lorsqu'elle traite de la défense nationale que lorsqu'elle apprécie les actes du Gouvernement.

Est-ce bien, d'ailleurs, au lendemain de la mise en liberté des conspirateurs du 31 octobre que de semblables mesures pouvaient être prises?

Ces articles de la *Feuille du Village* et de *la Sarthe* furent recueillis et commentés par tous les journaux de Tours et je pourrais même dire par tous les journaux des départements.

Je constate, et on en va juger, que dans aucun journal, sauf dans la *Feuille du Village,* mon arrestation ne rencontra d'approbation.

Voici, par exemple, les réflexions dont le *Phare de la Loire*, organe du radicalisme dans la Loire-Inférieure, faisait suivre la note de son confrère et ami du Mans :

La bonne foi de la Feuille du Village nous est connue, et nous tenons pour exactes les informations de notre digne confrère. Mais si M. Gambetta a constaté publiquement la bonne organisation du camp de Conlie, s'il a félicité à bon droit les généraux de Kératry et Le Bouëdec, comment a-t-il pu ensuite imposer au chef de l'armée de Bretagne une situation dans laquelle on pouvait voir visiblement l'indice d'une disgrâce et d'un blâme ?

Il est supposable que l'*Union de la Sarthe* a cédé à des sentiments hostiles en publiant les informations déclarées fausses qui ont motivé l'arrestation de son rédacteur et de son gérant. Mais on nous dit qu'ils sont au secret le plus absolu et ne peuvent communiquer avec leurs familles.

Avant de nous prononcer sur l'opportunité de ces rigueurs exceptionnelles, nous attendons des données plus positives sur les faits qui ont motivé l'arrestation de nos confrères de l'*Union.*

Le journal *la France* disait :

Un assez grand nombre de journaux se sont justement émus de l'arrestation et de la mise en prison des rédacteurs de l'*Union de la Sarthe.*

Un autre journal du Mans, *la Sarthe,* se mettant au-dessus des rivalités locales, prend chaudement la défense de son confrère et demande les motifs de son arrestation.

Nous ne pouvons pas supposer qu'un fait aussi grave puisse avoir pour cause première une rancune préfectorale ; et pour expliquer cette arrestation, nous ne trouvons qu'un seul ordre d'idées : — Ou M. Le Nordez correspondait avec l'ennemi, — ou le Gouvernement l'a faussement accusé de ce crime.

Dans une pareille hypothèse, il faut se hâter ou d'avouer son erreur, ou de publier les preuves de la culpabilité du détenu.

Un autre journal républicain, après avoir reproduit cette note de la *France*, ajoutait :

Quant à nous, nous ne pouvons comprendre qu'un préfet républicain soit ennemi de la critique. Il devrait être heureux, au contraire, que la presse lui signalât des abus ou des négligences dans son administration, afin qu'il pût y porter remède.

Celui qui écrit ces lignes était de cet avis en 1848, alors qu'il était fonctionnaire de la République.

Il l'est encore en 1870, et quoique l'*Union de la Sarthe* représente de tout autres opinions que les siennes, il proteste hautement avec les journaux de Tours, au nom des principes républicains, contre des arrestations qui, dans le fond, n'auraient pour cause que des articles de critique à l'adresse de M. le Préfet de la Sarthe.

Laissons aux généraux prussiens l'outrecuidance de ne pas souffrir de contradiction, et le brutal procédé de faire arrêter les journalistes qui ne veulent pas écrire en leur faveur. Mais nous, apprenons à pratiquer cette liberté que nous avons tant réclamée depuis vingt ans.

Quand on a l'honneur d'être préfet de la République, il n'est permis de montrer ni colère ni rancune. Tôt ou tard, du reste, il peut y avoir lieu de s'en repentir, et déjà peut-être M. le préfet de la Sarthe en est là.

Avec des procédés contraires à l'égard de la presse, il eût récolté moins d'embarras.

Il n'est jamais habile de se préparer des désagréments, quand, avec quelque sentiment des convenances, il est si facile de les conjurer.

Henri Augu.

Le *Français*, après avoir annoncé mon arrestation, insérait une lettre qui lui était adressée et de laquelle je détache quelques lignes :

Cette arrestation toute politique reste jusqu'à présent une énigme pour la population. Rien ne faisait supposer une pareille mesure dans l'attitude de M. Le Nordez. *L'avant-veille il avait écrit au préfet de la Sarthe pour lui demander dans quelles limites il pouvait conserver son initiative en présence de l'ennemi. Il demandait qu'il lui fût permis d'éclairer le public sur les mouvements prussiens, tout en gardant la plus grande réserve sur les mouvements français.*

Il ne fut pas répondu à cette lettre.

Vous avez pu suivre, du reste, la ligne de conduite du journal, qui s'est toujours tenu sur le terrain le plus patriotique. C'est ce qui rend, je le répète, inexplicable l'acte de rigueur accompli contre M. Le Nordez.

J'ai appris de source certaine qu'il était question d'une troisième arrestation dans les bureaux de l'*Union de la Sarthe.* Je n'ai pu connaître le nom de la personne incriminée. La seconde arrestation, non effective cependant quoique décidée, est celle du gérant, M. G. Petit, sous le coup d'un mandat d'amener; mais comme il est malade et alité, cette arrestation n'a pas eu lieu.

L'*Indépendant de la Rochelle* protestait en ces termes au nom de toute la presse indépendante :

Tous les journaux annoncent que le rédacteur et le gérant de l'*Union de la Sarthe* sont traduits, par le préfet de la Sarthe, devant une cour martiale.

C'est une manière nouvelle d'entendre la liberté de la presse ; désormais, les écrivains pourront tout dire : plus d'avertissements, plus de procès, plus d'amendes, plus de prison, ils seront *tout simplement... fusillés.*

Nous protestons hautement, au nom de toute la presse indépendante, contre de pareils actes, émanés d'un administrateur de département.

M. le préfet de la Sarthe devrait imiter l'exemple du gouvernement de Paris et de Tours, qui laisse dire les journaux les plus hostiles et qui saura sauver la France sans proscrire la liberté.

Je ne veux pas multiplier ces citations ; on comprendra, toutefois, à quel sentiment j'obéis en publiant encore la note suivante du *Mémorial de la Loire* :

C'est avec une douloureuse émotion que nous lisons dans la Sarthe *les lignes suivantes relatives à M. Le Nordez. Cette émotion sera partagée dans notre ville par tous ceux qui ont connu l'ancien rédacteur en chef de la* Loire. *Nature ardente, polémiste parfois un peu fougueux, M. Le Nordez est certainement incapable d'une mauvaise et déloyale action. Il trouverait à Saint-Étienne cinquante répondants pour un, et tout d'abord ses anciens confrères.*

Nous espérons bien que son arrestation n'aura pas de suite et qu'il ne tardera pas à être mis en liberté.

Ch. Gasches.

XXIV

Ma Défense présentée par M. Em. de Girardin

Bien que je n'aie connu les documents qui suivent qu'après ma sortie de prison, c'est ici qu'ils me paraissent devoir prendre place.

Le *Journal de Maine-et-Loire*, dès que mon arrestation avait été connue de lui, avait publié l'article suivant :

LES JOURNALISTES DEVANT LA COUR MARTIALE

Nous avons annoncé que le directeur de l'*Union de la Sarthe* avait été mis en état d'arrestation pour être traduit devant une cour martiale sous la prévention « *d'avoir excité les généraux les uns contre les autres et d'avoir publié des dépêches imaginaires.* »

Nous ignorons absolument de quels généraux il s'agit et de quelles dépêches il est question ; mais il y a lieu de supposer que l'*Union de la Sarthe* est traitée avec une pareille rigueur pour avoir parlé — *avant la lettre* — du conflit entre M. Gambetta et M. de Kératry et pour avoir enregistré une information inexacte.

Si tels sont les griefs reprochés à notre honorable confrère du Mans, nous pouvons à notre tour les taxer d'*imaginaires*. Car il est permis de croire que l'article de l'*Union de la Sarthe n'approchait pas comme vivacité ni comme agression de la lettre de M. de Kératry qu'on peut lire aujourd'hui dans tous les journaux.*

Mais, en admettant même que la plume du rédacteur ait dépassé les bornes de la polémique modérée, en supposant qu'il ait attaqué avec violence des hommes investis d'une autorité militaire, ne pouvait-on pas lui adresser un avis et le rappeler à la réserve, tout en respectant dans sa personne la liberté de la presse ?

Pour un simple délit, vous vous emparez d'un écrivain et vous le traduisez devant une cour martiale? Mais alors que ferez-vous donc pour celui qui se sera rendu coupable d'un crime ?

Ah ! messieurs les triomphateurs du 4 Septembre, vous oubliez bien vite vos promesses !

Pendant vingt ans, dans vos journaux et dans vos livres, à la tribune et dans les clubs, partout et jusque dans vos banquets, vous avez proclamé l'indépendance du journalisme ; pendant vingt ans vous avez eu pour cheval de bataille la liberté de la presse, et dès votre avènement au pouvoir, vous vous montrez sans pitié pour les écarts de la plume.

Allons, monsieur Gambetta, ne donnez pas à vos antécédents politiques ce cruel démenti. Rendez notre confrère à son journal et à ses lecteurs et ne vous exposez pas à ce que l'écrivain, traîné par vous devant une cour martiale, charge de sa défense en 1870 l'éloquent défenseur de l'*Émancipation* de Toulouse en 1869.

Félix Ribeyre.

Trois jours plus tard, le même journal contenait, à mon sujet, un second article que voici :

UN JOURNALISTE AU SECRET SOUS LA RÉPUBLIQUE

Le 25 juin 1848, M. Émile de Girardin, rédacteur en chef de *la Presse*, fut arrêté dans les bureaux du journal et conduit à la prison de la Conciergerie, par ordre du général Cavaignac, chef du pouvoir exécutif. Mis au secret, M. de Girardin ne put obtenir aucun éclaircissement sur les motifs de sa détention.

Le 26 novembre 1870, M. E. Le Nordez, rédacteur en chef de *l'Union de la Sarthe,* fut arrêté devant les bureaux du journal et conduit à la prison du Mans par ordre de M. Gambetta, ministre du gouvernement de la Défense nationale. Mis au secret le plus rigoureux, M. Le Nordez n'a pu encore, à l'heure où nous écrivons, obtenir aucun éclaircissement sur les motifs de sa détention. On croit savoir qu'il a été transféré de la prison du Mans à celle de Tours.

Ainsi, à vingt-deux ans de distance, la République témoigne de son respect pour la liberté de la presse par des procédés identiques et des violences analogues. A vingt-deux ans de distance, le rédacteur en chef de *l'Union de la Sarthe* est traité comme l'avait été le rédacteur en chef de *la*

Presse. La troisième République, comme la première, frappe ses victimes sans les entendre. Comme Cavaignac, M. Gambetta met sous les verrous la liberté de la pensée.

Après onze jours de détention, M. Émile de Girardin fut rendu à la liberté. Il y a dix jours que notre confrère du Mans a été enlevé à son journal, et on ignore absolument quel délit on lui impute et devant quel tribunal il devra comparaître.

Cette séquestration dictatoriale ne saurait se prolonger. Il y va de la dignité de la presse de réclamer des éclaircissements sur le sort d'un de ses membres. Il faut qu'on sache si la liberté individuelle permet de faire disparaître un citoyen comme une muscade et si l'on peut détenir en prison un écrivain sans lui donner des juges et sans faire connaître les motifs de son incarcération.

On nous assure que le mandat d'amener dont étaient porteurs les agents qui ont appréhendé au corps M. Le Nordez portait les signatures de MM. Gambetta, de Kératry, général Jaurès et Le Chevalier, préfet de la Sarthe.

Cette dernière signature ne nous étonne pas; mais ce qui nous surprendrait, c'est que M. de Kératry ait consenti à contre-signer un acte pareil; ce qui nous étonnerait surtout, c'est que le général Jaurès, dont le caractère est si loyal et si sympathique, se fût associé d'une façon quelconque à une mesure ayant pour but de briser la plume d'un journaliste.

Non, sans aucun doute, ni M. de Kératry, qui lui aussi, presque au même moment, refusait, de s'incliner devant les exigences de M. Gambetta, ni le général Jaurès, esprit droit et franc, n'ont signé cet ordre d'arrestation dont il faudra, dans un jour prochain, rendre compte à la tribune devant les représentants de la nation. Quel que soit le représentant du pouvoir sur lequel pèse la responsabilité de la séquestration de notre confrère, il faut qu'il s'explique. L'opinion publique a le droit d'exiger des éclaircissements.

Quant au résultat de cette rigueur sans pareille, nous ne ferons qu'une simple réflexion : qu'on demande aux hommes politiques de 1848 si l'incarcération de M. Émile de Girardin a beaucoup profité à son auteur, le général Cavaignac, et à la République!

FÉLIX RIBEYRE.

Le courageux et excellent confrère auquel étaient dus ces deux éloquents plaidoyers en ma faveur, eut la pensée de les adresser à M. Émile de Girardin en les accompagnant de la lettre ci-dessous :

Angers, le 7 Décembre 1870.

A Monsieur Emile de Girardin.

MONSIEUR ET TRÈS HONORÉ MAITRE,

Vous avez toujours pris la défense de la liberté de la presse. Permettez-moi de faire appel à votre bienveillance en faveur de mon confrère M. Le Nordez, rédacteur en chef de l'*Union de la Sarthe*, depuis onze jours emprisonné et mis au secret sans qu'on connaisse les motifs de cette rigueur.

Dans l'article qûe j'ai l'honneur de vous adresser, je rappelle que vous aussi vous avez été arraché à votre journal par un acte de violence qui n'a pas profité aû gouvernement du général Cavaignac.

Que votre plume autorisée ou votre influence intervienne en faveur d'un écrivain digne de vos sympathies.

Veuillez agréer l'expression de mes sentiments dévoués.

FÉLIX RIBEYRE.

Voici la réponse que reçut le rédacteur en chef du *Journal de Maine-et-Loire :*

La Rochelle, le 12 Décembre 1870.

A M. Félix Ribeyre, rédacteur en chef du
JOURNAL DE MAINE-ET-LOIRE.

MON CHER ET ANCIEN CONFRÈRE,

Avec votre lettre portant la date d'Angers, 7 décembre, je reçois le numéro du 6 décembre du *Journal de Maine-et-Loire*, où je lis votre louable protestation contre la blâmable arrestation de M. Le Nordez, rédacteur en chef de *l'Union de la Sarthe*, et sa détention abusivement prolongée.

Ai-je besoin de vous dire que j'adhère de tout cœur à votre protestation, qui mériterait d'avoir pour échos sympathiques tous les journaux ennemis de l'arbitraire, sous quelque nom qu'il se cache?

Si je n'y adhérais pas pleinement, je cesserais d'être le drapeau sur lequel, le premier, j'ai écrit il y a vingt ans : IMPUNITÉ DE LA PRESSE.

Au lieu de vous adresser cette réponse, j'enverrais un article à *la Liberté*, si j'en étais encore le propriétaire et le rédacteur en chef, mais je n'en suis plus que l'hôte, et des considérations personnelles dont, à ce titre d'hôte, je dois tenir compte, m'enferment dans un cercle qu'en cette circonstance je regrette vivement de ne pouvoir franchir.

Si je suis bien exactement informé, l'arrestation du rédacteur en chef de *l'Union de la Sarthe* se fonderait sur le motif qu'il aurait fait connaître dans les colonnes de son journal certains mouvements militaires d'un corps d'armée français, malgré les décrets qui prohibent toute publication de cette nature.

A mes yeux, l'invocation de ce motif ne saurait être la justification de cette rigueur, car je tiens pour aussi vaine que surannée la prohibition empruntée par le régime du 4 septembre au régime qu'il a renversé.

Se contredisant les uns les autres, les renseignements recueillis par les journaux sur les opérations militaires sont un aliment donné au patriotisme avide de nouvelles vraies ou fausses; croire que ces renseignements ont la puissance de nuire est une erreur puérile, car c'est supposer que des chefs de corps d'armée opèrent sans plans mûrement combinés, laborieusement concertés, au hasard de renseignements contradictoires.

Sérieusement, est-ce admissible? Si j'ai tort de conclure comme je le fais, qu'on m'explique donc comment les journaux français, donnant en toute impunité les renseignements les plus exacts qu'ils peuvent se procurer sur les opérations des armées prussiennes, ces renseignements ne nous ont pas encore servi à changer la défaite en victoire et à arrêter le débordement de l'invasion.

S'ils n'ont pas nui à l'ennemi, comment pareils renseignements pourraient-ils nuire au défenseur?

Je le demande par la voie de votre journal aux signataires de l'ordre d'arrestation du rédacteur en chef de *l'Union de la Sarthe*.

LEUR SILENCE SERA LEUR CONDAMNATION DEVANT LA CONSCIENCE PUBLIQUE.

Cordialités.

ÉMILE DE GIRARDIN.

XXV

A la Prison militaire de Tours

Partis de la gare d'Angers à cinq heures et demie du soir, nous arrivâmes à Tours vers dix heures. Mes deux gendarmes se dirigèrent du côté de la prison civile. Les nombreux curieux qui stationnaient devant la gare, me prenant pour un espion, me suivirent dans les rues, et aux injures qu'ils m'adressaient, plusieurs mêlèrent des pierres et des immondices ramassées dans le ruisseau. Deux agents de police, requis par mes gardiens, eurent toutes les peines du monde à dissiper ces *patriotes*.

Arrivés à la prison civile, on refusa de m'y recevoir parce que, étant traduit devant un conseil de guerre, je relevais de l'autorité militaire. Nous voilà donc de nouveau pataugeant dans la neige à moitié fondue, cherchant, à travers les rues désertes, le chemin de la prison que mes gendarmes ne connaissaient pas plus que moi.

Au moment où nous y arrivions, on interrogeait un officier de francs-tireurs qui dans un café de Tours avait, je crois, tiré un coup de revolver sur un de ses chefs.

Le greffier jeta un coup d'œil sur les pièces que lui présenta un de mes gendarmes et me demanda si j'étais militaire. Sur ma réponse négative, il s'emporta en déclarant que je n'avais rien à faire dans sa prison.

Mes gendarmes commençaient à être très-embarrassés de moi et moi je commençais vraiment à défaillir ; j'étais glacé et je mourais de faim. Je demandai donc d'être immédiatement conduit à la division, nous en trouvâmes les bureaux fermés. Je mis le chef du poste au courant de ma situation singulière.

Depuis sept heures du matin j'étais ballotté de gare en gare, de prison en prison, et je lui demandai instamment de me permettre de passer la nuit au corps de garde. Il me dit ne pouvoir le faire; mais, avec beaucoup de cœur, il m'installa auprès du poêle, envoya un des hommes me chercher de quoi me réconforter et s'occupa avec la plus grande diligence de faire régler ma situation. Une heure après, un soldat d'administration apporta un ordre du général enjoignant au greffier de la prison militaire de m'écrouer sans retard.

Nous reprîmes donc, mes patients gardiens et moi, le chemin de la « prison des Récollets. »

Les formalités de l'écrou étant remplies, je serrai la main à mes deux braves gendarmes, je les remerciai de la façon discrète et bienveillante dont ils m'avaient traité, et je suivis à travers plusieurs cours un gardien qui, après avoir ouvert une lourde porte, me dit : « C'est là, entrez. » A la lueur de sa lanterne, je pus juger du lieu où je me trouvais. C'était une sorte de casemate, une voûte en forme de tunnel, de quatre mètres de largeur sur cinq ou six mètres de profondeur. Sur de la paille à l'état de fumier, je vis pêle-mêle, au nombre d'une centaine au moins, des prisonniers prussiens, des mobiles, des francs-tireurs dont quelques-uns, en me voyant arriver, soulevèrent la tête et dirent : « Un pékin, un espion ! » Je protestai énergiquement contre le traitement qu'on me faisait subir en m'enfermant dans cette salle dont l'air empesté m'asphyxiait.

— Ça ne me regarde pas; choisissez une place un peu vite, parce que je n'ai pas de temps à perdre.

Je déposai dans un coin libre mon sac de voyage et je m'assis dessus pendant que la porte de cet enfer se refermait sur moi.

Réveillés par le bruit, mes compagnons de cachot exhalèrent leur mécontentement dans des imprécations grossières. Aux jurons succédèrent bientôt des quolibets, des chants obscènes auxquels se mêlaient les ronflements d'hommes ivres.

J'étais dans le dépôt de la prison, où chaque soir on jetait, avec les prisonniers prussiens amenés dans la journée, les militaires arrêtés pour désertion, pour ivresse, pour tapage, etc.

Je ne tardai pas à m'apercevoir que j'avais d'autres compagnons, moins bruyants il est vrai, mais certainement plus insupportables encore.

On devine les *méditations* que je pus faire pendant cette nuit-là.

Un peu avant le jour, la porte du cachot s'ouvrit et je m'entendis appeler. J'appris alors que c'était par erreur qu'on m'avait conduit là et le greffier m'en exprima très-franchement ses regrets. Comme il n'y avait pas de cellule libre, il eut l'amabilité de me faire descendre un matelas dans la salle du greffe et il poussa même la complaisance jusqu'à aller chercher chez lui un peu de bouillon qu'il fit chauffer lui-même.

En de semblables moments, ces sortes de prévenances ont un prix tout particulier pour celui qui en est l'objet.

Dans le courant de la matinée, je reçus la visite d'un jeune officier de gendarmerie qui, après avoir échangé avec moi quelques mots empreints d'une bienveillance visible, bien que discrète, m'annonça que, dès le lendemain, je serais interrogé par un juge délégué à cet effet par le conseil de guerre; avant de se retirer, il donna l'ordre de me faire préparer une « chambre convenable ».

Je fus, en effet, bientôt installé dans une pièce aérée où l'on m'autorisa à faire du feu à mes frais. Un planton fut affecté à mon service; le directeur de la prison me dit qu'il n'était pas autorisé à me laisser communiquer avec aucune personne étrangère à la prison, mais que, si je désirais recevoir la visite de l'aumônier, il le ferait immédiatement prévenir : j'acceptai avec empressement.

Dans la soirée, le greffier de la prison me remit deux lettres qui m'étaient adressées du Mans. Contrairement à un usage dont je n'aurais pas eu le droit de me plaindre, elles n'avaient pas été ouvertes. Je les décachetai et les présentai au greffier, qui refusa d'en prendre connaissance, en me déclarant qu'on s'en remettait à ma loyauté pour ne pas abuser, si j'y répondais, de la discrétion que l'on montrait à mon égard.

Ces lettres furent pour moi toute une révélation; elles ont leur importance au point de vue de la démonstration que je poursuis, c'est pourquoi je les transcris ici.

Le Mans, 1er Décembre 1870.

MON CHER AMI,

L'opinion générale ici est que votre affaire est entrée dans une voie favorable. Les membres de votre Conseil ont connu dès ce matin votre transfert à Tours; quelques-uns ont décidé de s'y rendre eux-mêmes et y seront sous peu.

Vous trouverez ci-joint la copie d'une pièce très-importante qui a dû être adressée aujourd'hui même au Conseil de guerre par M. de Vauguyon, au nom de M. de Kératry.

Tout le monde ici, même beaucoup de vos adversaires, jugent très-sévèrement la conduite du préfet à votre égard. On sait que c'est lui et Allain-Targé qui vous ont fait arrêter pour mettre un terme à l'opposition que vous leur faisiez sur le terrain politique.

Tous vos amis vous disent : Au revoir; et moi je vous dis : A bientôt.

Voici le document, très-important à la vérité, dont il est question dans la lettre qu'on vient de lire :

ARMÉE DE BRETAGNE

QUARTIER GÉNÉRAL

MONSIEUR LE RAPPORTEUR,

Je viens d'apprendre avec le plus grand étonnement que l'opinion publique attribuait à monsieur le général de Kératry une demande de poursuite contre le rédacteur d'un journal du Mans, je ne puis laisser passer cette calomnie sans protester en son nom.

M. le général de Kératry, en apprenant les poursuites dirigées contre M. Le Nordez, a envoyé de suite une dépêche dont voici le sens sinon les termes : « Je suis trop partisan de la liberté de la presse, pour souffrir que l'on poursuive en mon nom. Si ce rédacteur n'est poursuivi que pour l'article qui m'est relatif, je demande qu'il soit immédiatement relâché. »

J'affirme la véracité du fait et il vous est facile de vous en assurer.

Veuillez, Monsieur le rapporteur, agréer l'expression de ma considération la plus distinguée.

Signé : Ch. de Vauguion.

Le Mans, le 30 novembre 1870.

La seconde lettre renfermait des indications également précieuses pour moi :

Le Mans, 2 Octobre 1870.

Mon cher Ami,

M. de Vauguyon, colonel, chef d'état-major de M. de Kératry, s'offre à être votre défenseur devant le Conseil de guerre. Il est militaire et homme d'autant de cœur que de talent. Il aurait une autorité toute particulière, car non-seulement il connaît fort bien votre affaire dans tous ses détails, mais encore, comme on semble vouloir, en vous poursuivant, donner une sorte de satisfaction à M. de Kératry, M. de Vauguyon, parlant au nom de ce dernier, convaincrait vos juges et confondrait vos adversaires.

Comptez sur tous vos amis......

Si le colonel de Vauguyon, chef d'état-major de M. de Kératry, offrait de me défendre devant le Conseil de guerre, c'est qu'évidemment, il n'avait vu, dans la correspondance incriminée, aucun des *actes* dont j'étais accusé : ni une excitation des troupes du camp de Conlie à la rébellion, ni une entrave à la défense nationale, ni un outrage vis-à-vis de M. de Kératry.

XXVI

Les raisons de mon transfert à Tours

Lorsque je me trouvai en présence du rapporteur du Conseil de guerre chargé de m'interroger, je me sentis sur un terrain plus solide que lors de la première instruction. D'abord, j'avais maintenant des renseignements précis sur la nature des poursuites intentées contre moi. De plus, je savais que la presse s'était unanimement élevée contre mon arrestation. Enfin, la lettre par laquelle M. de Kératry avait donné sa démission me fournissait pour ma justification un précieux argument.

Cependant, les conditions nouvelles dans lesquelles l'affaire se présentait étaient plus favorables encore que je ne le supposais.

Le rapporteur du Conseil de guerre était un homme de cinquante-cinq ans environ, ancien colonel de gendarmerie ayant repris du service pendant la guerre, d'après ce que j'appris au greffe de la prison.

Dès les premières questions qu'il m'adressa, il gagna toute ma confiance. Je compris bien vite que je ne me trouvais plus en face d'un « excellent républicain » (1) prévenu contre un « réactionnaire » tel que moi, mais que j'avais affaire à un homme impartial, sans passion politique pouvant égarer son esprit de justice. Au lieu d'un *criminaliste* désirant ardemment justifier l'arrestation dont étaient responsables ses amis, MM. Allain-

---

(1) « ...... L'instruction fut confiée à M. Potel, officier de francs-tireurs et *excellent républicain.* » (Lettre de M. Allain-Targé à M. de La Rochefoucauld.)

11 Octobre 1873.

Targé et Le Chevalier, c'était un homme droit et désintéressé, prêt à m'aider plutôt dans ma justification, qui m'interrogeait.

Le premier point sur lequel il m'importait d'avoir quelques éclaircissements, c'était le but et la cause de mon transfert à Tours.

En supposant que les actes dont j'étais accusé eussent été établis par l'instruction faite au Mans, pourquoi le jugement de de la Cour martiale n'avait-il pas été rendu et exécuté ? Si, au contraire, l'instruction avait démontré mon innocence, pourquoi ne m'avait-on pas mis en liberté ?

M. le rapporteur du Conseil de guerre parut embarrassé pour répondre nettement à ces questions ; je compris cependant qu'on s'était « aperçu » que, la Cour martiale étant un tribunal spécial pour les militaires, je ne pouvais, comme journaliste, relever de sa juridiction.

Aujourd'hui, je suis autorisé à dire que cette explication, que le rapporteur me donnait très-loyalement, n'était pas la vraie.

Le juge d'instruction de la Cour martiale, M. Potel, a en 1873 adressé à M. le président de la « Commission d'enquête sur les actes du gouvernement de la défense nationale » une lettre relative au rôle joué par lui dans mon affaire. Cette lettre, que l'on trouvera plus loin, contient la très-importante déclaration que voici :

MA MISSION ÉTAIT TERMINÉE LORSQUE, PAR MON RAPPORT, JE FAISAIS CONNAITRE AU GÉNÉRAL QUE M. LE NORDEZ N'ÉTAIT PAS L'AUTEUR DES ARTICLES INCRIMINÉS ET N'EN ÉTAIT PAS RESPONSABLE.

Ce qui s'est fait avant ou après ces deux interrogatoires m'est absolument étranger.

Il y a, dans ces lignes, toute une révélation et, avec elles, il est maintenant facile de rétablir l'exacte vérité.

MM. Allain-Targé et Le Chevalier, je l'ai dit et les faits le prouvent, avaient de longtemps décidé mon arrestation. Le jour où ils ont cru trouver quelques lignes de nature à la justifier, ils ont, en l'induisant certainement en erreur sur la portée et la gravité de la correspondance relative au camp de Conlie, arraché à l'autorité militaire, à l'honnête et loyal général de Négrier, un mandat d'arrêt. Mais cet acte violent et arbitraire, conseillé par la passion politique et exécuté avec l'irréflexion d'un despotisme irrité, entraînait une lourde responsabilité. Ces Messieurs, bien qu'un peu tard, le comprirent et s'inquiétèrent de ce qui ne manquerait pas d'arriver si une condamnation plus ou moins sévère n'était pas prononcée contre moi. Puis, lorsqu'ils apprirent qu'aucune accusation n'avait pu être sérieusement établie dans l'instruction, que « l'excellent républicain » chargé de celle-ci avait été obligé de conclure à ma mise en liberté, on se dit que je ne manquerais pas de demander aux tribunaux justice de l'atteinte portée à ma liberté. Pour échapper aux conséquences redoutables de cette revendication, il n'y avait d'autre moyen que d'obtenir *à tout prix* contre moi une condamnation quelle qu'elle fût. C'est ainsi qu'il fut décidé, — non pas qu'on *dessaisirait* la Cour martiale illégalement saisie (1) et qui, par son rapporteur, renonçait aux poursuites, — mais qu'on saisirait un conseil de guerre.

Cela est amplement prouvé par ce fait que, le jour même de mon transfert à Tours, de nouvelles perquisitions et de nouvelles saisies de papiers furent opérées et dans mes bureaux et à mon domicile.

---

(1) Le lendemain même de mon arrestation, M. le Ministre de la guerre adressait aux généraux commandant les divisions et sous-divisions territoriales une circulaire explicative du décret en vertu duquel tout acte de nature à porter préjudice aux opérations des armées devait, dans les départements en état de guerre, être déféré aux *tribunaux militaires*. « *Par tribunaux militaires*, disait M. Gambetta, *il faut entendre seulement les conseils de guerre institués conformément au code de justice militaire, et* NON PAS LES COURS MARTIALES DONT LA JURIDICTION NE S'ÉTEND QU'A L'ARMÉE ACTIVE. »

On trouvera plus loin d'autres preuves de cet acharnement intéressé mis, par M. Allain-Targé et M. Le Chevalier, à obtenir un jugement qui fût au moins un semblant de justification de la mesure dont ils étaient les auteurs responsables.

A ces raisons il s'en ajoutait peut-être d'autres dans l'esprit de M. Gambetta lui-même.

Il n'est pas douteux que mon transfert à Tours avait été connu et approuvé de lui et, de diverses indications, il résulte pour moi que M. le Ministre de la guerre cherchait surtout, en me faisant poursuivre, à réunir les éléments d'une accusation de trahison contre M. Thiers. Il crut plus tard les avoir trouvés, et j'aurai l'occasion de faire, un peu plus loin, d'assez curieuses révélations sur un fait très-peu connu : la délivrance par M. Gambetta d'un mandat d'arrêt contre M. Thiers.

Mais je ne veux pas anticiper sur les faits qui me restent à faire connaître.

XXVII

L'Instruction devant le Conseil de guerre

Je l'ai dit, le rapporteur du Conseil de guerre m'avait, dès l'abord, montré des dispositions bienveillantes ; je me crus donc autorisé à lui demander de me laisser, dans ma défense, examiner l'accusation en elle-même ; il y consentit très-volontiers, en me faisant, toutefois, observer qu'il n'avait d'autre mandat que de rechercher et d'établir la part de responsabilité qui m'incombait dans l'insertion de la correspondance incriminée. « Ce sera ensuite, me dit-il, à l'auteur de cette correspondance, ou à celui qui en aura été l'éditeur responsable, à répondre des conséquences de sa publication, si l'autorité militaire croit devoir poursuivre.

« Je n'ai pas reçu, ajouta-t-il, mission d'établir si, oui ou non, cette publication avait ou pouvait avoir des conséquences plus ou moins graves au point de vue de la défense ou de la discipline militaire; je ne m'oppose pas, cependant, à ce que vous me donniez vos appréciations sur le fond même de l'accusation; je me réserve seulement de ne retenir, dans les procès-verbaux, que celles de vos déclarations qui me paraîtront de nature à établir soit votre culpabilité, soit votre irresponsabilité. »

Le terrain de la discussion était ainsi parfaitement défini.

Avec un homme loyal et éclairé, la question de responsabilité ne pouvait être que facilement et promptement résolue.

J'exposai que, à l'*Union de la Sarthe*, j'étais rédacteur en chef, mais que, au-dessus de moi, il y avait un comité de direction au contrôle duquel j'étais soumis; que ce comité était représenté dans la rédaction par un délégué qui exerçait un pouvoir absolu et quotidien sur la politique du journal; que je signais tous les articles écrits par moi, et qu'enfin, comme gérant responsable, M. Georges Petit apposait sa signature à la fin du journal « pour tous les articles non signés. »

Parmi les pièces saisies au bureau de l'*Union de la Sarthe*, se trouvait la lettre incriminée; elle n'était pas écrite par moi. On avait aussi retrouvé et saisi l'enveloppe dans laquelle elle avait été adressée au gérant, et cette enveloppe portait les timbres de la poste de « *Tours, 24 novembre,* » et du « *Mans, 25 novembre* ». Il était donc dûment établi que je n'étais point l'auteur de la correspondance en question.

Je n'en étais pas non plus l'éditeur responsable. Elle avait paru sans signature et tombait, par conséquent, sous la *responsabilité légale* du directeur-gérant, M. Petit. Quant à la *responsabilité morale*, elle appartenait tout entière à l'auteur de la correspondance, et j'avais déclaré qu'il n'était autre que M. Léon Lavedan, alors rédacteur en chef du journal *Le Français*, à Tours.

Le rapporteur de la Cour martiale du Mans n'avait pas cru devoir entendre M. Petit, mais je priais le rapporteur du Conseil de guerre de faire comparaître et d'interroger M. Lavedan, qui restait à quelques pas de la prison militaire, afin qu'il ne pût rester place à aucun doute sur ce point de responsabilité.

Mon interrogateur me déclara alors qu'il était amplement édifié et que mes explications, pleinement corroborées par les pièces saisies et aussi par les renseignements recueillis d'autre part, ne permettaient pas de m'attribuer la moindre part de responsabilité légale dans la rédaction ou dans la publication de la correspondance incriminée. Quant à la responsabilité morale, il reconnut avec moi qu'il m'eût été absolument impossible, aussi bien qu'au directeur-gérant, de contrôler au Mans les faits dont M. Lavedan avait eu, la veille, connaissance à Tours.

M. Lavedan, en relatant ces faits dans sa lettre du 24 novembre, et M. G. Petit, en les publiant dans le numéro du 25, avaient-ils, en réalité, encouru les accusations qui, portées contre moi, ne pouvaient atteindre que l'un ou l'autre d'entre eux? Je ne le pensais pas et j'en exposai mes raisons.

Prétendre qu'ils avaient *volontairement* et *sciemment* donné des renseignements à l'ennemi sur les mouvements de l'armée était une accusation contre laquelle les défendaient leur patriotisme, leur honorabilité et leur passé, mais contre laquelle aussi le bon sens et la réalité des faits protestaient hautement.

En effet, il y avait quatre jours que les Prussiens avaient commencé leur marche sur le Mans, lorsque M. Lavedan écrivait sa correspondance, et alors que le numéro où elle fut publiée aurait pu fournir le moindre renseignement à l'ennemi, celui-ci se retirait du département et s'éloignait précisément de la ville du Mans.

Les faits, d'ailleurs, étaient connus; l'organisation défectueuse du camp de Conlie était de notoriété publique; plusieurs journaux anglais et belges avaient donné sur ce point des détails très-précis, et il était incontestable que ces journaux étrangers arrivaient bien plus promptement aux Prussiens que les journaux français publiés dans les départements non envahis et menacés. Ainsi donc, ni sciemment ni inconsciemment, ni en fait ni dans leur intention, les auteur et éditeur de la correspondance en question n'avaient éclairé l'ennemi et n'avaient en aucune façon entravé la défense nationale.

Avaient-ils *calomnié* le général en chef du camp de Conlie, M. de Kératry, et ainsi poussé les soldats à la rébellion en jetant la défiance entre eux et leurs chefs? Pas le moins du monde. En effet, en relatant le jugement défavorable de M. Gambetta sur le camp de Conlie, M. Lavedan était bien loin de s'y associer. « *A tort ou à raison*, disait-il, M. Gambetta n'est pas satisfait de l'œuvre du comte de Kératry » ; et il ajoutait aussitôt : « Il est vraiment singulier de voir avec quelle facilité un avocat juge les questions militaires, destitue des généraux et improvise de la stratégie. » Si quelqu'un pouvait ici être calomnié, ce serait M. Gambetta, mais pas M. de Kératry. Or, la lettre par laquelle celui-ci venait de donner sa démission disculpait absolument de ce dernier grief l'auteur de la correspondance et le journal qui l'avait publiée.

Que disait, dans cette lettre, l'*organisateur* du camp de Conlie? Que la teneur des ordres que lui avait donnés M. Gambetta le forçait à tous égards à résigner son commandement, et que, le jour où les événements le lui permettraient, il ferait traduire en conseil de guerre M. Gambetta lui-même.

Certes, si quelque chose avait pu lasser le patriotisme des Bretons réunis à Conlie et jeter dans leurs rangs la défiance, la rébellion, l'esprit d'indiscipline, c'était bien la facilité avec laquelle le jeune avocat improvisé ministre de la guerre destituait les généraux en les déclarant *incapables*, comme il venait de le faire pour le général Fiéreck, ou les mettait dans la nécessité de lui adresser leur démission, ainsi qu'il arrivait à M. de Kératry.

XXVIII

L'Ordonnance de non-lieu. — L'Arrestation maintenue. La mise en liberté

A la suite d'un second interrogatoire, le rapporteur me déclara qu'il allait clore son instruction par une ordonnance de non-lieu, et que, le soir même, il transmettrait son rapport au général commandant la division. J'étais donc en droit de regarder comme certaine ma mise en liberté pour le lendemain au plus tard.

J'attendis en vain toute la journée du 4, mais j'appris le soir, grâce à la précieuse indiscrétion d'un des gardiens de la prison, qu'on avait parlé, au greffe, de nouvelles perquisitions tendant à fournir les éléments d'une nouvelle inculpation et d'une troisième instruction. J'avoue qu'alors je perdis courage ; je me sentais impuissant contre mes adversaires, et quand, repassant en mémoire les causes de leur acharnement contre moi, j'en recherchais le but, je comprenais trop bien quel intérêt de parti, quel intérêt personnel aussi ils avaient à obtenir contre moi une condamnation pour ne pas redouter de les voir aller jusqu'au bout dans la voie de l'arbitraire. Le mot a été dit : c'était une véritable séquestration ; la résurrection des lettres de cachet.

Le lendemain 5 décembre, je reçus une lettre dans laquelle on m'assurait qu'un avocat de Tours, dont on me donnait le nom, était tout prêt à user de son influence pour hâter la solution de l'instruction et à me défendre devant le conseil de guerre. Je lui adressai aussitôt la lettre suivante :

Prison militaire de Tours, 5 Décembre 1870.

MONSIEUR,

Vous voulez bien vous charger de ma défense, je vous en remercie. Puisqu'il m'est impossible de vous voir, je vous prie d'agir dans le sens que voici :

Arrêté depuis dix jours, interrogé au Mans et à Tours, je sais que le rapporteur du conseil de guerre conclut à une ordonnance de non-lieu.

Cette solution étant par elle-même une sévère critique de mon arrestation, elle déplaît *nécessairement* à ceux qui l'ont voulue. On cherche, je le crois, à en trouver une autre.

Dans cet état de choses, il me paraît urgent de hâter une conclusion.

Ne pourriez-vous pas voir au conseil de guerre, et agir pour que l'indécision dans laquelle je suis ne se prolonge pas ?

Si je dois passer en conseil de guerre, pourquoi prolonger une détention préventive?

Si une ordonnance de non-lieu doit être rendue, pourquoi plus longtemps porter atteinte à ma liberté individuelle et préjudicier aux intérêts que mon emprisonnement compromet.

Voilà, Monsieur, l'état des choses, et il vous appartient de hâter un dénoûment.

Croyez à tous mes remerciements, et agréez l'assurance de ma haute considération.

E. LE NORDEZ,

Rédacteur en chef de *l'Union de la Sarthe.*

Cette lettre, remise à l'un des gardiens, me fut rapportée déchirée par le directeur de la prison, qui me déclara qu'il ne lui était pas possible de la faire parvenir au destinataire. Il ajouta, d'ailleurs, qu'elle était « probablement inutile ».

La journée du 6 et celle du 7 s'écoulèrent sans qu'aucune nouvelle de nature à me rassurer me parvînt. Je demandai inutilement à voir le rapporteur du conseil de guerre et, dans un entretien que j'eus avec le vénérable aumônier de la prison, je ne pus obtenir aucun indice sur la tournure que prenait mon affaire.

Cependant, en m'apportant le repas du soir, mon gardien me donna à entendre que je n'avais plus longtemps à recevoir ses bons offices.

Il disait vrai; vers huit heures, le greffier de la prison entra dans ma cellule et me remit une pièce dont voici le texte :

18e DIVISION MILITAIRE

ÉTAT-MAJOR GÉNÉRAL

ORDRE D'EXTRACTION

Le nommé Le Nordez, Ernest-Bon-Léon, rédacteur en chef du journal *l'Union de la Sarthe*, détenu à la prison militaire de Tours, sera mis en liberté.

L'Agent principal est chargé, en ce qui le concerne, de l'exécution du présent ordre.

Le Général commandant la 18e division militaire,
Ed. Sol.

A l'Agent principal de la prison militaire de Tours.

J'étais libre. Je quittai la prison sans plus tarder et j'eus, le soir même, l'occasion de voir plusieurs de mes confrères de Tours, entre autres M. Lavedan, qui me déclara qu'il n'avait été ni inquiété, ni même appelé devant le rapporteur du conseil de guerre. Le lendemain, il publiait dans le journal *le Français* les lignes que voici :

Nous avons à signaler aujourd'hui une véritable résurrection des lettres de cachet et un ensemble de procédés qui dépasse tout ce que l'empire a jamais osé sous ce rapport de plus vexatoire et de plus arbitraire.

On connaît la criante arrestation de M. Le Nordez, rédacteur en chef de *l'Union de la Sarthe*. Mais ce qu'on ne sait pas, et ce qu'il importe de révéler à l'opinion, c'est la suite inouïe de cette affaire.

M. Le Nordez a été tenu au secret toute une semaine sans pouvoir communiquer avec personne, *même avec un avocat !*

A force de réclamations, il a obtenu enfin d'être interrogé. Sait-on quel était le juge d'instruction ? Un sergent de francs-tireurs !

Ce n'est pas tout. Extrait de sa cellule, l'honorable écrivain a été mené à pied, entre deux gendarmes, à la gare du Mans et conduit à Tours, où il a été enfermé, non au pénitencier, mais à la prison militaire de la caserne des Récollets ; et là il est resté une autre semaine au secret le plus rigoureux, sans pouvoir conférer avec un défenseur.

Quel crime avait donc commis M. Le Nordez, pour être en butte à de pareils traitements ? On ne le saura jamais : il a été mis hier soir en liberté par suite d'une ordonnance de non-lieu !

Ainsi on organise une sorte de guet-apens pour empoigner un écrivain avant le jour, en le faisant sortir de son domicile sur une invitation trompeuse ; on l'incarcère, on le tient au secret comme un criminel de la plus dangereuse espèce ; on ne lui permet pas même d'appeler auprès de lui un avocat, on le transfère de prison en prison comme un malfaiteur, — et tout cela, ces gendarmes, ces cachots, ces raffinements de la violence et de l'arbitraire, pour aboutir... à une ordonnance de non-lieu !

Nous le répétons : l'empire a-t-il jamais poussé aussi loin le mépris de la liberté individuelle, de la liberté de la presse, de tous les droits, de toutes les formes protectrices de la dignité et de la sécurité des citoyens ?

Quoi ! c'est vous qui avez tant crié, tant protesté, — et avec raison, — contre les abus et les scandales de l'empire, contre la mise au secret des prévenus, contre l'incroyable interdiction de conférer avec un avocat ; c'est vous qui, à peine au pouvoir, oubliez toutes vos protestations tapageuses pour dépasser l'empire, et faire à la liberté les plus cruelles blessures qu'elle ait jamais reçues !

Allez ! la France vous connaît trop désormais ! Et c'est précisément parce qu'elle a bien appris à vous connaître qu'elle réclame chaque jour davantage le droit confisqué de disposer enfin d'elle-même et de ne recevoir de lois que de sa volonté souveraine.

Le soir même de ma mise en liberté, profitant d'un convoi militaire, je rentrai au Mans.

XXIX

Un bon conseil que j'eus le tort de ne pas suivre

En reprenant la rédaction de l'*Union de la Sarthe*, le lendemain 8 décembre, je publiai l'article que voici :

Le samedi, 26 novembre, à 6 heures du matin, j'étais arrêté dans mon domicile, sous inculpation « d'*actes* ayant pour but de nuire à la défense. »

Les seuls articles incriminés étaient des correspondances particulières adressées de Tours à l'*Union de la Sarthe.*

Le 1er décembre, deux gendarmes étaient chargés de m'extraire de la prison du Mans et de me transférer en plein jour à la prison militaire de Tours, en passant par Angers.

Après quatre interrogatoires et treize jours de détention, pendant lesquels je suis resté au secret, une ordonnance de non-lieu a été rendue conformément aux conclusions du rapporteur du conseil de guerre de Tours, et mardi soir j'étais mis en liberté.

Ce simple énoncé des faits tient lieu de tout commentaire, il suffit à mes amis comme à mes ennemis.

Devant les maux sans nombre auxquels la France est maintenant en proie, les épreuves personnelles, les souffrances individuelles doivent passer inaperçues, et quant à moi, je ne me plaindrais pas des injustes rigueurs dont je viens d'être victime, si le grand principe de la liberté n'en avait reçu une atteinte grave et regrettable. Aussi est-ce à ce titre surtout que je remercie mes nombreux confrères qui ont pris en main la défense de ma cause.

Je ne saurais oublier qu'en dehors de toute question personnelle, il est de mon droit de rechercher et de mettre au jour la dose de responsabilité de ceux qui ont pris, à cette affaire, une part occulte ou publique ; ce droit, je ne l'abandonne pas ; mais il me semble qu'il est de mon devoir d'attendre, pour l'exercer, une heure plus propice et plus calme.

Que ceux qui m'ont défendu et que ceux qui m'ont attaqué veuillent bien attendre, et, quant à mes lecteurs, j'espère qu'ils sauront voir, dans le sentiment patriotique dont je m'inspire, un commencement de réponse aux accusations graves que des hommes, regardés comme sérieux, ont si légèrement portées contre moi.

La décision prise par moi de n'exercer alors aucune revendication contre les auteurs de mon arrestation fut très-diversement appréciée par mes confrères; les uns l'approuvèrent, les autres furent d'avis qu'elle était regrettable.

L'*Écho du Loir* disait :

Le rédacteur en chef de l'*Union de la Sarthe* agit patriotiquement dans les circonstances critiques où se trouve le pays, en ajournant cette enquête nécessaire : mais il rendra un signalé service à la cause de la liberté le jour où il entamera ce procès contre l'arbitraire.

C'était aussi l'avis du *Journal de Maine-et-Loire*, qui dans toute cette affaire avait montré autant de sagesse que d'indépendance, d'esprit de confraternité que de libéralisme.

Notre honorable confrère, M. Le Nordez, raconte lui-même dans l'*Union de la Sarthe* les incidents de son arrestation et de sa mise en liberté. C'est une page de l'histoire actuelle sur laquelle il sera indispensable de revenir; mais nous ne pouvons qu'approuver notre confrère qui fait passer les préoccupations de la patrie avant les préoccupations du journalisme. L'heure de parler viendra.

L'*Union de l'Ouest* pensait, au contraire, que des poursuites immédiates étaient opportunes, même nécessaires, et ce journal motivait ainsi son opinion :

Tout en rendant justice à l'esprit de modération et de vrai patriotisme qui anime notre confrère, nous différons d'opinion sur l'opportunité des poursuites à intenter contre les fonctionnaires dont il a été la victime. La cause de M. Le Nordez ne lui est pas exclusivement personnelle ; elle est la nôtre, celle de tous les citoyens ; c'est la cause même de la liberté individuelle. Or, y a-t-il lieu de remettre à des temps plus calmes, pour obtenir que la liberté individuelle ne soit pas livrée à la discrétion du premier qui s'arrogera le droit de signer des mandats d'arrestation ? Nous ne le croyons pas ; nous croyons, au contraire, qu'en ces temps troublés, et lorsque tant de personnages, inconnus hier, se trouvent subitement investis de pouvoirs mal définis ou d'attributions sans limites, il importe au plus haut degré que les citoyens se défendent et se défendent promptement contre l'arbitraire, en recourant d'abord aux tribunaux, qui, ayant charge d'appliquer la loi, sont les seuls gardiens des droits de tous et de chacun. Dans les temps calmes, le calme est un peu partout, même chez les plus audacieux, qui, se sentant plus en vue, deviennent presque timides ; au contraire, dans les jours comme ceux que nous traversons, les plus timides deviennent audacieux, parce qu'ils se croient assurés de l'impunité. Il est donc urgent de réfréner les audacieux, de prévenir les velléités des autres et de rassurer tout le monde, en marchant droit sur l'arbitraire, à l'instant même où il paraît. Il y va du salut de tous ! Différer, temporiser, c'est encourager des actes comme ceux dont a souffert M. Le Nordez.

Au lieu et place de notre confrère, nous voudrions savoir tout de suite si, sous la dictature de M. Gambetta, il y a des juges pour maintenir intacte la liberté individuelle, comme il y a des préfets qui la suppriment.

Le journal *la France*, qui exerçait alors à Tours, tant par son libéralisme que par son patriotisme, une légitime influence, partageait l'avis de l'*Union de l'Ouest*. Voici comment, après avoir relaté les incidents relatifs à ma détention, ce journal s'exprimait :

Voilà donc comment ces fougueux revendicateurs de la liberté pratiquent les deux libertés les plus essentielles, la liberté individuelle et la liberté de la presse !

Entre la théorie et les actes, la distance est grande.

Mais pour que de pareils faits ne se reproduisent pas sous un régime dont elles sont la contradiction si manifeste, deux choses sont nécessaires : *destituer le préfet qui a ordonné l'arrestation*, LE POURSUIVRE DEVANT LES TRIBUNAUX.

C'est au ministre de l'intérieur, M. Gambetta, qu'il appartient de destituer ce haut fonctionnaire, son subordonné.

C'est à M. Le Nordez que revient le droit de le traduire en justice pour demander réparation de l'abus de pouvoir dont il s'est rendu coupable à son égard.

L'article 75 de la constitution de l'an VIII, qui protégeait les agents de l'administration, n'existe plus. Les fonctionnaires sont comme tout le monde justiciables des tribunaux.

Que M. Le Nordez, arrêté sans motifs puisqu'il a été l'objet d'une ordonnance de non-lieu, n'hésite pas à user du droit qu'il possède. Les fonctionnaires de la République se montreront plus respectueux de la liberté que M. Gambetta, dans l'opposition, revendiquait avec tant de véhémence, quand ils verront que leur responsabilité est sérieusement mise en cause par tous les abus d'autorité dont les citoyens pourront être victimes.

Bien des fois, depuis 1870, je me suis reproché de n'avoir pas suivi ces conseils. Si j'avais, en effet, traduit alors en justice MM. Allain-Targé et Le Chevalier, non-seulement j'eusse obtenu réparation de l'abus de pouvoir dont j'avais été victime, mais le jugement rendu eût mis ces deux fonctionnaires et leurs amis dans l'impossibilité de chercher, plus tard, à induire en erreur l'opinion publique tant sur la nature des faits que sur la responsabilité qui leur en revenait. Si j'avais poursuivi, je n'aurais pas aujourd'hui à me défendre contre des diffamations aussi audacieuses que mensongères.

En agissant comme je le fis, j'étais en droit de penser que ma modération désarmerait mes adversaires ; il n'en a rien été.

N'est-ce pas ici le lieu de rechercher quels sont les *auteurs responsables* de l'acte d'odieux arbitraire qui avait failli me coûter la vie ?

Ainsi qu'on l'a déjà vu par une lettre de M. le colonel de Vauguyon, M. de Kératry n'avait pris aucune part aux délibérations qui avaient précédé mon incarcération et, dès qu'il l'avait connue, il s'était empressé de réclamer avec énergie ma mise en liberté.

Quelques jours plus tard il repoussait, par la lettre qu'on va lire, toute solidarité et toute responsabilité dans cette affaire :

Nantes, le 19 Décembre 1870.

A M. le rédacteur en chef de la LIBERTÉ.

MONSIEUR,

La Liberté du 16 décembre a publié une lettre de M. J. Ribeyre du *Journal de Maine-et-Loire* à M. Émile de Girardin, relative à l'arrestation et à la détention de M. Le Nordez, rédacteur en chef, contenant entre autres ces quelques lignes :

« On nous assure que le mandat d'amener dont étaient porteurs les agents qui ont appréhendé au corps M. Le Nordez portait les signatures de MM. Gambetta, de Kératry, général Jaurès et Le Chevalier, préfet de la Sarthe. »

M. de Girardin, s'adressant aux signataires présumés du mandat, leur a dit par la voie de votre journal :

« Leur silence sera leur condamnation devant la conscience publique. »

Lisez les quatre documents qui suivent, et vous verrez que les libertés demandées par moi à la tribune, pratiquées de *la façon la plus absolue* pendant mon séjour à la préfecture de police, ont été respectées par le général d'un jour. Vous trouverez accessoirement dans ces documents l'expression de la pensée de M. le ministre de l'Intérieur et de la guerre sur le camp de Conlie, confirmée postérieurement par M. Glais-Bizoin, membre du gouvernement.

Ici M. de Kératry donnait copie des dépêches et des lettres qui lui avaient été adressées les 25, 26 et 29 novembre par MM. Allain-Targé et Le Chevalier, dépêches et lettres que j'ai publiées ci-dessus au chapitre X de ce mémoire, et il ajoutait :

M. F. de Vauguion, mon colonel d'état-major, reçut l'ordre d'expédier et expédia de suite à M. Allain-Targé une dépêche *par laquelle je demandais la mise en liberté de M. Le Nordez, si les attaques du journaliste ne concernaient que ma personne ou mes actes.*

Le lendemain matin, mon commandement n'existait plus et je quittai le bivouac d'Ivrée en avant du Mans, sans être informé des mesures prises au sujet de cette affaire.

Recevez, Monsieur, l'assurance de ma considération très-distinguée.

Comte E. de Kératry.

P. S. M. le directeur en chef de *l'Union de la Sarthe* avait prétendu, je crois, que M. Gambetta avait télégraphié au gouvernement de Tours qu'il était fort mécontent de mes opérations et travaux, lesquels attestaient une incapacité notoire.

Il est donc hors de toute contestation que M. de Kératry n'a pris aucune part aux poursuites arbitrairement exercées contre moi.

Après avoir, du haut de la tribune, à la Chambre des députés, dans la séance du 16 novembre dernier, dit formellement : « *J'ai fait arrêter...* », M. Allain-Targé, dans une lettre récente et que mes lecteurs connaissent, a prétendu rejeter *la responsabilité légale* de mon arrestation sur M. le général de Négrier. C'est lui qui, à la vérité, comme commandant de la subdivision du Mans, a signé le mandat en vertu duquel j'ai été arrêté; mais il l'a fait en vertu d'ordres qui lui furent formellement donnés par le ministre de la guerre et transmis par M. Allain-Targé, alors revêtu d'une autorité militaire supérieure. Bien loin d'avoir pris l'initiative des poursuites, M. le général Négrier, je l'ai su depuis de source certaine, les avait combattues comme inopportunes et insuffisamment justifiées. Le bruit a même couru alors, au Mans, que l'attitude énergique prise par lui en cette affaire avait été la raison principale qui, deux jours plus tard, avait amené son remplacement dans le commandement de la subdivision.

Le 28 novembre, un de mes parents ayant demandé à M. le général Négrier d'être autorisé à communiquer avec moi, reçut la réponse suivante dont les termes bienveillants ne sont pas ici sans quelque signification :

Le Mans, le 28 Novembre 1870.

MONSIEUR,

Le général de Négrier est *désolé* de ne pouvoir vous accorder la demande que vous sollicitez ; mais ajourd'hui il est remplacé dans le commandement de la subdivision par *M. le colonel Allemand*, c'est donc à lui que vous devez vous adresser.

Agréez, monsieur, l'assurance de mes sentiments les plus distingués.

L'Officier d'ordonnance du général de Négrier,
ALFRED GASCONI.

Reste M. Gambetta; quelle est sa part de responsabilité dans l'abus de pouvoir commis vis-à-vis de moi? Il est assez difficile de la préciser.

L'initiative des poursuites revient à M. Le Chevalier, ainsi que l'atteste la dépêche adressée par lui au ministre de l'Intérieur, le 25 novembre (tome II des dépêches télégraphiques du gouvernement du 4 septembre). Dans cette dépêche, le préfet, après avoir résumé la correspondance de l'*Union de la Sarthe*, dit : « Je crois qu'il faut se montrer énergique. M'autorisez-vous à dire au général de convoquer la cour martiale? » M. Gambetta répond bien que « la manœuvre est odieuse »; mais, tout en partageant l'avis du préfet, il ne lui dit cependant pas de m'arrêter et de me traduire devant la cour martiale. MM. Allain-Targé et Le Chevalier sont donc évidemment les auteurs directement et vraiment responsables de l'acte arbitraire dont, je le répète, je dois me repentir aujourd'hui de n'avoir pas demandé immédiatement aux tribunaux justice et réparation.

XXX

Les attaques recommencent

Déconcertés plutôt que contrits de l'échec de l'indigne manœuvre dirigée par eux contre mon journal et contre moi, les amis de M. le préfet de la Sarthe, son secrétaire général et le journal de ce dernier ne tardèrent pas à recommencer leurs attaques.

Un curé refuse de laisser les soldats casernés dans son église chanter la *Marseillaise* pendant que l'on célébrait les offices dans le chœur; aussitôt *la Feuille du Village* accuse ce prêtre de manquer de cœur et de patriotisme, elle excite contre lui les passions populaires et, comme *l'Union de la Sarthe* rétablit la vérité des faits, je suis aussitôt pris à partie par le journal radical.

Dans le numéro du 20 décembre, je publiai quelques lignes que voici :

Il serait inexplicable que depuis tant de jours que nous sommes sans nouvelles, aucun fait de guerre ne se fût produit, que les Prussiens fussent restés inactifs et que nos troupes, *gardant leurs positions*, n'eussent tenté contre l'ennemi aucune action. Ce serait plus inadmissible encore qu'inexplicable.

Il est certain qu'il y a eu, du côté de la Loire, non de simples engagements, mais de véritables combats; il semble aussi trop évident que l'issue n'en a pas été heureuse pour nous.

L'abondance des troupes qui arrivent ici depuis quatre jours, l'état de ces troupes et le désordre dans lequel elles se sont repliées sur Le Mans, ne laissent guère de doute à cet égard.

Rien de précis cependant n'a été communiqué par le gouvernement, et dans la dernière dépêche qui nous arrive de Bordeaux nous lisons encore cette sempiternelle phrase, qui dit trop ou pas assez : « *Le général Chanzy a maintenu ses positions.* »

Si le général a maintenu ses positions, pourquoi est-il arrivé hier au Mans avec son état-major? S'il a maintenu ses positions, pourquoi ses troupes se replient-elles sur le Mans?

Nous comprenons qu'un gouvernement qui avait pris l'engagement de sauver la France et qui, en dehors de Paris, en est encore à remporter un vrai et durable succès, n'avoue ses défaites successives qu'avec douleur et regret, mais il devrait comprendre que le plus grand des maux, aujourd'hui, c'est de voir le pays s'endormir dans une confiance que rien n'autorise et que le silence du gouvernement ne peut qu'entretenir.

Sa conduite présente est une grande faute, et nous croirions nous en faire les complices en ne la condamnant pas hautement et persévéramment.

Cet article fut encore relevé par *la Feuille du Village* dans les termes les plus violents.

Le même jour, 21 décembre, M. Le Chevalier fit placarder une circulaire adressée aux préfets par M. Gambetta et dans laquelle on lisait :

Depuis quelques jours, les fausses nouvelles sont répandues avec une persistance et une malignité incroyables ; certains journaux, empressés à les reproduire et à les commenter, semblent obéir à un mot d'ordre. Je ne saurais trop vous engager à tenir les populations en garde contre de pareilles manœuvres, qui n'ont d'autre but que de dérouter l'opinion et d'énerver la fibre patriotique. Si tous les citoyens, au lieu de se laisser aller à des paniques inexplicables, savent élever leur résolution à la hauteur des circonstances, l'heure de la revanche sera prochaine ; telle est notre inébranlable foi. Aidez-nous à la faire partager par les populations, en réagissant contre les faux bruits qui sont une véritable conspiration contre la patrie.

M. le préfet de la Sarthe faisait suivre cette circulaire de quelques lignes ambiguës, dans lesquelles on découvrait aisément une allusion menaçante aux démêlés que j'avais eus avec lui.

Presque au même moment, l'organe officiel de la délégation de Tours publiait des notes dans le ton de celle-ci : « Des événements décisifs se préparent, et *si nos généraux ne manquent ni d'activité ni d'énergie l'issue en sera favorable.* »

Voilà par quels moyens on prétendait ranimer le courage des soldats et la confiance des populations. Il n'est pas un homme sérieux, pas un bon Français qui ne se sentît révolté en présence de pareils agissements.

Ce fut dans ce sentiment que j'écrivis ce qui suit, sous le titre de : *Les Paroles dictatoriales :*

On a pu lire dans notre numéro d'hier une lettre de M. Gambetta à MM. les préfets et les lignes sentencieuses dont l'a fait suivre, sous forme de commentaire, M. le préfet de la République... et de la Sarthe...

Ce sera quelque jour un curieux sujet d'étude que ces innombrables proclamations des hommes du gouvernement actuel et, pour creuses et ronflantes qu'elles soient, on y puisera de très-utiles et très-précieux renseignements.

On n'a point oublié toutes les *phrases* avec lesquelles M. Gambetta a endormi la France depuis le jour, de néfaste mémoire, où tombé du ciel, d'où descend d'ordinaire la lumière, il semble n'avoir apporté que les ténèbres et le désordre qu'elles engendrent.

En lisant la nouvelle élucubration de notre dictateur, trop jeune pour être expérimenté, trop fécond pour être sage, trop emporté pour être ordonné, trop passionné pour être juste, on reste tristement étonné de voir que lui seul ne se souvient plus de ses proclamations précédentes.

C'est aujourd'hui aux journaux qu'il s'en prend, et le sans-gêne avec lequel il les traite nous fait un devoir de protester.

Chacun sait dans quelle difficile situation nous ont placés les exigences arbitraires du gouvernement hier de Tours, aujourd'hui de Bordeaux. Nous-mêmes avons été la victime de l'étrange système pratiqué par lui vis-à-vis de la presse. C'est une gloire pour le journalisme français que la soumission avec laquelle, par patriotisme, il a accepté et subi ces mesures dictatoriales. Nous croyons avoir trop bien prouvé, en ce qui nous concerne, nos sentiments patriotiques à ce sujet, pour ne pas approuver cette conduite, et il faut, en vérité, tout l'aveuglement injuste de M. Gambetta pour ne pas la reconnaître et ne pas en tenir compte.

*
* *

« Depuis quelques jours, dit-il, *les fausses nouvelles* sont répandues avec une persistance et une *malignité incroyables, certains journaux*, em-

pressés à les reproduire et à les *commenter*, semblent *obéir à un mot d'ordre.* Je ne saurais trop vous engager à tenir les populations en garde contre de *pareilles manœuvres*, qui n'ont d'autre but que de *dérouter l'opinion* et d'énerver la fibre patriotique. »

Ainsi parle M. Gambetta.

De quelles fausses nouvelles s'agit-il donc ici ?

Nous n'en voyons d'autres que celles qui touchaient aux faits d'armes accomplis sous Paris et celles qui concernaient notre armée de la Loire.

Ce serait donc aux journaux qui s'en sont faits les échos que s'adresseraient les reproches de « malignité incroyable » et de « manœuvre » ; ce sont eux qui auraient eu pour but de « dérouter l'opinion et d'énerver la fibre patriotique ».

L'accusation n'est pas moins grave que franche, mais que M. Gambetta le sache bien, nul moins que lui n'avait le droit de la formuler, car le vrai coupable, il l'oublie trop, le seul coupable, c'est lui.

Et qui donc, en effet, a le premier propagé de fausses nouvelles sur l'armée de Paris?

N'est-ce pas M. Gambetta qui, le 1er décembre, déclarait que Paris venait « de rompre le cercle de fer qui l'étreignait ? »

N'est-ce pas M. Gambetta qui, « avec une persistance, une malignité » et surtout une ignorance « incroyable », affirmait que les armées de Paris s'étaient avancées jusqu'à Longjumeau, prenant Épinay-sur-Orge pour Épinay près Saint-Denis?

N'est-ce pas M. Gambetta qui déclarait ces mensongères affirmations « officielles » ?

N'est-ce pas M. Gambetta qui, par ces « fausses nouvelles, » *déroutait l'opinion*, énervait la fibre patriotique?

N'est-ce pas M. Gambetta qui, par cette persistance à grossir et à exagérer au profit de sa « République une et indivisible, » beaucoup plus qu'au profit de la *Défense nationale*, des succès relatifs, a trompé le général d'Aurelles de Paladines, amené les revers de son armée et compromis si gravement ses opérations jusque-là heureuses?

N'est-ce pas M. Gambetta, enfin, qui le premier s'est rendu ainsi coupable des « manœuvres » qu'il stigmatise aujourd'hui?

Nous, au moins, et tous nos confrères, lorsque nous donnons asile aux bruits qui circulent, nous avons soin de prévenir le public de leur source douteuse et de nous couvrir de cette réticence : *Publié sous toute réserve*, tandis que M. Gambetta donne ses fausses nouvelles comme *officielles.*

Quand un fait erroné trouve place dans les colonnes d'un journal, il n'a point pour résultat de changer les plans d'un général et les mouvements d'une armée, tandis que les faux renseignements *officiellement* affirmés par M. Gambetta renversent nécessairement ces plans, arrêtent ces mouvements.

Et puisque, transformant en intention criminelle ce qui n'est et ne peut être tout au plus qu'une erreur, qu'un oubli, qu'une imprudence de la part d'un journal ; puisque, disons-nous, M. Gambetta parle de « *conspiration contre la patrie*, » que l'on dise de quel côté la conspiration est la plus apparente, la plus dangereuse, la plus coupable.

Quant aux mauvaises nouvelles de l'armée de la Loire, n'est-ce pas encore à M. Gambetta qu'il faut s'en prendre des bruits faux et alarmants qui se sont répandus, dont l'opinion publique s'est émue, dont la « fibre patriotique s'est émoussée » ?

N'est-ce pas, en effet, à la faveur du mutisme absolu gardé par la délégation du gouvernement sur les opérations de notre armée de la Loire que ces faux bruits ont pris naissance et ont été accueillis par l'opinion ?

Point de nouvelles, mauvaises nouvelles : tel est aujourd'hui le raisonnement du public. Et, d'ailleurs, que l'on ne vienne pas nous dire que « le gouvernement de la République tient à honneur de ne rien cacher de la vérité », que lorsqu'il « garde le silence, c'est qu'il n'y a aucun fait accompli à signaler ». La retraite de Vendôme est un fait accompli et la France ne la connaît que par les *bruits* qui en ont couru et que la presse a dû recueillir.

Dites donc la vérité, toute la vérité, et l'erreur ne se propagera pas, et les fausses nouvelles ne trouveront pas créance, et l'opinion ne sera pas déroutée et la fibre patriotique ne sera pas énervée.

On nous demande d'être « calmes, patients et courageux ! »

Ah ! moins ingrate ou moins aveugle que le gouvernement de la République, l'histoire dira un jour que, dans cette année de 1870, si fatale, si terrible pour notre chère patrie, la France sut conquérir, dans sa défaite même, de nombreuses et incomparables gloires par l'héroïsme de son calme, de sa patience, de son courage, de son patriotisme ; et ces gloires-là, elles nous sont déjà décernées par nos propres ennemis, que notre sublime résistance étonne plus encore qu'elle ne les irrite.

Quand M. Gambetta parle des « défaillances » de la nation, il devrait agir si bien que la nation ne puisse, à son tour, parler de l'impuissance de ceux qui, ayant eu argent et sang, hommes et courages à leur disposition, n'ont rien pu faire pour son salut, rien pu faire pour sa délivrance.

Que le dictateur qui sermonne aujourd'hui la France le sache bien, les belles paroles s'envolent, les actes restent et on les juge !

Je n'ai pas besoin de dire quel débordement d'injures cet article me valut.

Mais ce n'étaient là que des attaques sans portée et, bien qu'elles se produisissent sous une forme acrimonieuse, je ne devais pas y attacher plus d'importance qu'aux polémiques qui naissent quotidiennement entre les journaux des divers partis. Bientôt, toutefois, le dépit de mes adversaires se manifesta d'une façon fort peu compatible avec la plus élémentaire bonne foi. On en va juger.

XXXI

L'Œuvre de la Calomnie

Il arrive souvent qu'après avoir dévalisé une maison, les voleurs y mettent le feu pour faire disparaître la trace des effractions; les auteurs de mon arrestation, pour échapper à la responsabilité qui pouvait s'ensuivre, se dirent sans doute que le plus simple était de maintenir l'accusation, d'abord d'une façon vague et, ensuite, plus ouvertement. *Audaces fortuna juvat !* C'est souvent, surtout quand les passions politiques sont en jeu, un excellent moyen de donner le change à l'opinion que de se payer d'audace; MM. Allain-Targé et Le Chevalier ont usé de ce moyen avec beaucoup d'habileté.

Il y avait à peine un mois que j'étais sorti de la prison où ils m'avaient fait jeter, lorsque leur journal, *la Feuille du Village,* eut l'*audace* de publier l'article suivant, que je reproduis intégralement, bien qu'il renferme une note du journal *la Sarthe* déjà publiée plus haut :

Nos lecteurs se rappellent qu'au commencement du mois dernier, M. Le Nordez, rédacteur en chef de l'*Union de la Sarthe*, fut arrêté par ordre de l'autorité militaire. Tous les journaux de la réaction, la *Liberté* et le *Français* en tête, prirent texte de cette arrestation pour outrager à leur aise le gouvernement de la défense nationale, et lui reprocher ce qu'ils considéraient comme une atteinte à la liberté de la presse. MIEUX AVISÉE, la *Feuille du Village* se borna à enregistrer le fait purement et simplement.

Aujourd'hui, *elle a doublement à s'applaudir de sa réserve.* En effet, d'une part, *il a été avéré que le principe sacré de la liberté de la presse n'était aucunement en jeu dans l'affaire Le Nordez;* d'autre part, *voici un document qui doit exciter le remords de ceux qui se sont faits si complaisamment les échos d'une plainte mal fondée.* Il est emprunté au *Moniteur officiel* (Prussien) de Versailles du 13 décembre 1870 :

La meilleure preuve que partout où les dictateurs de la France ont leurs coudées franches ils sévissent avec une rigueur inouïe résulte du fait suivant, rapporté par le journal de *la Sarthe :*

« Une nouvelle très-grave circulait ce matin dans la ville : on avait peine à y croire ; mais des renseignements précis que nous venons de prendre la confirment.

« M. Le Nordez, rédacteur en chef de *l'Union de la Sarthe*, a été arrêté ce matin à six heures, à son domicile, par ordre, paraît-il, de l'autorité militaire.

« On sait combien nous sommes souvent en dissentiment avec le journal *l'Union de la Sarthe*, et on se souvient des nombreuses polémiques que *la Sarthe* a échangées avec cette feuille.

« Nous n'en croyons pas moins devoir protester énergiquement contre l'arrestation de notre confrère.

« Nous ne savons à quel motif attribuer cet acte arbitraire.

« Cependant, si l'on en croit la rumeur publique, M. Le Nordez serait prévenu d'avoir, par des articles insérés dans son journal, commis des actes pouvant nuire à la défense nationale.

« On fera peut-être la remarque que ces poursuites coïncident malheureusement avec des critiques très-vives adressées par *l'Union* à M. Gambetta et à M. le préfet de la Sarthe.

« Ces mesures prises contre la presse semblent du reste la conséquence forcée, l'enchaînement naturel de la marche dictatoriale suivie par le gouvernement de Tours. En fait de liberté tout se tient. »

Une lettre du Mans dit que le rédacteur et le gérant de ce journal ont été arrêtés pour avoir cherché à exciter les généraux les uns contre les autres et avoir donné le contenu de dépêches imaginaires.

Ils passeront devant une cour martiale.

Il n'y a pas besoin de commentaires, n'est-ce pas ? Cependant nous ne pouvons nous empêcher de faire remarquer deux choses : la première, que certains journaux, malveillants ou mal informés, se font, bien malgré eux sans doute, *les auxiliaires de nos ennemis;* la seconde, que les Prussiens ont partout, et notamment au Mans, des espions qui se chargent de leur faire parvenir les journaux, et — ce qui est plus grave — des correspondances qui leur font connaître tout ce qui se passe chez nous, même les faits les plus insignifiants.

Il y avait, dans ces dernières lignes, à l'adresse de la *Sarthe*, une insinuation calomnieuse que mon confrère releva ainsi :

Un de nos confrères, qui en est encore à croire que l'arrestion du rédacteur en chef de l'*Union de la Sarthe* ne touchait en rien au principe sacré de la liberté de la presse, avertit charitablement le public que le *Moniteur de Seine-et-Oise* a reproduit la relation de cet acte arbitraire, qui a été reproché à M. Gambetta par tous les journaux français, y compris ceux qui s'agenouillent assez volontiers devant les idoles.

Ce n'est pas la relation du fait qui pouvait faire l'affaire des Prussiens, c'est plutôt le fait lui-même, et ce n'est pas notre faute si M. Gambetta n'a pas eu assez de clairvoyance pour refuser d'autoriser un abus de pouvoir aussi excessif, sur lequel il était obligé de revenir quinze jours après.

Il pouvait, en effet, être fort agréable à M. de Bismark et à ses acolytes de démontrer à l'Europe, qui ne les croit plus aussi facilement, « que partout où les dictateurs ont leurs coudées franches, ils sévissent avec une rigueur inouïe. »

M. Gambetta a depuis quelque temps *laissé* occuper par les Prussiens assez de villes, où vont les journaux qui jouissent d'une réelle publicité, pour qu'il leur ait été facile de lire le compte rendu de cette arrestation, qui a d'ailleurs été reproduit, à notre connaissance, par les feuilles de Rouen, d'Evreux et d'Orléans.

Il n'est donc pas absolument étonnant que le *Moniteur de Seine-et-Oise* s'en soit emparé.

Tant pis pour ceux qui fournissent de pareilles armes à nos ennemis !

Quant à moi, je crus que la conscience des honnêtes gens ferait suffisamment justice des odieuses insinuations que contenait à mon adresse l'article publié par le journal de M. le secrétaire général de la préfecture, et je n'y répondis pas.

D'ailleurs, quelques jours plus tard, les Prussiens se chargèrent d'y répondre eux-mêmes.

XXXII

Les Prussiens au Mans

Lorsque la ville du Mans fut menacée de l'invasion, le comité de direction de l'*Union de la Sarthe* se réunit pour aviser aux moyens d'assurer la publication du journal dans une autre ville de l'Ouest : Laval, Angers ou Rennes. Mes dispositions étaient prises pour me conformer à ces instructions.

Lorsque, le 9 janvier, la lutte s'engagea sur plusieurs points autour du Mans, mon premier soin, vu le refus par M. le préfet de la Sarthe de donner aucune nouvelle sur la marche des événements, fut de me rendre sur le lieu même de l'action. J'établis un service de courriers pour porter à mon journal des renseignements précis de nature à calmer l'anxiété de la population. Pendant les journées des 10 et 11 janvier, l'*Union de la Sarthe* publia, dans des éditions successives, des notes précisant, de demi-heure en demi-heure, la marche et les phases diverses des opérations.

Le jeudi 12, au moment où, par trois côtés, les Prussiens faisaient irruption dans la ville du Mans, je me trouvais à près d'une lieue en avant, du côté d'Yvré. Je reconnus bientôt que l'action avait cessé de ce côté et les échos de la fusillade m'indiquèrent clairement qu'on se battait maintenant aux portes mêmes de la ville.

Lorsque j'y voulus rentrer, elle était occupée par l'ennemi. Personne, même le matin de ce jour, n'avait prévu un dénoûment aussi prompt.

Comment maintenant quitter le Mans pour me rendre à Angers? Il ne fallait pas songer à obtenir des autorités prussiennes l'autorisation de franchir leurs lignes et, d'autre part, c'eût été m'exposer imprudemment aux plus grands dangers que d'essayer de le faire sans un laisser-passer.

Le lendemain, alors que je visitais le quartier de la Croix-de-Pierre, où avait eu lieu la veille une lutte héroïque, je fus informé que des soldats prussiens avaient envahi mon domicile et que d'autres me cherchaient dans la ville pour me mettre en état d'arrestation. J'appris en même temps que le directeur-gérant de *l'Union de la Sarthe,* ainsi que les rédacteurs et le gérant de la *Sarthe*, venaient d'être arrêtés.

Mon parti fut bientôt pris ; je résolus de quitter le Mans coûte que coûte et, comme je savais que les Prussiens n'avaient laissé derrière eux que quelques convois attardés, je crus avoir quelque chance de leur échapper en prenant la route de Vendôme.

Pour mettre ce projet à exécution, j'avais certaines précautions à prendre et quelques préparatifs à faire. Une cave me servit de cachette pendant vingt-quatre heures et, grâce au dévouement d'une personne résolue qui me procura un costume de circonstance et quelques provisions de voyage, je quittai le Mans dans la nuit du 15 janvier. Je passe sous silence les péripéties du voyage. Le 18 au matin j'arrivais à Courdemanche, à quelque distance du Grand-Lucé. Ce fut de là que j'adressai à un de mes confrères de Bordeaux un récit des incidents qui avaient précédé, acompagné et suivi la prise du Mans. Je terminais ainsi :

Le général prussien a fait procéder à l'arrestation des rédacteurs et gérants des journaux : mon confrère de la *Sarthe* a été arrêté, ainsi que son gérant et le mien. Quand on se présenta chez moi, j'étais absent ; informé à temps, je me cachai ; puis, à la faveur de la nuit et avec le concours dévoué d'amis que rien n'arrêta, je pus quitter furtivement la ville. Après mille et mille péripéties, je puis dire aussi de dangers, je suis aujourd'hui sinon assuré d'échapper aux Prussiens, au moins certain de ne pas tomber en leurs mains.

J'ai trouvé un paysan courageux qui veut bien se charger de porter cette lettre, jusqu'à Tours s'il le faut, sans connaître son auteur.

Dès que je serai parvenu à sortir des lignes ennemies, je vous adresserai une relation plus détaillée.

En attendant, faites de cette lettre l'usage que vous jugerez bon, et à la grâce de Dieu!

Cette lettre fut publiée par presque tous les journaux de Bordeaux, et l'un d'eux la fit suivre de ces réflexions très-sensées et très-opportunes.

Le récit si émouvant de la prise du Mans que nous venons de mettre sous les yeux de nos lecteurs contient deux enseignements qu'il nous sera permis de relever.

Le premier, c'est la rapidité avec laquelle les avocats peu occupés des divers barreaux de France, métamorphosés en préfets par M. Gambetta, savent se replier devant les envahisseurs, sans même prendre la peine de prévenir les populations intéressées du danger qui les menace. C'est ainsi que les porteurs de képis à sept galons savent stimuler la défense nationale et prêcher la guerre à outrance, sans nul danger pour eux-mêmes.

Le second enseignement, c'est que *les écrivains poursuivis par ces tyranneaux dans leur considération, leur propriété et leur liberté, et représentés par eux comme coupables de* « CONNIVENCE AVEC L'ENNEMI », *sont, dès que le Prussien est maître d'une ville, traqués par lui comme les adversaires qu'il redoute.*

N'est-il pas vrai de dire que les écrivains ainsi traités par l'ennemi ont réellement *servi* la cause de la défense nationale, que les envoyés de Me Gambetta ne font qu'*exploiter?*

Les rédacteurs de *la Feuille du Village*, journal du secrétaire général de la préfecture, avaient quitté la ville avant l'entrée des Prussiens. Eux ou leurs amis essayèrent de présenter comme des mensonges certains points de mon récit qui n'étaient pas précisément de nature à donner une haute idée de leur... sang-froid. Depuis lors, la vérité s'est faite sur ces tristes événements et elle a corroboré tout ce que j'avais avancé.

On se souvient de cette imprécation jetée par l'honorable M. Thiers dans la discussion du traité de paix, à la face de ceux qui défendaient la guerre à outrance : « Il fallait défendre le Mans, que vous-même aviez qualifié de *dernier retranchement.* »

M. Gambetta avait bien dit un jour, il est vrai, que le Mans n'était pas défendable et qu'il n'entrait pas dans ses plans stratégiques de le défendre ; mais il est tout aussi vrai qu'en novembre, lors de son passage au Mans, il avait dit, en un style assez... *crâne*, qu'il lui paraissait capital pour la réussite de ses *plans*, de conserver, coûte que coûte, le département de la Sarthe.

« La Sarthe est la clef de voûte de la défense, comme l'armée « de la Loire en est la plus ferme colonne », avait dit le jeune avocat ministre de la guerre ; et devant de nombreux témoins il avait ajouté : « *Si la ville du Mans était jamais prise, je me* « *brûlerais la cervelle.* »

Que d'autres supputent le changement qu'eût apporté dans nos affaires la mise à exécution d'un vœu aussi radical ; pour moi, je l'ai rapporté, parce qu'il est, dans l'ouest, tenu pour *historique.*

XXXIII

Un Mandat d'arrêt décerné contre M. Thiers

Après avoir échappé à la dangereuse vigilance des gardes prussiennes, j'arrivai à Bordeaux le 24 janvier ; mon premier soin fut de faire adresser le journal *le Français* à tous ceux des abonnés de l'*Union de la Sarthe* qui se trouvaient en dehors du territoire envahi.

Je me trouvai là en rapport avec les rédacteurs des grands journaux, ainsi qu'avec beaucoup d'hommes politiques influents.

J'appris ainsi un fait qui, aujourd'hui encore, est fort peu connu : la délivrance par M. Gambetta d'un mandat d'arrêt contre M. Thiers.

J'ai dit plus haut que le dictateur de Tours, irrité de l'opposition puissante qu'il rencontrait de la part de M. Thiers dans ses projets de guerre à outrance, lui avait voué une haine que d'ailleurs M. Thiers lui rendait bien. Dans les bureaux du ministre de la guerre, dans les salons du gouvernement, on ne parlait que de « la conspiration de Thiers ». A la vérité, tous ceux qui osaient alors parler d'armistice, de convocation des électeurs, de traité de paix, étaient regardés, dans le parti radical, comme des « traîtres à la patrie », et il faut bien convenir que parmi ceux-ci M. Thiers était le plus ardent et le plus redoutable (1).

Plusieurs personnes très-dignes de foi, parmi lesquelles se trouvaient plusieurs journalistes actuellement encore dans la presse parisienne, me racontèrent qu'un soir, dans la seconde quinzaine de décembre, un des membres officieux de la délégation, ami intime de M. Gambetta mais homme prudent et modéré, s'était présenté, avec précaution, dans une réunion composée de huit ou dix amis de M. Thiers et, en demandant le plus grand secret sur la démarche qu'il faisait, avait déclaré que, dans l'après-midi, en un moment d'irritation extrême, M. Gambetta avait, de concert avec M. Ranc, décidé que, dans l'intérêt de la défense, il y avait nécessité de s'assurer de la personne de M. Thiers. Cette résolution avait été combattue par celui-là même qui venait prévenir les amis de l'illustre homme d'État ; ses conseils n'avaient pas été écoutés et un mandat d'arrêt avait dû être signé.

Les personnes devant lesquelles cette déclaration était faite exprimèrent à l'honnête homme de qui ils la recevaient toute leur reconnaisance et lui promirent la discrétion la plus absolue.

(1) Le journal *le Siècle*, organe officieux de M. Gambetta disait : « *M. Thiers est un homme néfaste, un intrigant, un mauvais génie.* »

Toutefois, ils pensèrent ensuite qu'il y avait lieu de prendre des mesures pour empêcher la réalisation des projets insensés de M. Gambetta. Ils se dirent, non sans raison, que l'arrestation de M. Thiers, en présence des événements et vu l'état des esprits, pouvait avoir les plus funestes, les plus graves conséquences. Elle pouvait amener, dans l'armée et dans le public, des conflits sanglants entre les partisans de M. Gambetta et ceux non moins nombreux de l'honorable M. Thiers.

On réunit en hâte des hommes énergiques et dévoués qui se constituèrent les gardes de celui qui devait plus tard devenir l'ami de M. Gambetta, mais qui alors était son ennemi juré. Prévenu de ce qui se passait, M. Thiers se prêta à toutes les précautions que conseillaient ses amis pour placer sa liberté à l'abri de toute atteinte. On barricada les portes et on se prépara à soutenir un siége en règle. Pendant deux jours et deux nuits, l'anxiété fut grande et la vigilance extrême.

Au bout de ce temps, les amis de M. Thiers furent informés que M. Gambetta, revenant à des idées plus calmes, avait écouté les conseils de la modération et qu'il avait renoncé à l'exécution du mandat d'arrêt signé contre M. Thiers.

Plus tard, lorsque, devenu chef du pouvoir exécutif, M. Thiers traita M. Gambetta de « fou furieux », il est bien certain qu'il se rappelait les émotions et les transes de ces deux *journées*.

Un républicain, devant lequel à Bordeaux même on racontait ces faits au lendemain de l'armistice, affirma que M. Gambetta n'avait jamais voulu sérieusement faire arrêter M. Thiers et qu'il avait voulu simplement l'effrayer par une manœuvre non moins plaisante qu'habile.

Quoi qu'il en soit, c'est une page d'histoire qu'il m'a paru intéressant d'écrire ici.

XXXIV

Le rôle de M. Le Chevalier dans les élections pour l'Assemblée nationale

Aussitôt l'armistice signé, je me rendis d'urgence au Mans, afin de reprendre, en vue des élections, la publication de l'*Union de la Sarthe.*

Le 4 février, dans une réunion générale, une liste avait été arrêtée de concert entre les organes des divers partis conservateurs. Ainsi, malgré les difficultés résultant de l'occupation et de l'absence de communications par chemin de fer, le scrutin s'annonçait comme devant s'accomplir dans des conditions satisfaisantes d'ordre et de liberté. On comptait sans l'intervention de M. Le Chevalier.

Je ne saurais mieux faire connaître le rôle qu'il joua, en cette occurrence, qu'en reproduisant la lettre suivante que j'adressais quelques jours après à un journal de Bordeaux, où je m'étais rendu avec les nouveaux députés de la Sarthe.

Bordeaux, le 16 Février.

Mon cher Monsieur,

Lorsque, à la nouvelle de l'armistice, je quittai Bordeaux pour tenter de rentrer au Mans, je prévoyais bien que plus d'une difficulté se présenterait pour les élections dans la Sarthe. Nombreuses, en effet, elles ont été, mais de tout autre nature que celles auxquelles je m'attendais.

Comme, après tout, elles n'ont pas empêché la liste du parti de l'ordre de passer, avec une forte majorité, je ne viendrais pas appeler sur elles l'attention et l'examen, si leur principal auteur, M. Le Chevalier, ex-préfet de la Sarthe, ne m'y contraignait.

Vous avez lu comme moi la lettre-télégramme adressée par lui au gouvernement, insérée au *Moniteur* et reproduite par les journaux amis des préfets de M. Gambetta.

Dans cette lettre, M. Le Chevalier, se posant en victime, *affirme* que, « revenu au Mans pour présider aux opérations électorales dans la Sarthe, il a été obligé de quitter cette ville sous menace d'arrestation. » Il ajoute que, s'étant réfugié à La Flèche pour exercer ses fonctions dans la zone neutre du département, il aurait été « menacé d'arrestation par le commandant prussien s'il continuait à exercer ses fonctions. »

M. Le Chevalier termine en déclarant avoir répondu « qu'il exercerait ses fonctions tant qu'il n'aurait pas reçu ordre contraire de *son* gouvernement ou qu'il n'en serait pas empêché par la force. »

Conclusion : M. Le Chevalier a fait preuve d'énergie, de fermeté, et les élections s'étant faites sans lui n'ont pas été libres.

En écrivant tout cela, M. Le Chevalier n'a sans doute pas songé qu'un témoin des faits pourrait *rectifier* son récit ; c'est pourtant ce que je vais faire, et après la lecture de ce qui suit, l'opinion publique jugera de la façon dont ledit M. Le Chevalier entendait « *présider* aux opérations électorales » de la Sarthe.

Le samedi 4 février, les décrets du gouvernement nous étant connus, nous reçûmes les singuliers factums adressés par M. Gambetta à ses préfets et transformés par eux en arrêtés. Leur illégalité suffisait pour nous les faire regarder comme nuls, lors même que, par une dépêche spéciale, le gouvernement de Paris ne nous eût pas fait connaître leur retrait.

Nos listes étaient dressées, les décrets publiés, des sections formées et des instructions du maire de la ville du Mans fixaient au 10 le jour des élections, lorsqu'arriva l'avocat dont M. Gambetta avait fait un préfet de la Sarthe.

Il déclara au commandant prussien et aux autorités municipales qu'il venait faire exécuter à la lettre les décrets de M. Gambetta. Le maire de la ville protesta.

M. Le Chevalier réunit alors les conseillers de préfecture, requit leur concours « pour faire exécuter les ordres de M. Gambetta » et leur demanda de l'accompagner dans ses pérégrinations électorales. Les conseillers répondirent que lors même que le gouvernement de Paris n'aurait pas annulé ces décrets, leur conscience les empêchait de prêter leur concours à l'exécution d'*ordres* qu'ils regardaient comme une atteinte à la liberté du vote et comme une manœuvre électorale.

« Donnez alors et immédiatement votre démission, » s'écria le préfet furieux.

« Non, Monsieur, nous ne vous donnerons point notre démission. »

« Eh bien ! moi, je vous casse.... vous abandonnez la République.... parce qu'elle branle dans le manche. »

Et, sans plus tarder, M. le préfet signait trois destitutions.

Avant de laisser partir ces messieurs, le préfet se répandit en injures contre les candidats portés sur la liste du parti de l'ordre.

Tous ces candidats sont aujourd'hui à la Chambre, les électeurs ont donc répondu à M. Le Chevalier.

Le conflit menaçait de devenir très-nuisible aux élections pour l'organisation desquelles le temps était déjà si insuffisant.

La situation fut soumise par un télégramme au gouvernement de Paris qui, sans retard, la trancha en nommant le maire du Mans « commissaire pour les élections de la Sarthe. »

Devant cette réponse, M. Le Chevalier n'en persistait pas moins à « exercer son autorité » en faveur des décrets de Gambetta.

Mais, dans l'impossibilité de le faire dans la partie du département placée sous l'autorité du maire du Mans, il partit pour La Flèche.

Là, en dehors de tout contrôle, il crut pouvoir sans entrave exercer son omnipotence sur les cinq cantons non envahis, et vous allez voir que, s'il n'y a pas réussi, ce n'est pas faute d'avoir *osé* toutes les *manœuvres* possibles.

Avant l'arrivée de M. Le Chevalier à La Flèche, le sous-préfet de cet arrondissement avait pris un arrêté en tout conforme aux décrets de Paris ; il fixait les élections au 8, formait des sections de communes assez nombreuses et conseillait au maire de laisser aux électeurs la plus grande liberté possible.

Ignorant cet arrêté sous-préfectoral, le commissaire du gouvernement, maire du Mans, adressait aux cantons non envahis, comme aux autres, des instructions d'après lesquelles les élections devaient avoir lieu le 10, et par sections.

M. Le Chevalier, songeant aux avantages que pourrait donner à son parti un désordre complet, prit alors un arrêté d'après lequel les élections devaient se faire au canton, et le 9.

De plus, il faisait afficher dans les communes des cinq cantons le décret des inéligibilités rendu par Gambetta, et déclarait absolument nulle toute liste dressée contrairement à ce décret. C'était très-nettement faire entendre aux électeurs qu'ils n'avaient pas le droit de voter pour la liste du parti de l'ordre qui leur avait été adressée.

Or, l'arrêté de M. Le Chevalier est du 6 ; il est certain qu'à cette date il connaissait *officiellement* l'annulation, par le gouvernement de Paris, des décrets de Gambetta. Les affiches n'en étaient, d'autre part, placardées que le 7 et, ce jour-là, M. Le Chevalier connaissait la démission de son digne patron et l'arrivée des membres du gouvernement chargés de faire respecter par lui la loi, la justice et la liberté.

Le moindre sentiment de dignité eût porté M. Le Chevalier à donner lui-même sa démission; le moindre respect des principes qu'il prétend professer lui eût fait retirer sans retard ses arrêtés et ses instructions arbitraires.

Il n'en fut rien, au contraire. Formant lui-même une liste démocratique, il la fit distribuer par ceux qui portaient ses arrêtés dans les communes; il envoya de tous côtés, et jusque dans les cantons placés sous l'autorité du maire du Mans, des agents chargés de *travailler* les électeurs. On les voyait, aussi inconnus qu'audacieux, affirmer encore, le 8 et le 9 même, la nullité de la liste du parti de l'ordre, faisant lire aux paysans le décret des *exclusions* annulé depuis cinq jours, et cherchant ainsi à substituer « la liste de M. le préfet » à celle qu'il frappait de nullité. Jusque dans les bureaux électoraux et en face des urnes, ces manœuvres se sont exercées.

Et que l'on ne dise pas que M. le préfet républicain de la Sarthe est étranger aux faits que je signale, car ses agents ne se faisaient pas faute d'appuyer ouvertement leur propagande du nom de celui qui les envoyait.

Comme je vous l'ai dit, toutes ces illégalités, toutes ces violences, toutes ces manœuvres ont échoué, grâce au bon sens des maires et des électeurs. Les premiers, en effet, se sont presque partout réunis et entendus pour jeter au feu les paperasses que leur adressait M. Le Chevalier, et les seconds en ont fait autant des bulletins et des pamphlets qu'on leur distribuait en son nom.

Après le vote, bien que complétement battu, le pauvre élève de M. Gambetta a persisté à semer le désordre en se refusant de faire connaître au maire du Mans les résultats des cantons non occupés; c'est ce qui explique le retard de trois jours dans l'arrivée des représentants de la Sarthe à Bordeaux.

Et maintenant, que l'on juge de ce que vaut la lettre de ce fomentateur de désordre, de ce fonctionnaire foulant aux pieds la loi et le droit, de ce républicain violant la liberté du suffrage universel, de ce préfet en révolte ouverte contre le gouvernement!

Agréez, etc.

LE NORDEZ.

J'en ai fini avec M. Le Chevalier. Il a, depuis 1871, complétement abandonné la politique et est allé exercer, à Constantinople, sa profession d'avocat. Cette réserve, qui équivaut à un *mea culpa,* mérite des félicitations.

XXXV

Ma Déposition devant la Commission d'enquête sur les actes du Gouvernement de la Défense nationale

En juin 1871, je donnai ma démission de rédacteur en chef de l'*Union de la Sarthe* à la suite de dissentiments avec le comité de direction sur la ligne politique à suivre en présence du gouvernement de M. Thiers. Je demandais que le journal appuyât ce gouvernement et fît, avec lui, l'essai loyal de la République. Les actionnaires furent réunis en assemblée générale et la majorité fut d'avis qu'il fallait, au contraire, travailler à une fusion entre le parti orléaniste et le parti légitimiste.

Alors que M. le duc de Broglie et d'autres hommes politiques non moins profondément conservateurs offraient leur concours entier à la politique prévoyante et modérée de M. Thiers, je ne crus pas faire un acte imprudent et blâmable en mettant ma plume au service de cette même politique. C'est ainsi que je collaborai en 1871 à la rédaction de journaux de Paris ou de province prêtant l'appui de leur influence au gouvernement qui, après avoir réprimé l'insurrection et assuré la libération du territoire, s'annonçait comme devant s'inspirer des principes modérés et conservateurs.

L'heure des responsabilités et des comptes à rendre vint enfin pour les hommes du gouvernement du 4 septembre et pour ceux qui s'étaient faits les instruments, souvent plus ardents que prudents, de leurs passions et de leurs ambitions politiques. J'aurais pu, à ce moment, demander aux tribunaux justice et réparation de l'abus de pouvoir dont j'avais été victime ; je préférai m'adresser à une autre juridiction. L'Assemblée nationale ayant procédé à la formation d'une commission spéciale chargée de faire, sur les actes du gouvernement de la défense nationale, une enquête approfondie, c'est devant cette commission que je crus devoir citer à comparaître les auteurs responsables de mon arrestation.

Je comparus devant elle le 23 août 1871. Ma déposition n'étant que le résumé des faits relatés dans les précédents chapitres de ce mémoire, je crois devoir n'en reproduire ici que les passages suivants, relatifs à la part de responsabilité de chacun de ceux dont le nom a été mêlé à cette affaire (1) :

. . . .

Quelques-uns de mes amis me pressaient de poursuivre M. Gambetta, de lui faire un procès ; mais je répondis que pour moi, *il n'était pas moralement responsable de ce qui s'était passé*, qu'il avait subi l'influence de son entourage et agi d'après les renseignements qui lui étaient fournis par M. Le Chevalier. . . . .

Plus tard, on me pressait de poursuivre le préfet ; j'ai cru devoir m'abstenir également parce que les faits étaient déjà anciens, presque oubliés, et qu'ils ne me paraissaient pas avoir une importance, un intérêt assez général pour cela. . . . .

M. Allain-Targé a été certainement l'un des instigateurs de la mesure prise contre moi.

Il savait que M. de Cumont avait pris ma défense en plusieurs circonstances, qu'il s'était fait l'écho de mes plaintes contre M. Le Chevalier, et M. Allain-Targé était bien aise d'exercer une certaine pression, une sorte d'intimidation sur M. de Cumont et sur le *Journal de Maine-et-Loire*.

Quant au général Négrier, qui a signé l'ordre d'arrestation, il a évidemment agi sous l'influence du préfet, et, tout en étant légalement responsable, il peut être justement laissé en dehors de l'affaire.

. . . .

J'ai été interrogé, comme j'ai eu l'honneur de vous le dire, par un sergent de francs-tireurs qui, à ce qu'on m'a affirmé, était un ami très-dévoué de M. Le Chevalier.

---

(1) Voir page 554, tome IV des dépositions des témoins devant la Commission d'enquête parlementaire sur les actes du gouvernement de la Défense nationale.

C'était un homme ignare, absolument incapable de savoir ce qu'il me demandait et qui ne comprenait certainement pas les questions qu'il avait été chargé de m'adresser.

En voici la preuve.

Les passages incriminés faisaient partie d'une correspondance dont l'auteur était M. Lavedan, aujourd'hui préfet de la Vienne.

Je ne signais pas les correspondances; j'étais simplement rédacteur en chef du journal. Vous savez que les articles non signés sont sous la responsabilité du gérant.

Je fis cette observation à mon sergent de francs-tireurs, qui me répondit d'une manière peu polie, en me traitant à peu près *d'imbécile* :

« Je croyais, lui dis-je, connaître quelques articles du Code qui concernent mon métier; mais puisque, à votre avis, je ne suis qu'un imbécile, pourquoi m'interroger? Je devrais ne plus vous répondre.

— Réfléchissez bien, avant de parler, répliqua-t-il, songez qu'il y va de votre tête! » . . . .

C'est avec intention que j'ai dit que le sergent-major qui m'a interrogé était un ami fidèle de M. Le Chevalier, parce que, pour moi, c'est M. Le Chevalier qui m'a fait arrêter par esprit de vengeance, après avoir cherché à me nuire par tous les moyens en son pouvoir.

XXXVI

M. Allain-Targé se charge de ma justification.

Au commencement de 1872, profitant d'une occasion favorable, je mis à exécution le projet que je nourrissais depuis longtemps de visiter l'Orient. Mon absence fut plus longue que je ne l'avais prévu; je ne rentrai en France qu'en avril 1875.

A mon retour, j'appris qu'une polémique s'était engagée, à deux reprises différentes, dans le parlement et dans la presse, au sujet des faits relatifs à mon incarcération pendant la guerre.

Je ne m'occupe, dans ce chapitre, que de la première de ces

polémiques, sur l'origine et sur le caractère de laquelle on sera suffisamment renseigné après la lecture des lettres qui vont suivre :

Lettre de M. Allain-Targé à M. de La Rochefoucauld.

Paris, 11 Octobre 1873.

« MONSIEUR LE DUC,

« Depuis trois ans bientôt, les écrivains de certaine presse nous accusent, M. Georges Le Chevalier, ancien préfet de la Sarthe, et moi, d'avoir fait fusiller un journaliste du Mans, coupable à nos yeux d'excitation à la haine et au mépris du gouvernement de Tours. Jusqu'à ce jour, j'avais cru qu'il n'était point nécessaire d'opposer un démenti à ce récit absurde. La presse dont je parle raconte bien d'autres histoires, dont l'opinion publique ne s'émeut guère. Mais, dans la dernière séance de la Commission de permanence, vous avez repris pour votre compte la légende du journaliste fusillé. Vous êtes, monsieur le duc, l'un des chefs les plus importants de la fusion, l'un des personnages les plus écoutés du Parlement et du Roi, et les paroles que vous laissez échapper dans le feu de vos improvisations ont peut-être plus de gravité que vous ne le pensez. Il me semble donc convenable de vous apprendre que vous avez été absolument induit en erreur sur le sort de M. le rédacteur de l'*Union de la Sarthe.*

« Et d'abord M. Le Nordez n'a pas été plus fusillé que votre collègue M. de Carayon-Latour. Il se porte à merveille. Il est même rentré dans le parti républicain, et nous vous l'offririons volontiers pour témoin. Il n'a jamais été ni inquiété, ni poursuivi pour avoir attaqué le gouvernement de la République. Au temps de ce gouvernement que vous appelez la Dictature, la presse possédait la liberté illimitée de l'attaque et de l'injure. Seulement, *les fondateurs et propriétaires de l'*UNION DE LA SARTHE, parmi lesquels il faut vous compter, je crois, monsieur le duc, AVAIENT IMPOSÉ *au directeur de leur journal un correspondant qui était, si je ne me trompe, M. Lavedan, aujourd'hui* préfet de la Vienne.

« Or, à la fin de novembre 1870, au moment où l'armée allemande occupait en partie le département de la Sarthe, votre journal publia une correspondance qui contenait, sur la situation du camp et des troupes de M. de Kératry, des révélations telles qu'elles pouvaient donner à l'ennemi la tentation de faire immédiatement une marche sur Conlie. Il ne s'agissait plus d'un délit de presse. La chose nous parut du ressort de la cour martiale. Ce fut l'autorité militaire qui, sur l'ordre de **M.** le général Négrier, se chargea de l'instruction de l'affaire. L'instruction fut confiée à un officier de francs-tireurs qui vous entendit comme témoin, et dont vous paraissez avoir conservé un souvenir inexact. Ce franc-tireur était un excellent républicain qui venait de se battre de son mieux, mais qui joignait à des qualités militaires très sérieuses des connaissances juridiques dont, à mon avis, vous auriez pu vous apercevoir. Ce franc-tireur était M. Potel, avocat à la Cour de cassation et au Conseil d'État, membre du conseil de son ordre, très capable par conséquent de diriger une instruction judiciaire, et très bien choisi. L'INSTRUCTION DÉMONTRA QUE LES INTENTIONS DE M. LE NORDEZ ÉTAIENT INNOCENTES. Il fut relâché. Mais, encore une fois, les autorités civiles et militaires, en cette occasion, n'eurent pas un instant la pensée de porter atteinte à la liberté de la presse. Elles avaient fait seulement leur devoir en essayant d'empêcher qu'un journal, qui se publiait à trois lieues des avant-postes allemands, fournît à l'ennemi des indications dangereuses.

« Veuillez agréer, monsieur le duc, l'assurance de ma considération distinguée.

« H. ALLAIN-TARGÉ. »

Avant de faire connaître la lettre que j'adressai à M. Allain-Targé en réponse à celle qui précède, qu'il me soit permis de faire quelques observations.

Tout d'abord, on le voit, M. Allain-Targé reconnaît et déclare que je n'étais pas l'auteur de la correspondance incriminée ; dans son désir de me disculper, il va même jusqu'à dire que les fondateurs et propriétaires de l'*Union de la Sarthe* m'avaient *imposé* M. Lavedan comme correspondant. C'est dépasser le but et j'ai eu l'occasion de rectifier plus haut (1) l'*erreur* ici commise par M. Allain-Targé.

Ce n'est pas seulement mon irresponsabilité qui est proclamée dans la lettre qu'on vient de lire ; il y est dit très-explicitement que mes intentions mêmes « étaient innocentes ».

Certes, la justification est complète et elle est présentée par un homme dont ici l'autorité ne peut être contestée.

(1) Page 48, chap. X.

Aujourd'hui que M. Allain-Targé a repris contre moi, et formulé du haut de la tribune, l'accusation qu'il avait lui-même précédemment déclarée sans fondement, il faut se demander à quelle raison il obéissait en 1873, et à quelle raison aussi il a obéi en me diffamant le 16 novembre 1878.

Ces raisons sont d'autant plus faciles à découvrir que la lettre précédente en fait presque naïvement l'aveu.

Sachant qu'en 1871 j'ai défendu le gouvernement de M. Thiers, M. Allain-Targé me croit et me dit « *rentré* dans le parti républicain ». Dès lors, me regardant comme un *frère*, il se croit certain que je ne le poursuivrai pas, et pour me récompenser de ce qu'il regarde comme une conversion à ses idées, il n'hésite pas à proclamer ma complète innocence. Cela ne va pas, toutefois, jusqu'à lui faire reconnaître qu'il a commis, en me faisant arrêter, un acte arbitraire. Il cherche à justifier sa conduite et il rejette sur d'autres que moi la culpabilité. La responsabilité qu'il me retire, il la reporte tout aussitôt sur les fondateurs et propriétaires de l'*Union de la Sarthe*. C'est bien ainsi que l'on entend la justice lorsqu'on ne prend conseil que des passions de parti ; les préoccupations politiques passent avant la vérité. C'est incontestablement à ces préoccupations que M. Allain-Targé obéit encore aujourd'hui. Il me regarde comme étant *sorti* du parti républicain, et alors il reprend sans scrupules à mon égard une attitude hostile et un langage diffamatoire.

Avait-il, le 16 novembre dernier, oublié la lettre qu'on vient de lire? Je veux bien le croire; elle n'en reste pas moins une réfutation irrévocable et radicale de ses récentes diffamations.

Ceci dit, je retranscris la lettre par laquelle je relevai les nombreuses erreurs de fait dans lesquelles M. Allain-Targé était tombé.

Paris, le 21 Avril 1875.

A Monsieur Allain-Targé, député, ancien commissaire général du Gouvernement de Tours.

MONSIEUR LE DÉPUTÉ,

En rentrant en France, après une absence de trois ans, je lis dans la *République Française* une lettre signée de vous et qui me concerne.

Dans la séance de la Commission de permanence du 10 octobre 1873, un des membres républicains s'étant élevé contre les sévérités du Gouvernement à l'égard d'une partie de la presse, il lui fut répondu, par M. de La Rochefoucalud, duc de Bisaccia, que sous le gouvernement de Tours, les journaux avaient été soumis à un régime autrement sévère, autrement arbitraire. Comme preuve il rappela que dans le département de la Sarthe, qu'il représente, un journaliste (qui n'est autre que moi) avait été incarcéré pour avoir critiqué les actes des agents de l'administration de M. Gambetta et que, traduit de ce chef devant une cour martiale, il s'était trouvé, pendant plusieurs jours, menacé des peines les plus graves dont ce tribunal frappe ceux qui lui sont déférés.

La responsabilité du fait rappelé ici vous revenant en grande partie, je ne m'étonne pas que vous ayez saisi cette occasion de plaider les circonstances atténuantes; mais, en cherchant à nier le fait en lui-même, ou tout au moins à le dénaturer complétement, vous avez dépassé le but, et puisque aussi bien vous avez dans votre lettre invoqué mon témoignage, laissez-moi vous dire que vous êtes absolument dans l'erreur lorsque vous *affirmez* que je n'ai été ni inquiété ni poursuivi pour avoir attaqué le gouvernement dont vous avez été un des agents les plus zélés.

Permettez-moi de vous rappeler simplement les faits.

Le 23 novembre 1870, à la suite des critiques que j'avais faites sur le remplacement de conseils municipaux élus par des commissions arbitrairement nommées par M. le Préfet de la Sarthe, M. Le Chevalier, celui-ci m'intima l'ordre de me rendre en son cabinet avec mon gérant. Là M. le préfet, avec un emportement qui lui fit perdre toute prudence, me déclara, devant témoins, que, si je continuais à attaquer les actes ou les agents du gouvernement, il me ferait « flanquer en prison ». Le soir même, je rendis compte, dans mon journal, des incidents de cette entretien.

Je n'attendis pas longtemps l'effet de cette menace.

Trois jours après ma visite à M. Le Chevalier, le 27 novembre, une correspondance, adressée de Tours, parut dans l'*Union de la Sarthe*. M. Léon Lavedan, qui en était l'auteur, disait tenir de bonne source que M. Gambetta s'était sévérement exprimé sur le compte de M. de Kératry, commandant en chef le camp de Conlie, et qu'il avait dit que l'organisation de ce camp ne prouvait que l'incapacité de son organisateur.

Au milieu de la nuit suivante, je fus arrêté, emprisonné et, le lendemain, traduit devant une cour martiale.

Par des dépêches plus tard publiées par lui dans la *Liberté*, M. de Kératry a établi qu'il s'était opposé à mon arrestation et qu'elle était entièrement l'œuvre personnelle « de MM. Allain-Targé et Le Chevalier ».

Or, sur quoi basiez-vous l'accusation et quelle accusation portiez-vous?

Vous dites, dans votre lettre du 13 octobre, que la correspondance du 27 novembre 1870 « contenait, sur la situation du camp et des troupes de M. de Kératry, des révélations telles qu'elles pouvaient donner à l'ennemi la tentation de faire immédiatement une marche sur Conlie ».

C'est assurément là, à l'inverse de la fable, la *Souris accouchant d'une montagne*, et les juges improvisés et expéditifs d'une cour martiale sont les seuls devant lesquels vous pussiez espérer quelque succès en portant une accusation basée sur d'aussi paradoxales déductions. Mais, lorsque, après trois ans vous venez encore essayer de *légaliser* votre procédure, vous mettez trop facilement en oubli des faits dont, plus que tout autre, vous devez, ce me semble, avoir gardé souvenir.

Auriez-vous, par exemple, oublié la lettre par laquelle M. de Kératry donna, le 27 novembre 1870, sa démission de commandant du camp de Conlie et les raisons sur lesquelles il la motiva? N'était-il pas question de blâme infligé par M. Gambetta, touchant l'organisation de ce camp, et de quasi-destitution? Cette lettre, qui fit infiniment plus de bruit que les trois lignes de la correspondance de l'*Union de la Sarthe*, ne justifiait-elle pas, ne palliait-elle pas entièrement celle-ci?

Auriez-vous aussi oublié que, trois jours avant l'insertion de ladite correspondance, les ennemis s'étaient approchés du département de la Sarthe et que, trois jours après, ils s'étaient retirés pour ne revenir qu'en janvier?

Auriez-vous enfin si complétement perdu le souvenir des événements de cette époque que vous veniez présenter aujourd'hui l'armée de la Loire comme complétement démoralisée en novembre 1870, alors que, dans toutes les proclamations de M. Gambetta, cette armée était regardée comme l'élément le plus solide de la résistance à outrance? Eh! qu'était cette armée, si (comme vous le laissez clairement entendre dans votre lettre) il suffisait aux Prussiens de lever le talon de leur botte pour l'écraser avec son général en chef? Jamais on ne fut aussi dur que vous l'avez été là pour le général Chanzy.

Tenez, monsieur le Député, autant votre lettre me paraît inopportune et impolitique, autant la correspondance que vous avez incriminée était, au contraire, opportune et patriotique.

Se croire fort quand on est faible, en sûreté quand on est en danger, compter sur des forces imaginaires, c'est, en temps de guerre, le plus grand des malheurs, et plus d'un de nos désastres est dû, peut-être, à cet aveuglement qu'entretenaient trop bien les proclamations optimistes de la délégation de Tours. Or, c'est précisément parce que l'ennemi approchait de la région que le camp de Conlie devait défendre, qu'il était utile de jeter un cri de garde à vous! aux sentinelles endormies, aux sentinelles incapables!

En ramenant la discussion sur les faits assez arbitraires qui me concernent, vous êtes-vous inspiré de pensées aussi sages? Je ne le trouve pas.

Je ne suis pas le seul journaliste qui, pour des causes à peu près identiques, ait été, à ce moment, l'objet des sévérités excessives du gouvernement de Tours; on en trouverait au besoin la preuve dans le recueil de ses dépêches à ses préfets. L'une d'elles, par exemple, portant la date du premier janvier 1871, contient ces mots: « Sévissez contre le *Maine-et-Loire* s'il suit les traces de l'*Union*..... Quant à M. de Cumont (rédacteur de ce dernier journal), s'il trouble la paix publique, *assurez-vous de sa personne* ! »

Bien des gens virent, dans ces poursuites, un commencement d'exécution des mesures très radicales que les partisans de la lutte à outrance réclamèrent contre ceux qui osaient parler d'armistice et de paix. A la tête de ces derniers se trouvait précisément l'homme d'Etat qui, plus tard, qualifia de « folie furieuse » cet acharnement dans une résistance sans espoir. On prêta même à M. Gambetta la pensée de s'assurer aussi de la personne de ce redoutable adversaire. Etait-il bien habile à vous de réveiller le souvenir de ces faits, et d'appeler sur eux l'attention au moment où les hommes du gouvernement de Tours, chefs, amis et partisans, se ralliaient, en oubliant le passé, à la personne et à la politique de M. Thiers?

Franchement, non cela n'était pas *politique*.....

Ce n'est sans doute pas pour me fermer la bouche, dans cette polémique, que vous avez pris soin d'insister, dans votre lettre, sur ce que vous appelez ma « rentrée » dans le parti républicain. En un aucun cas le mot de « rentrée » ne serait exact, car pour *rentrer* quelque part, il faut en être sorti, et je n'étais pas plus *sorti* du « parti républicain » avant 1870 que je n'y suis *entré* depuis lors.

Je tiens trop à ma plus entière liberté d'opinion pour devenir jamais l'homme d'un « parti », quel qu'il soit. Dans l'humble sphère où j'ai agi, je me suis toujours inspiré d'un seul et même principe : le bien de mon pays, sa stabilité dans la prosperité. Quand un parti m'a paru marcher dans cette voie, je l'ai suivi ; quand j'ai cru qu'il s'en éloignait, je m'en suis séparé. Cinq fois condamné en 1869 par l'empire, j'ai applaudi cependant à la naissance du régime que nous promettait le 2 janvier ; j'ai plus tard combattu le plébiscite qui arrachait au parti libéral ses honnêtes illusions et c'est encore par le même principe que j'ai défendu de mon mieux, en 1871, la politique de M. Thiers.

J'ai trop peu d'importance pour qu'un parti trouve profit à m'enrôler parmi ses membres ; mais je fais trop de cas de mon indépendance pour la sacrifier à cet honneur, lors même qu'on me l'offrirait.

Que cette façon d'être ne soit pas du goût de tout le monde, je ne m'en préoccupe pas. A mon sens, ceci touche de trop près à *la liberté de conscience* pour que j'en doive compte à autrui.

Croyez, Monsieur, à l'assurance de mes sentiments respectueux.

E. LE NORDEZ.

XXXVII

L'ancien Rapporteur de la Cour martiale prend, à son tour, ma défense.

Le tome IV des dépositions des témoins entendus par la commission d'enquête parlementaire sur les actes du gouvernement de la Défense nationale, lequel contenait ma déposition, ne fut publié que dans la première semaine de novembre 1873. Quelques jours plus tard, la *République française* reçut et publia une lettre signée : « Potel, docteur en droit », et dans laquelle l'ancien rapporteur de la cour martiale discutait à son point de vue et longuement les passages de ma déposition relatifs à l'attitude prise par lui au cours des interrogatoires qu'il m'avait fait subir. Il s'en montrait très-irrité et le ton de persiflage de sa lettre laissait percer un dépit profond; il se fâchait, c'était déjà prouver qu'il avait tort.

M. Potel me reprochait d'abord de m'être mépris sur le grade qu'il avait dans le corps de francs-tireurs dont il faisait partie. Il paraît que pendant qu'il m'interrogeait, je l'avais souvent appelé « mon capitaine », et devant la commission d'enquête je l'avais fait « méchamment redescendre au grade de sergent ». Il me reprochait ensuite d'avoir livré le nom du correspondant qui avait écrit les articles incriminés.

Après ces gros griefs, M. Potel m'accusait de n'avoir pas eu pour lui *la mémoire du cœur*. « Il est vraiment reconnaissant « envers moi, disait-il, de l'autorisation que j'obtins pour lui du « général, et en vertu de laquelle il put, le jour même de mon in- « terrogatoire, recevoir la visite de l'une de ses parentes, de sa « sœur, je crois. Il n'est que juste, d'ailleurs, en me traitant mal, « puisque j'ai abusé contre lui de mes pouvoirs au point d'adres- « ser au général un rapport concluant à sa mise en liberté. »

M. Potel ajoutait qu'il n'avait pas à relever dans ma déposition « les inexactitudes de fait » (1) et qu'il voulait seulement rétablir la vérité en ce qui le concernait personnellement; il le faisait en ces termes :

Vers la fin de novembre 1870, je reçus un ordre de M. le général commandant la subdivision, m'enjoignant d'interroger M. Le Nordez, prévenu: 1° d'avoir excité les troupes à la désobéissance; 2° d'avoir donné des renseignements à l'ennemi sur les mouvements de l'armée, et notamment sur les mouvements, sur la direction et la force d'une colonne mobile partant du Mans. Il ne s'agissait pas de délits d'opinion, pour lesquels on peut invoquer la jurisprudence en matière de presse, et dire que la signature du gérant couvre la responsabilité des auteurs anonymes. Il s'agissait d'*actes*, de délits

(1) « Inexactitudes de fait » est une assertion fausse; en relisant ma déposition, je n'y ai constaté que quelques confusions de dates insignifiantes en elles-mêmes et qui s'expliquent aisément par ce fait que, lors de ma déposition *verbale* devant la commission, je n'avais pas sous la main la collection des numéros de l'*Union de la Sarthe*.

portant atteinte à la sécurité de l'armée. *Il fallait rechercher l'auteur du fait incriminé.* Le coupable, s'il y en avait un (ce qu'il ne m'appartenait pas de décider), POUVAIT ÊTRE le rédacteur en chef, M. Le Nordez, car tout le monde sait que, dans certains journaux de province, les ciseaux jouent un grand rôle, et que les prétendues correspondances sont souvent l'œuvre du rédacteur habituel.

J'avais dû obéir à l'ordre qui m'était donné par le général et qui avait été provoqué par les sollicitations de M. Le Nordez, désireux, ce qui se comprend du reste, d'être interrogé et de fournir ses explications.

Le choix qu'on avait fait de moi avait peut-être sa raison d'être : car, si ignorant que me proclame M. Le Nordez, mes fonctions habituelles d'avocat à la Cour de cassation ont pu faire croire que j'avais, au moins une fois en ma vie, d'office peut-être, vu un dossier criminel et appris comment se rendait la justice.

M. Le Nordez, sans méconnaître que l'insertion des articles était très-regrettable, s'excusa de toute participation au fait relevé contre lui, en alléguant : 1° qu'il était absent au moment de la publication des articles dont il s'agissait ; 2° que le fait était imputable uniquement au correspondant de Tours dont il me donna le nom le lendemain.

MA MISSION ÉTAIT TERMINÉE LORSQUE, PAR MON RAPPORT, JE FAISAIS CONNAITRE AU GÉNÉRAL QUE M. LE NORDEZ N'ÉTAIT PAS L'AUTEUR DES ARTICLES INCRIMINÉS ET N'EN ÉTAIT PAS RESPONSARLE.

Ce qui s'est fait avant ou après ces deux interrogatoires m'est absolumant étranger. Le lendemain même nous partions pour Tours et la forêt d'Amboise.

Il est faux que j'aie traité l'inculpé d'imbécile : *je suis trop bien élevé pour dire tout haut aux gens ce que je pense d'eux.*

Tout ce que je viens de raconter n'est pas sans preuves. Il y a un dossier. L'ordre de M. le général y est joint ; il est visé par moi dans tous les actes de ma procédure. Un greffier, *après avoir prêté serment*, a tenu la plume. Les interrogatoires de M. Le Nordez ont été signés par lui. La déposition de M. de La Rochefoucauld est également signée par celui-ci.

Le dossier doit exister à Tours, à la division, ou au Mans, à la subdivision . . . .

Je ne connus cette lettre qu'en 1875, en même temps que celle de M. Allain-Targé. J'aurais pu, en y répondant, déclarer à mon tour à celui qui l'avait signée que « j'étais trop bien élevé pour dire tout haut aux gens ce que je pense d'eux». Il est, en effet, bien certain que ce n'est pas sur ce ton irrité et irritant qu'un homme sérieux et de bonne éducation intervient dans une polémique. Je m'efforçai donc, dans ma réponse à M. Potel, de garder autant de calme qu'il en avait peu montré lui-même. Qu'on en juge :

Paris, le 21 Avril 1875.

A Monsieur Potel, Docteur en droit, Paris.

MONSIEUR LE « DOCTEUR EN DROIT »,

Je regrette de venir si tard répondre à la lettre très-irritée que vous m'avez consacrée, en novembre 1873, et qui a eu les honneurs de la première page dans le journal *la République française*. La raison de ce retard est que, depuis trois ans, je suis absent de France, et que je n'ai eu connaissance de vos attaques qu'à mon retour, dans la seconde semaine de ce mois.

Que ma déposition devant la Commission n'ait pas eu le don de vous plaire, je le comprends de reste, et je reconnais parfaitement votre droit à en discuter le fond ; mais peut-être votre *démonstration* eût-elle gagné à un peu plus de calme et de politesse. Je ne veux pas m'arrêter au ton de persiflage que vous affectez de prendre, et je crois plus digne de moi — et de vous — de laisser sans réponses les invectives que vous me prodiguez ; je n'ai jamais compris la discussion sans le respect des convenances.

Deux points de ma déposition vous ont surtout très-visiblement froissé. D'abord je vous y ai donné le titre de « sergent de francs-tireurs, » alors que celui de « lieutenant » était, dites-vous, le vôtre. D'autre part, je n'ai pas, selon vous, apprécié, autant que je le devais, votre science de légiste, et c'est avec beaucoup d'aigreur que vous déclinez pour moi votre titre de « docteur en droit. »

Vous conviendrez, Monsieur, que mon erreur sur votre grade est chose de trop peu d'importance pour que votre rectification ne suffise pas amplement à la réparer.

Parlons donc du jugement que je me suis permis de porter sur vous en tant que juge d'instruction. Vous êtes « docteur en droit »; c'est fort bien, mais je n'en reste que plus étonné de l'attitude que vous avez prise dans le cours de l'instruction dont vous avez été chargé en novembre 1870.

J'observe d'abord que vous tombez dans une contradiction étrange, dans une illogicité qui, de la part d'un docteur en droit, peut causer un certain étonnement. D'une part, vous vous évertuez à justifier l'arrestation et le bien fondé de l'accusation ; d'autre part, vous assurez avoir clos votre instruction en demandant ma mise en liberté. De deux choses l'une cependant : ou l'accusation était fondée et vous deviez alors me renvoyer devant la Cour martiale ; ou vous avez été juste en concluant à ma mise en liberté et vous n'êtes plus alors recevable à présenter comme fondée l'accusation et comme légale une arrestation violente et nocturne.

La correspondance pour l'insertion de laquelle on me poursuivait était, d'après vous, une *excitation des troupes à la désobéissance*. Il me suffirait, pour répondre à ce reproche (si déjà l'ordonnance de non-lieu du conseil de guerre de Tours ne m'en avait lavé), de demander aux amis de M. Gambetta pourquoi ils n'ont jamais songé à l'avertir qu'il jetait dans l'armée le trouble, le découragement et l'indiscipline, lorsque, dans son ardeur patriotique, il accusait publiquement, solennellement, d'incapacité (pour ne rien dire de plus) les généraux, comme d'Aurelles de Paladine et Fiereck, par exemple.

La correspondance incriminée disait-elle vrai ? Le camp de Conlie était-il, oui ou non, organisé de telle sorte, en novembre 1870, qu'il pût fournir un élément sérieux de défense ? Il me semble que c'était là un point que, comme juge d'instruction, vous pouviez examiner. Vous vous y êtes cependant refusé. Lorsque j'ai connu la lettre par laquelle le général de Kératry donnait sa démission, — lettre que vous aviez dans les mains en m'interrogeant, — cette attitude m'a plus que surpris. A la vérité, il ne me paraît pas encore aujourd'hui qu'elle dût être celle d'un « docteur en droit. »

Devant votre refus de discuter l'accusation en elle-même, je dus me réfugier dans mon irresponsabilité.

J'étais le *rédacteur*, mais je n'étais ni le *directeur* ni le *gérant* de *l'Union de la Sarthe ;* d'après toutes les lois sur la presse, je n'étais dès lors responsable que de mes propres écrits. Or, la correspondance en question n'était pas de moi ; les manuscrits saisis en avaient fourni une preuve irrécusable. Cependant, lorsque je vous répondais : « Je ne suis ni l'auteur ni l'éditeur responsable de la lettre que l'on poursuit, » au lieu de me rendre la liberté, que me répondiez-vous ? Que vous n'aviez pas à entrer dans ces *distinctions subtiles*, que l'on me tenait pour responsable jusqu'à ce que l'auteur fût connu ; que, d'ailleurs, je paierais pour lui, si on ne le découvrait pas, et vous avez même pris le soin d'ajouter, à plusieurs reprises, qu'*il y allait de ma vie;* après quoi, en attendant l'effet de vos menaces, vous me faisiez réintégrer dans la chambre humide qui me servait de prison.

Je le demande à tout homme non prévenu, pouvais-je à de tels procédés de pression morale et d'intimidation, dans de tels errements judiciaires, reconnaître un « docteur en droit, » c'est-à-dire un homme de loi et de justice?

Ce que l'on comprend moins encore, c'est que vous veniez me reprocher de vous avoir *livré* (pour me « disculper, » dites-vous) le nom de l'auteur de la correspondance. Me disculper de quoi, alors que, d'après vous même, je n'étais pas l'auteur que l'on disait rechercher et que la preuve en était faite?

Placé dans l'alternative de rester indéfiniment en prison par votre seule volonté, ou de nommer le correspondant, je pris ce dernier parti, et cela pour trois raisons.

D'abord j'étais certain que l'on se garderait bien de procéder aussi militairement, aussi *martialement* qu'avec moi, à l'égard de M. Lavedan, qui était connu pour avoir avec M. Thiers des relations suivies.

D'autre part, il m'était bien prouvé que l'accusation ne pourrait être soutenue devant un tribunal d'hommes compétents.

Enfin, j'avais appris par un capitaine breton, enfermé la veille dans la même cellule que moi, que la presse s'occupait de mon arrestation et qu'elle était unanime pour protester. Le gouvernement ne pouvait pas accroître cette émotion en osant portant la main sur M. L. Lavedan, directeur d'un des grands journaux de Paris qui se publiaient à Tours.

Les faits m'ont donné raison ; je vous ai nommé M. L. Lavedan, et il n'a jamais été inquiété. Mais avouez, monsieur le docteur en droit, que si quelqu'un devait me reprocher cet aveu, ce n'est pas le juge qui, pour l'obtenir, m'a mis quatre jours *à la question*. Ici encore, j'ai peine à reconnaître un homme connaissant et respectant les traditions judiciaires.

Il me reste un dernier point de votre lettre à élucider. Vous avez, dites-vous, réellement conclu à ma mise en liberté. Fort bien; mais ce que, de mon côté, je puis et dois dire aussi, c'est que deux jours après votre dernier interrogatoire, je fus extrait de la prison du Mans, conduit à Tours par deux gendarmes, écroué à la prison militaire, traduit de nouveau devant un conseil de guerre, et que ce ne fut qu'après neuf autres jours d'emprisonnement et du secret le plus absolu, qu'une ordonnance de non-lieu fut rendue en ma faveur.

Si vous avez réellement conclu à ma mise en liberté, il faut rendre MM. Allain-Targé et Le Chevalier responsables de l'acharnement mis à me poursuivre. On est amené à conclure ainsi que ce n'est pas un acte isolé, un délit spécial que l'on poursuivait, mais bien, dans la personne de son rédacteur, un journal qui déplaisait à deux on trois agents de M. Gambetta.

M. Allain-Targé a affirmé le contraire; c'est avec plus d'autorité que je n'aurais pu le faire moi-même, que vous relevez son erreur.

Passant des détails de ma déposition à son ensemble, vous semblez vouloir la décréter de mensonge. Je ne saurais m'en étonner lorsque je me souviens qu'il n'est peut-être pas un paragraphe des rapports des commissions d'enquête qui n'ait eu le même sort.

Vous n'avez pas, je le crois, toujours appartenu au parti radical, il serait sage à vous de vous en souvenir, et il serait plus sage aussi, pour ce parti, de reconnaître les fautes de son passé que d'en tenter sans cesse l'apologie; car, en montrant si peu de *contrition*, il n'arrive qu'à faire douter de la sincérité de sa *conversion*.

Croyez, monsieur le Docteur en droit, à mes sentiments de considération.

E. Le Nordez,
Ancien rédacteur de *l'Union de la Sarthe.*

XXXVIII

Comment M. Allain-Targé entend le droit de réponse

Les lettres de MM. Allain-Targé et Potel avaient été publiées dans un seul journal : la *République française*. Invoquant le droit de réponse que je tenais de la loi, je me rendis dans les bureaux de ce journal et je demandai l'insertion des deux réponses faites par moi à ces lettres. Je fus reçus la première fois par M. Spuller qui, avec une allure de fierté que j'aurais pu prendre pour une morgue déplacée, me déclara, quand il connut le but de ma démarche, que « cela regardait M. Allain-Targé », lequel me ferait ultérieurement savoir le jour et l'heure où il lui serait possible de m'accorder une *audience*. J'attendis en vain la lettre de convocation promise et, trois jours après ma première visite, je retournai de nouveau au bureau de rédaction de la *République française*. J'eus la chance et l'honneur d'y rencontrer M. Allain-Targé; il avait pris connaissance des lettres laissées par moi et, tout d'abord, il en voulut discuter le contenu. Comme je lui fis remarquer que je n'avais pas à engager sur ce point de débat avec lui et que j'invoquai absolument mon droit de réponse, il nia purement et simplement ce droit.

Les lettres auxquelles je répondais, dit-il, remontaient à près de deux ans ; il y avait évidemment *prescription*. Je priai M. Allain-Targé de vouloir bien me citer le texte de loi sur lequel il basait cette façon de voir, et comme il eût été fort embarrassé de le faire, il objecta l'étendue de mes lettres, lesquelles dépassaient les limites légales de mon droit de réponse. A ceci, je répondis que j'étais tout prêt à payer l'insertion du nombre de lignes qui dépasserait celui auquel j'avais droit. M. Allain-Targé parut un instant embarrassé et, à bout d'arguments, il devint agressif : tout d'abord ironique, puis bientôt violent. Je crus devoir l'arrêter sur cette pente, et je lui laissai entendre que j'étais encore à même de déférer aux tribunaux l'acte arbitraire qu'il avait commis en 1870 à mon égard. Alors il coupa court à notre *entretien* en me déclarant qu'il allait en conférer avec ses collaborateurs et que le lendemain il me ferait connaître la résolution prise. Le lendemain, je ne reçus rien, et lorsque je me présentai, pour la troisième fois, dans les bureaux de la rédaction du journal de M. Gambetta, j'appris que, pour mettre obstacle à l'usage de mon droit de réponse, on n'avait trouvé rien de mieux que de décider que l'on me ferait payer chacune des lignes qui excéderait mon droit au taux le plus élevé des réclames, ce qui eût entraîné pour moi une dépense relativement forte.

De guerre lasse, je pris le parti de réduire ma demande d'insertion à la protestation que voici et qui parut dans le numéro de la *République Française* du 25 avril 1873 :

Paris, le 24 Avril 1875.

Monsieur,

Dans ses numéros des 18 octobre et 20 novembre 1873, la *République française* a publié deux lettres ayant trait à mon incarcération par M. le préfet de la Sarthe, en novembre 1870, alors que je rédigeais *l'Union de la Sarthe*, au Mans.

Absent de France et voyageant en Asie, au moment où ces lettres ont paru, je n'en ai pris lecture que ces derniers jours.

La première, signée : Allain-Targé, répondant à une assertion d'un des membres de la Commission de permanence, affirme que je n'ai été ni inquiété ni poursuivi pour avoir critiqué les actes du gouvernement de Tours. La seconde est d'un ancien lieutenant de francs-tireurs qui fut chargé de remplir les fonctions de juge d'instruction près la cour martiale devant laquelle j'étais traduit pour délit de presse. C'est un essai, très-violent, de réfutation de mes déclarations devant la Commission d'enquête sur les actes du Gouvernement et de la Défense nationale.

Votre journal ayant *seul* reçu, de leurs auteurs, communication de ces lettres, *seul* aussi les ayant insérées, mon droit de réponse ne me paraît pas discutable. Je ne m'arrêterai pas à discuter les raisons que M. Allain-Targé a, en votre nom, invoquées pour justifier le refus d'insertion des lettres que je vous ai adressées le 10 de ce mois, mais j'ose espérer que vous ne les reproduirez pas pour repousser aujourd'hui l'insertion, dans vos colonnes, d'une simple protestation contre le contenu des deux lettres qui y ont trouvé un accueil empressé.

J'affirme donc que la cause réelle, véritable, de mon arrestation et des sévices qui s'en sont suivis est tout entière dans l'opposition faite par mon journal, non pas au gouvernement de Tours lui-même, mais aux actes de certains de ses agents, inexpérimentés ou emportés par l'esprit de parti.

Quant à ma déposition devant la Commission d'enquête, il ne m'a pas été loisible de changer, en la faisant, la nature et la gravité des faits, et je me contente d'attester ici l'entière sincérité du récit que j'en ai fait.

Si mes deux contradicteurs jugent bon de vous communiquer les réponses que je leur adresse, vous vous convaincrez aisément que je n'avance rien que je ne puisse prouver.

Daignez agréer, Monsieur le rédacteur, l'assurance de mes sentiments de confraternité.

LE NORDEZ.

Je me garderai bien d'ajouter à ce qui précède le moindre commentaire. Il suffit d'un peu de loyauté pour condamner l'attitude prise, en cette affaire, par la *République française*, sous l'influence de M. Allain-Targé. Il semble, du reste, qu'il soit dans les habitudes de celui-ci de refuser à ceux qu'il provoque le droit et les moyens de se défendre.

XXXIX

Ma nomination dans la Légion d'honneur

Par décret du 5 novembre 1877, je fus nommé chevalier dans l'ordre de la Légion d'honneur.

Le *Moniteur universel* prit note de la distinction qui m'était accordée dans les termes suivants :

Parmi les nominations qui ont paru ce matin au *Journal officiel*, nous relevons avec une satisfaction bien légitime celle de M. Le Nordez, notre collaborateur. M. Le Nordez s'était déjà distingué, parmi les écrivains de la presse libérale, sous l'empire. A l'époque du 4 septembre, il dirigeait l'*Union de la Sarthe*. Ce journal soutenait la paix contre les idées de guerre à outrance qui avaient cours dans les régions du pouvoir. L'*Union de la Sarthe* recevait alors directement les inspirations de M. Thiers.

Le gouvernement de la délégation voulut avoir la preuve des intelligences que M. Thiers entretenait avec l'*Union de la Sarthe* et prit le prétexte d'un article publié par ce journal, sur le camp de Conlie, pour faire arrêter son rédacteur en chef. M. Le Nordez fut maintenu au secret pendant treize jours, sous la menace incessante d'être fusillé. Il déploya, dans ces difficiles circonstances, beaucoup de fermeté, et sut faire respecter en sa personne par les dictateurs improvisés de la France, les droits de l'écrivain et la liberté de la pensée. On voit que la récompense qui est venue chercher M. Le Nordez est depuis longtemps méritée.

Un journal radical, le *Réveil*, saisit cette occasion pour lancer contre moi la plus odieuse des accusations en demandant si « M. Le Nordez ne serait point victime d'une fâcheuse ressem-

« blance de nom avec certain rédacteur en chef de l'*Union de la Sarthe*, qui, en 1871, fut arrêté pour avoir éclairé l'armée prussienne sur les mouvements de l'armée de l'Ouest. »

Le *Réveil* obéissait-il, en posant cette question, à un parti pris d'attaques contre le journal auquel j'appartenais? ou bien était-il l'instrument complaisant de ceux qui, responsables de mon arrestation, s'étaient, depuis 1870, constamment attachés à donner le change à l'opinion, en reprenant une accusation dont une cour martiale et un conseil de guerre avaient fait justice? Je ne crus pas devoir le rechercher et j'adressai la réponse qu'on va lire au journal *le Réveil :*

A Monsieur le rédacteur en chef du journal LE RÉVEIL.

MONSIEUR,

Le *Réveil* posait hier, « à qui de droit, » une question à laquelle je m'empresse de répondre.

Je ne connais pas du tout de « rédacteur de la *Sarthe* » qui, portant mon nom, ait été arrêté et traduit devant un conseil de guerre en 1871, pour avoir publié des articles *de nature à éclairer l'armée prussienne sur les mouvements des armées de l'Ouest.* »

Pendant la guerre, en effet, je n'étais pas rédacteur de la *Sarthe*, journal bonapartiste, mais bien rédacteur en chef de l'*Union de la Sarthe*, qui, sous l'Empire, était l'organe de ce parti d'opposition que l'on a nommé « l'union libérale. »

Le 5 septembre 1870, j'adhérais, dans les termes les plus nets, au *Gouvernement de la Défense nationale.* Ce n'est certainement pas vous, Monsieur, qui me ferez un reproche d'avoir cru que cette adhésion sincère ne pouvait entraîner pour moi, sur le terrain politique, l'abdication des droits de l'écrivain, le sacrifice de la liberté de la pensée.

Dans le courant du mois de novembre, je critiquai certains actes *purement administratifs* du préfet de la Sarthe, lequel s'en irrita fort et m'informa que si je continuais « il me ferait arrêter. » Plus surpris qu'épouvanté de la menace, je la notai dans mon journal ; quarante-huit heures après elle recevait son exécution.

Jeté au milieu de la nuit et par surprise dans une des cellules de la prison du Mans, en compagnie de prisonniers prussiens, je ne connus que trois jours après les motifs de mon arrestation. J'eus peine à garder mon sérieux en apprenant que, « prévenu d'actes ayant *pour but* d'entraver la défense, » j'étais traduit devant une cour martiale et à peu près assuré d'être passé sous quarante-huit heures par les armes.

Sur quoi donc reposait une aussi terrible accusation ?

Mon journal publiait chaque jour une correspondance rédigée à Tours, sous l'inspiration directe de M. Thiers. Dans celle du 24 novembre, se trouvait le passage suivant :

« M. Gambetta a visité le camp de Conlie ; il ne s'est montré nullement satisfait de l'œuvre de M. de Kératry, et, dans ses dépêches à ses collègues, il va jusqu'à dire que *le camp de Conlie ne prouve que l'incapacité de son organisateur.* »

En énonçant ce fait, mon correspondant avait *pour but*, non pas d'entraver la défense, mais au contraire d'appeler l'attention et l'intervention de qui de droit sur un état de choses d'autant plus inquiétant que l'ennemi s'approchait du département.

Des documents officiels établissent que mon arrestation n'était pas due, comme on veut le faire croire encore, à l'autorité militaire, mais uniquement à l'autorité administrative.

Dans le tome II des dépêches télégraphiques officielles du gouvernement du 4 Septembre, page 74, on lit :

« Préfet du Mans à intérieur Tours. — Journal *Union de la Sarthe*, dans correspondance particulière de Tours, dit que le ministre a visité le camp de Conlie, et, à tort ou à raison, ne s'est pas montré satisfait ; qu'il a adressé à ses collègues une dépêche dans laquelle il va jusqu'à dire que le camp de Conlie ne prouve que l'incapacité de son organisateur ; *ceci suivi du blâme de la facilité avec laquelle un avocat juge les questions militaires...* M'autorisez-vous à dire au général de convoquer la cour martiale ? Je crois qu'il faut se montrer énergique. »

En même temps M. le préfet de la Sarthe écrivait à M. de Kératry pour lui annoncer mon arrestation comme une « réparation » qui lui était due.

M. Gambetta répondit favorablement. « Nous ne pouvons pas, disait-il, laisser d'indignes citoyens répandre de fausses nouvelles et la calomnie pour desservir les opérations de la guerre. »

Or, deux jours plus tard, dans une lettre très-vive que publièrent tous les journaux, M. de Kératry, relevant le blâme de M. Gambetta et décrétant son incompétence militaire, donnait sa démission et quittait son commandement.

Avant cette décision, toutefois, M. de Kératry répondit à M. le préfet de la Sarthe qu'*il était trop partisan de la liberté de la presse pour souffrir qu'on me poursuivît en son nom*, et il réclamait ma mise en liberté immédiate.

Mon arrestation n'en fut pas moins maintenue.

On fit alors opérer, à trois reprises différentes, les plus minutieuses perquisitions à mon domicile et dans mes bureaux, et, pour simplifier la besogne, on saisit en bloc tous les papiers qui s'y trouvaient.

Que cherchait-on? Le numéro de mon journal contenant l'article incriminé n'était-il pas la meilleure et la seule pièce du procès? Je compris que non quand, au cours de l'instruction, on me reprocha de *soutenir la politique de M. Thiers contre celle de M. Gambetta, d'être pour la paix contre la guerre à outrance.* Les poursuites visaient donc plus haut que moi, et les critiques sur le camp de Conlie n'avaient été qu'un prétexte. Il était mal choisi, vraiment.

M. de Kératry désavouait les poursuites; les journaux de toutes nuances protestaient contre les procédés nouveaux et inqualifiables dont on usait envers un journaliste; M. de Girardin en appelait de cet acte arbitraire « à la conscience publique, » et les auteurs de mon arrestation, fort embarrassés déjà de leurs prouesses, prirent le parti de dessaisir de l'affaire la cour martiale pour me renvoyer devant un conseil de guerre.

Gardé à vue par deux gendarmes, hué et maltraité par une foule inconsciente qui me prenait pour le plus vil espion, je fus transféré du Mans à Tours et écroué dans la prison militaire de cette ville, toujours en compagnie de prisonniers prussiens. J'y passai neuf jours encore au secret le plus absolu, et, après deux interrogatoires, je fus rendu à la liberté *par une ordonnance de non-lieu.*

Ainsi, la justice militaire, dont on sait la sévérité, déclarait injustifiées et injustifiables mon arrestation et mon incarcération.

Certes, j'étais en droit de demander aux tribunaux réparation de l'abus de pouvoir dont j'avais été victime; mes amis me le conseillaient, et M. Thiers lui-même me fit savoir qu'il le désirait.

Voici dans quels termes je repoussai ce conseil :

« Devant les maux sans nombre auxquels la France est maintenant en proie, les épreuves personnelles doivent passer inaperçues, et je ne me plaindrais pas des injustes rigueurs dont je viens d'être victime, si le principe même de la liberté n'en avait reçu une atteinte grave. »

A la vérité, je me suis souvent reproché cette résolution généreuse. Les débats d'un procès et le jugement qui fût intervenu eussent établi la vérité des faits, et mes adversaires — quelque peu ingrats, avouez-le — ne pourraient pas continuer à me présenter comme ayant méconnu pendant la guerre les devoirs du patriotisme.

A ce titre, Monsieur le rédacteur, je ne puis que vous être reconnaissant de m'avoir fourni l'occasion de répondre à des insinuations aussi malveillantes que peu fondées.

Je ne vois pas très-bien dans quel but vous avez désiré ramener l'attention sur des faits que, pour ma part, je veux bien oublier ; à moins, cependant, que vous n'ayez voulu être à même de condamner l'arbitraire et les abus de pouvoir, d'où qu'ils viennent.

Quoi qu'il en soit, je ne pouvais me refuser de satisfaire votre très-légitime « curiosité, » et si je l'ai fait un peu longuement, vous m'y avez autorisé.

Recevez, Monsieur le rédacteur en chef, l'assurance de ma considération.

E. Le Nordez.

Certes, cette réponse était d'une modération excessive et je n'eus pas lieu de m'étonner que quelques journaux conservateurs me fissent un reproche d'avoir pris, avec de tels adversaires, la peine de me justifier.

Voici en quels termes, dans son numéro du 12, le *Réveil* traduisit pour ses lecteurs la lettre qu'on vient de lire :

M. E. Le Nordez, rédacteur du *Moniteur universel*, répond à la question que nous nous sommes permis de lui poser.

Pendant la guerre, M. Le Nordez était rédacteur en chef de l'*Union de la Sarthe*, qui sous l'empire faisait partie de « l'union libérale. »

Il a été arrêté par ordre du gouvernement de la Défense nationale, comme « prévenu d'actes ayant pour but d'entraver la défense. » Mais, après quelques jours d'emprisonnement préventif, M. le Nordez a bénéficié d'une ordonnance de non-lieu.

Voilà le fait constaté. La question avait besoin d'être élucidée ; elle l'est complétement.

Cependant, trois jours plus tard, et alors qu'il connaissait ma réponse au *Réveil*, le journal *l'Avenir* du Mans (héritier de la clientèle et des singuliers procédés de la *Feuille du Village*, morte des suites de divers procès en diffamation), l'*Avenir*, dis-je, publiait, sous le titre de : *Le cas de M. Le Nordez*, un article où on lisait :

Un de nos confrères de Paris a commis l'*indiscrétion* de demander à qui de droit si M. Le Nordez, actuellement attaché à la rédaction du *Moniteur universel*, ne serait point victime d'une fâcheuse ressemblance de nom avec certain rédacteur en chef de *l'Union de la Sarthe*, qui fut arrêté en 1871 sous l'inculpation de publication d'articles de nature à éclairer l'armée prussienne sur les mouvements de l'armée de l'Ouest.

M. Le Nordez eût pu dire pour sa défense que, cette accusation fût-elle prouvée, il ne serait guère plus répréhensible qu'un de ses collaborateurs — certain correspondant du théâtre de la guerre — qui passa avec armes et bagages à la rédaction d'une feuille de Strasbourg, et sera peut-être décoré pour services rendus à la presse prussienne.

De la réponse de M. Le Nordez il résulte que l'ex-rédacteur de L'UNION DE LA SARTHE *fut arrêté en effet par ordre du gouvernement de la Défense nationale, mais comme « prévenu d'actes ayant pour but d'entraver la défense.* »

Ce dernier paragraphe montre avec quelle... loyauté l'auteur de l'article travestissait ma réponse au *Réveil*.

L'*Avenir* ajoutait :

Nous ne voulons pas examiner si le fait de n'avoir point « éclairé les armées ennemies » ou CELUI D'AVOIR ESSAYÉ « D'ENTRAVER LA DÉFENSE » expliquent d'une manière satisfaisante la haute distinction dont M. Le Nordez vient d'être honoré.

D'autre part, l'*Avenir* déclarait que j'avais été CONGÉDIÉ de l'*Union de la Sarthe* à la suite d'articles qui compromettaient ce journal, et que, plus tard, j'avais ÉREINTÉ, en Bretagne, un journal rédigé par moi et organe de M. Glais-Bizoin.

Par voie d'huissier, j'adressai au journal *l'Avenir* la lettre suivante :

Paris, le 17 Novembre 1877.

A M. le Rédacteur en chef du journal L'AVENIR, *au Mans.*

MONSIEUR,

On me communique, aujourd'hui seulement, un numéro de votre journal, portant la date du 15 novembre et contenant un article qui me concerne.

Il ne me convient pas de relever les injures que vous m'adressez, mais j'invoque le droit de réponse que me donne la loi, pour rétablir la vérité sur des faits que, volontairement ou non, vous avez dénaturés.

C'est à tort que vous mêlez à vos attaques le nom de M. Caillaux ; au Mans, tout le monde — excepté vous, paraît-il — sait que l'honorable ministre des finances n'avait, en 1870 et en 1871, aucuns rapports avec « *l'Union de la Sarthe.* »

Rappelant certains de mes articles, dont vous ne nierez pas l'esprit libéral, il vous plaît de dire que, pour les avoir écrits, je fus *congédié* par la direction du journal. La vérité est que, de mon propre mouvement, je donnai ma démission, et je puis l'établir par des pièces irrécusables.

Il n'est pas plus exact que j'aie jamais rédigé le journal de M. Glais-Bizoin ; la politique que je suivais était, au contraire, en opposition avec la sienne ; car elle reposait tout entière sur cette parole prophétique de M. Thiers : « La République sera conservatrice ou elle ne sera pas. » — Je n'ai, depuis lors, changé ni d'opinion, ni de langage ; mais j'avoue que les emportements, les violences et les fautes du radicalisme me font parfois regretter d'avoir montré trop de confiance dans la modération du parti qui revendique comme un monopole le gouvernement de la République.

Mais tout ceci est de peu d'intérêt, et si, dans vos insinuations malveillantes, je n'avais trouvé rien de plus sérieux, j'aurais cru inutile d'y répondre.

Je veux croire qu'au moment où vous avez écrit l'article que j'ai sous les yeux, vous ne connaissiez pas les termes de la lettre adressée par moi au « *Réveil* » le 8 novembre ; il me faudrait autrement suspecter votre bonne foi.

Lorsque vous parlez d'un de mes collaborateurs passé à la rédaction d'une feuille prussienne, je ne sais pas du tout ce que vous voulez dire, mais les déductions que vous semblez vouloir tirer de cette assertion vague et sans preuve tendent à constituer une véritable diffamation.

Pour y répondre, je requiers de vous l'insertion de cette lettre, ainsi que de celle dont le « *Réveil* » a, lui au moins, résumé loyalement le sens et les conclusions.

LE NORDEZ.

Comme j'avais fait offrir de payer l'insertion de cette lettre et de la réponse adressée par moi au *Réveil*, en tant qu'elle dépasserait le nombre de lignes que la loi m'accordait, l'*Avenir* dut se résoudre à publier ces deux documents ; il prétendit, toutefois, qu'il ne le faisait que pour donner une *preuve de son impartialité!*

Il ajoutait que plusieurs des assertions émises par moi lui semblaient contestables, mais que, pour les réfuter péremptoirement, il avait besoin de consulter des documents qu'il n'avait pas encore sous la main.

Cet engagement, pris le 23 novembre 1877, fut en effet tenu par l'*Avenir* dans son numéro du 15 décembre suivant.

Toujours sous le titre de : « LE CAS DE M. LE NORDEZ, III », mon adversaire annonçait qu'il était arrivé à réunir un dossier très-complet qui lui permettrait de reconstituer, s'il le fallait, avec la plus rigoureuse exactitude, le récit de mes démêlés avec l'ancien préfet de la Sarthe M. Le Chevalier, et il ajoutait :

Nous estimons que les journaux qui, à l'instar du *Petit Parisien*, ont déclaré, sur la foi de la lettre au *Réveil*, que M. Le Nordez a été victime de la rancune d'un préfet, se seraient prononcés avec plus de réserve sur ce cas délicat s'ils avaient connu les documents auxquels nous faisons allusion.

Et, pour ne laisser aucun doute sur la signification de ces lignes, leur auteur, après avoir déclaré que mon *affaire* « arriverait difficilement à *passionner* l'opinion publique », disait : « Notre intention est d'en rester là... et nous déclarons maintenir tout ce que nous avons avancé précédemment. »

Je pris le conseil d'hommes sages, et ils furent d'avis que les lettres précédemment insérées par l'*Avenir* étaient, aux yeux des gens sérieux et sans parti pris, une réponse suffisante à ces nouvelles attaques.

CONCLUSION

Les choses en étaient là lorsque, dans la séance du 16 novembre dernier, à la Chambre des députés, au cours de la vérification des pouvoirs de M. le comte de Mun, le colloque que l'on sait s'éleva entre M. Allain-Targé et M. de La Rochefoucauld. Le premier affirma que le rédacteur de l'*Union de la Sarthe*, au mois de novembre 1870, avait révélé dans ce journal le secret du camp de Conlie aux Prussiens. Le second répondit que ce rédacteur avait publié une correspondançe qui émanait du cabinet de M. Thiers.

Qui, de M. de La Rochefoucauld ou de M. Allain-Targé, avait dit vrai?

C'est à cette question que j'ai voulu répondre par ce *Mémoire* et je crois être en droit de penser que, parmi les lecteurs de bonne foi qui auront bien voulu en parcourir attentivement les divers chapitres, il n'en est pas un dans l'esprit duquel il puisse à ce sujet rester l'ombre d'un doute.

Il est, en effet, établi d'une façon irrévocable, et avec l'appui de documents d'une incontestable authenticité, que :

M. Le Chevalier, préfet de la Sarthe sous le gouvernement du 4 septembre, et M. Allain-Targé, commissaire de la défense dans l'Ouest en 1870, ont, en me faisant arrêter, obéi à la pas-

sion politique, à des haines de parti, à des préoccupations étrangères à la défense nationale;

M. Allain-Targé et M. Le Chevalier, en me traduisant devant une cour martiale, ont commis une flagrante illégalité, puisque, d'après une circulaire de M. Gambetta lui-même, la juridiction des cours martiales ne s'étendait qu'à l'armée active;

M. Allain-Targé et M. Le Chevalier, en me renvoyant devant un conseil de guerre, après cinq jours de détention, — et alors que le rapporteur de la cour martiale avait, dans ses conclusions, déclaré que je n'étais point l'auteur des articles incriminés et que je n'en pouvais être responsable, — se sont rendus coupables d'un acte d'odieux arbitraire;

M. Allain-Targé, en m'accusant, du haut de la tribune de la Chambre des députés, d'avoir RÉVÉLÉ *les secrets de la défense aux Prussiens, m'a sciemment calomnié, sciemment diffamé, puisque, par une lettre rendue publique, il avait lui-même, en octobre 1873, déclaré que je n'étais pas responsable des articles incriminés et que l'instruction faite avait démontré que mes intentions ne pouvaient être suspectées;*

M. Allain-Targé, après m'avoir diffamé, s'est mis à l'abri de son immunité parlementaire pour se soustraire à mes revendications, trouvant digne et loyal de s'accommoder du rôle de diffamateur inviolable.

Et maintenant que l'on connaît l'attitude prise en toute cette affaire par M. Allain-Targé, je le demande aux honnêtes gens de tous les partis : sa conduite est-elle loyale? est-elle courageuse? est-elle honorable?

APPENDICE

Il est certains documents qui, bien que se rapportant à mon arrestation, ne m'ont point paru devoir prendre place dans le corps même de ce **Mémoire**. *Toutefois, comme ils constituent des preuves irrécusables à l'appui de mes affirmations, il me paraît utile de les publier comme annexes et sous la classification suivante :*

I. — **Pièces** relatives à mon passé dans la Presse;

II. — **Pièces** établissant mon irresponsabilité dans la publication des correspondances de M. L. Lavedan;

III. — **Documents** établissant la vérité et l'innocuité des renseignements donnés sur le Camp de Conlie dans *l'Union de la Sarthe* du 24 novembre 1870;

IV. — **Documents** relatifs à l'action en diffamation exercée par moi contre le journal *l'Avenir* du Mans.

I

Pièces relatives à mon passé dans la Presse

Lettre de M. le duc de Broglie.

MONSIEUR,

Vous m'informez qu'un procès en diffamation a été intenté par vous contre un journal du Mans qui s'est fait l'écho des calomnies absurdes dont vous avez failli être victime en 1870.

J'apprends cette nouvelle avec tous les sentiments que m'inspirent les anciennes et excellentes relations que nous avons eues ensemble, pendant votre séjour dans le département de l'Eure, où vous rédigiez avec talent un journal dévoué aux idées constitutionnelles modérées.

M. le vicomte de Meaux, qui vous a connu à une époque antérieure dans le département de la Loire, se joint à moi pour souhaiter un heureux succès à l'œuvre de réparation que vous poursuivez.

Veuillez recevoir, Monsieur, l'assurance de mes sentiments les plus distingués.

BROGLIE.

Paris, 17 Décembre 1878.

Lettre de M. F. Beslay.

JOURNAL
LE FRANÇAIS
RÉDACTION
20, Rue Bergère, 20

Paris, le 18 Décembre 1878.

MON CHER CONFRÈRE,

Vous me demandez de vous dire quel souvenir j'ai gardé de votre collaboration : il est excellent. Vous nous avez donné le plus utile concours, et je vous ai suivi avec sympathie dans les situations honorables que votre talent vous a procurées depuis qu'à mon grand regret vous nous avez quittés.

Agréez l'assurance de mes meilleurs sentiments.

François BESLAY,
Rédacteur en chef du *Français*.

Lettre de M. Paul Dalloz.

MONITEUR UNIVERSEL
13, Quai Voltaire

DIRECTION

Paris, le 17 Décembre 1878.

Mon cher Collaborateur,

Vous avez parfaitement raison de ne pas vouloir rester sous le coup de l'accusation portée contre vous à la tribune de la Chambre des députés.

Vous avez été successivement employé et rédacteur du *Moniteur universel*, et j'ai toujours été à même de constater en vous la plus parfaite loyauté. Je savais, d'ailleurs, que la justice militaire vous avait antérieurement disculpé de ces imputations calomnieuses. Votre patriotisme est sorti à son honneur de cette épreuve, et il s'est affirmé, je puis le dire, dans tous les rapports de collaboration que vous avez eus avec moi. Vous avez toujours occupé dignement votre place dans une rédaction qui ne compte dans son sein que des hommes qui font passer l'idée de patrie avant tout, et je me plais, dans cette circonstance, à vous rendre le témoignage qui vous est dû, persuadé que l'accusation qui vient d'être si légèrement portée contre votre honneur sera pour lui une nouvelle occasion, je le répète, de s'affirmer dans toute sa force et dans tout son éclat.

Recevez, mon cher collaborateur, toute l'assurance de mon estime et de mes sympathies.

Le Directeur du *Moniteur Universel*,
Paul DALLOZ.

Lettre de M. le Marquis de Talhouët.

LE LUDE
(SARTHE)

14 Décembre 1878.

CHER MONSIEUR,

J'ai suivi avec beaucoup d'intérêt dans les journaux les suites de l'incident soulevé à la Chambre des députés par M. Allain-Targé.

Je vois que vous allez aujourd'hui traduire devant les magistrats ceux qui se sont faits l'écho des accusations portées à la tribune par un député que l'inviolabilité parlementaire vous a empêché de poursuivre.

Je ne doute pas que justice vous soit rendue, et quand je me rappelle votre conduite si honorable et si patriotique, pendant la guerre, à l'*Union de la Sarthe*, j'ai peine à croire qu'on puisse venir aujourd'hui porter contre vous des accusations aussi odieuses que peu fondées.

Je sais que, le jour même où elles se sont produites, vous avez eu l'honneur d'être défendu par un homme dont nul ne suspecte la haute honorabilité et l'entière bonne foi, l'honorable duc de La Rochefoucauld-Bisaccia.

Je tiens à ajouter mon témoignage au sien, trop heureux s'il peut vous consoler de toutes les accusations dont vous venez d'être si injustement l'objet.

Recevez ici, cher Monsieur, avec l'expression de mes meilleurs et plus affectueux souvenirs, l'assurance de mes sentiments de considération les plus distingués.

Marquis DE TALHOUET,
Sénateur.

II

Pièces établissant mon irresponsabilité dans la publication des correspondances de M. Léon Lavedan

Déclaration de M. Lavedan.

M. Léon Lavedan a cru ne pas devoir intervenir dans les polémiques successives auxquelles, depuis 1870, ont donné naissance les correspondances qu'il adressait à l'*Union de la Sarthe*, au mois de novembre de cette même année.

Ainsi que je l'ai dit, il ne fut pas interrogé au cours de l'instruction faite par ordre du conseil de guerre, bien qu'il fût alors désigné comme l'auteur moralement responsable des articles qui avaient servi de prétexte à mon incarcération.

On a vu que son nom avait été, à plusieurs reprises, cité dans les lettres publiées, en 1873, dans la *République française*, par MM. Allain-Targé et Potel. Ces lettres n'avaient point fait sortir M. Léon Lavedan de son extrême réserve.

Lorsque, au lendemain de la séance du 16 novembre dernier à la chambre des députés, il me parut nécessaire de mettre un terme aux diffamations tour à tour colportées, rétractées et reprises contre moi, je crus pouvoir et devoir mettre M. Lavedan à même de préciser et de revendiquer la part de responsabilité qui lui revenait dans la rédaction et la publication de la correspondance en question.

La lettre que j'ai reçue de lui renferme trois choses : une déclaration précise ; une erreur qu'il est de mon devoir de relever et une réfutation des conséquences que M. Allain-Targé, M. Le Chevalier et M. Gambetta ont voulu attribuer aux faits et aux appréciations contenues dans la lettre adressée de Tours à l'*Union de la Sarthe*, le 24 novembre 1870.

On trouvera plus loin, dans son entier, la lettre de M. Lavedan ; je n'en retranscris ici que ce qui touche à mon irresponsabilité dans la publication de ladite correspondance :

CHER MONSIEUR,

Vous me demandez de déclarer que je suis l'auteur de la correspondance adressée de Tours le 24 novembre 1870, au soir, qui a été accusée d'avoir provoqué, par ses prétendues révélations sur l'état du camp de Conlie, le mouvement des Prussiens vers l'Ouest.

Je ne vois aucun inconvénient à cette déclaration, bien qu'en envoyant alors, sur votre demande personnelle, au journal que vous dirigiez des informations rapides et non signées dont vous deviez faire usage à votre convenance, je n'eusse jamais entendu en porter la responsabilité . . . .

M. Lavedan reconnaît qu'il est l'auteur de la correspondance ; c'est là la déclaration précise que je lui demandais.

Quant à l'erreur dans laquelle il tombe touchant ma situation à l'*Union de la Sarthe*, et la responsabilité qui pouvait m'incomber dans la publication de ses correspondances, les deux lettres suivantes suffiront pour la réfuter.

*Lettre de M. Singher, directeur politique de l'*UNION DE LA SARTHE.

Le Mans, le 2 Janvier 1878.

*Monsieur Le Nordez, ancien rédacteur de l'*UNION DE LA SARTHE,

MONSIEUR,

Pour répondre à votre demande, j'atteste, comme directeur politique de l'*Union de la Sarthe*, qu'en 1870 et 1871, vous avez été rédacteur de ce journal, sous le contrôle du comité des actionnaires, et non pas directeur. J'atteste, en outre, qu'à cette même époque, M. Lavedan était à Tours le correspondant du journal, et c'est M. Petit Georges, alors directeur-gérant de l'*Union*, qui traita avec M. Lavedan des conditions de sa collaboration ; c'est également M. Petit qui, si j'ai bonne mémoire, signait les correspondances de M. Lavedan : « Pour copie conforme. »

Veuillez agréer, Monsieur, l'assurance de ma considération distinguée.

J. SINGHER.

*Lettre de M. G. Petit, ancien directeur-gérant de l'*UNION DE LA SARTHE.

Paris, le 2 Janvier 1879.

MON CHER MONSIEUR,

La lettre de M. Lavedan, que vous me communiquez, contient, en effet, ainsi que vous me le faites observer, une erreur évidente touchant les conditions dans lesquelles il a été, en 1870, le correspondant à Tours de l'*Union de la Sarthe*. Je m'explique d'autant moins l'erreur de M. Lavedan qu'il s'est toujours adressé à moi, même après votre départ et alors qu'il était préfet de la Vienne, pour le règlement de ses appointements de correspondant.

Pour rétablir la vérité sur la situation et la responsabilité de chacun, j'atteste, comme ancien directeur-gérant de l'*Union de la Sarthe* :

1° Que la Société du journal, étant anonyme, était représentée par un conseil d'administration composé de huit membres, lesquels, en vertu d'une décision remontant à la fondation de la société, avaient délégué M. Singher père pour exercer, comme directeur politique, un contrôle permanent sur la rédaction, et m'avaient nommé « directeur-gérant » chargé de l'administration.

2° Que M. Singher père avait mandat de choisir les rédacteurs et d'exercer sur leur collaboration une surveillance entière.

3° Que c'est moi qui ai traité avec M. Léon Lavedan, d'après les instructions et les ordres de mon comité.

D'après ceci, il est évident que, signant le journal « pour tous les articles non signés »; que, signant même les correspondances de M. Lavedan « pour copie conforme », j'étais *légalement* responsable de l'insertion de ces correspondances ; mais il est de toute évidence aussi que je ne pouvais contrôler ni l'exactitude des faits avancés, ni même l'opportunité des appréciations de M. Lavedan. Cela, tout au plus, eût pu être fait par le directeur politique. La responsabilité morale appartient donc tout entière à M. Lavedan qui, par sa lettre, se reconnaît l'auteur de ces correspondances et en défend, du reste, en termes excellents, le contenu.

Il est donc hors de discussion que, à l'*Union de la Sarthe*, vous n'étiez pas *directeur*, mais *rédacteur* ; que, si vous avez recommandé au comité M. Lavedan, c'est ce comité qui l'a choisi et pas vous; qu'enfin c'est moi qui ai traité avec lui et qui ai toujours réglé son compte.

Je saisis cette occasion pour rectifier un point des incidents relatifs à votre arrestation. Le jour même où vous étiez arrêté, on s'est bien présenté chez moi pour me demander des renseignements, mais *aucun mandat d'amener n'avait été décerné contre moi, et j'ajoute que je n'ai été ni inquiété, ni interrogé au cours de l'instruction faite à votre sujet.*

Croyez, cher Monsieur, à mes meilleurs sentiments.

G. PETIT.

Je n'ai rien à ajouter aux lettres si précises et si concluantes qu'on vient de lire ; elles établissent d'une façon irrécusable mon irresponsabilité.

M. Lavedan, qui connaît les sentiments d'estime et de bonne confraternité qu'il a su depuis longtemps m'inspirer, me permettra de ne pas partager son opinion sur le rôle d'un correspondant de journal. Alors même que ses lettres, comme celles qu'il adressait à l'*Union*, sont « *non signées* » ; il est incontestable que leur auteur est, tout au moins vis-à-vis de la direction du journal qui les reçoit, responsable de leur contenu. Précisément parce qu'il s'agit « d'informations rapides » sur des faits encore ignorés du public, l'éditeur légalement responsable d'une correspondance est dans l'impossibilité absolue d'en vérifier par lui-même le plus ou le moins d'authenticité et d'exactitude. La valeur de ces sortes de lettres est tout entière, d'ailleurs, dans les garanties qu'offre le correspondant. Si, en 1870, le comité de l'*Union de la Sarthe* a choisi M. Lavedan pour correspondant de ce journal à Tours, c'est, à la vérité, parce qu'en un moment aussi grave, il offrait les plus entières garanties de véracité et de prudence ; c'est parce que ses relations étroites et suivies avec M. Thiers étaient connues et que la situation prépondérante qu'il occupait dans la presse donnait une grande autorité à ses appréciations sur les événements et sur les hommes. Cette responsabilité, du reste, n'a causé aucun ennui à M. Lavedan, et, aujourd'hui plus que jamais, il pouvait l'accepter, selon son expression, sans « nul inconvénient ».

III

Documents établissant la vérité et l'innocuité des renseignements donnés sur le Camp de Conlie, dans l'UNION DE LA SARTHE du 24 Novembre 1870.

La vérité sur le camp de Conlie.

L'histoire du camp de Conlie tient une place trop importante dans cette démonstration, que je tiens à faire complète, pour que je n'y consacre pas spécialement quelques pages.

Ici je ne saurais mieux faire que de résumer le remarquable rapport dressé, au nom de la Commission d'enquête, sur les actes du Gouvernement de la Défense, par l'honorable M. A. de la Borderie, membre de l'Assemblée nationale.

L'histoire du camp de Conlie est celle de l'armée de Bretagne ou, pour parler plus exactement, celle des contingents mobilisés fournis par les départements bretons : Côtes-du-Nord, Finistère, Ille-et-Vilaine, Loire-Inférieure et Morbihan.

D'après le rapport officiel sur l'organisation des gardes nationales mobilisées, le contingent mobilisable de ces cinq départements arrivait, à peu de chose près, au chiffre de 80,000 hommes (79,305).

Un effort considérable a été, dès le mois d'octobre, fait par la Bretagne pour mettre immédiatement ce contingent en état de prendre une part active à la défense nationale, et tandis que, dans le reste de la France, les mobilisés n'ont été presque partout remis à la guerre que dans le courant de janvier 1871, dès la fin du mois de novembre précédent, la Bretagne avait levé plus de 40,000 hommes, et, dès le 9 décembre, plus de 50,000.

Comment cet effort s'est-il produit? Pourquoi a-t-il avorté?

C'est ce que nous avons à rechercher.

L'histoire de l'armée de Bretagne se partage en deux périodes, qu'il importe de distinguer nettement dès l'abord : la première, du 22 octobre au 27 novembre 1870, est remplie tout entière par le commandement de M. de Kératry; la seconde, du 28 novembre à la fin de la guerre, est pour la majeure partie occupée par le commandement de M. de Marivault. (Du 10 décembre 1870 au 22 janvier 1871.)

Je vais, aussi rapidement que possible, résumer les deux parties de ce rapport, en appelant, toutefois, l'attention spéciale de mes lecteurs sur la première, qui a plus directement trait aux faits relatifs à mon arrestation.

Du 23 Octobre au 27 Novembre 1870

Le Plan. — Après avoir rappelé que la conception de l'armée de Bretagne et du camp de Conlie appartient tout entière à M. de Kératry, le rapport précise ainsi le plan de celui-ci :

L'armée de ravitaillement devait partir du Mans, en s'appuyant d'un côté sur les forces rassemblées en Normandie, de l'autre sur l'aile gauche de l'armée de la Loire. Elle devait se composer des contingents mobilisés de la Bretagne et du Maine, et des gardes mobiles restant encore à ce moment dans les sept départements de cette circonscription. Pour consolider cette jeune armée, qu'il estimait à 40,000 hommes, M. de Kératry demandait quelques milliers de soldats de l'infanterie régulière; pour l'éclairer, deux escadrons de cavalerie; et enfin une artillerie de campagne calculée à trois pièces pour mille hommes environ, soit vingt batteries, dont seize de 12 rayées, et quatre de 4 rayées, avec faculté de requérir au besoin, pour le service de cette artillerie, les marins de Bretagne, et aussi d'accepter, pour son armée, le service des officiers de l'armée régulière (de terre ou de mer) laissés sans emploi, qui demanderaient à le suivre.

Le Décret. — Le ministre de la guerre, M. Gambetta, admit ce plan et, le 22 octobre, rendit un décret dont voici le texte :

« Le Gouvernement de la Défense nationale décrète :

« Article premier. — M. de Kératry est chargé du commandement en chef des gardes mobiles actuelles, des gardes nationaux mobilisés et corps francs des départements de l'Ouest, Finistère, Morbihan, Côtes-du-Nord, Ille-et-Vilaine, Loire-Inférieure, avec faculté d'opérer et de se fixer au chef-lieu d'un département située en dehors de la région ci-dessus désignée : Laval ou Le Mans.

« Art. 2. — *M. de Kératry, investi de tous pouvoirs pour organiser, équiper, nourrir et diriger ces forces, qui prendront le nom de Forces de Bretagne, ne relèvera que du Ministre de la Guerre.*

« Art. 3. — M. de Kératry prendra immédiatement son commandement en qualité de général de division, brevet de l'armée auxiliaire, et pendant la durée de la guerre.

« Art. 4. — M. Carré-Kérisouët, ancien député, est nommé commissaire général des Forces de Bretagne, avec rang de général de brigade.

« Art. 5. — Un crédit de huit millions, spécialement affecté à l'armée de Bretagne, est ouvert au commandant en chef.

« L'armée de l'Ouest jouira, en outre, de la solde et des vivres de campagne réglementaires, à partir du jour où chaque corps ou fraction de corps aura été mis en mouvement.

« Léon Gambetta. »

Dans l'entrevue où fut arrêté le texte de ce décret, un point fort important fut traité et arrêté, celui de l'armement :

M. de Kératry savait (comme tous ceux d'ailleurs qui connaissent les populations de l'Ouest) que *donner aux mobilisés bretons un armement inférieur à celui de l'armée régulière, c'était les énerver d'avance en leur ôtant confiance et courage.* Il demanda formellement pour eux des armes à tir rapide, et *obtint du Ministre à cet égard les promesses les plus satisfaisantes,* dont il prit acte dès le lendemain (23 octobre) dans sa proclamation adressée aux mobilisés des cinq départements. Il leur dit, en les appelant à former l'armée de Bretagne :

« D'ici dix jours vous serez concentrés aux portes de la Bretagne pour faire face à l'ennemi ; vous recevrez exactement tout ce qui est nécessaire au soldat : fusils à tir rapide, canons à longue portée, mitrailleuses perfectionnées seront confiés à votre courage. »

L'Emplacement. — Il fallut avant tout choisir le point de concentration de l'armée de Bretagne.

L'intention première du général de Kératry avait été de le fixer en avant du Mans; mais *l'un des Directeurs du Ministère de la Guerre, M. de Loverdo, lui ayant dit que « le Ministre ne comptait pas défendre le Mans parce qu'il n'était pas défendable,* » il vit un sérieux péril « *à s'acculer à une ville que quatre uhlans pouvaient prendre sans résistance,* » et il chercha une position en arrière.

Celle qu'il choisit fut le mamelon de la Jaunelière, à six lieues et demie dans l'ouest du Mans, sur la grande route de cette ville à Mayenne et sur le chemin de fer de Paris à Brest, à 1,500 mètres environ du bourg et de la gare de Conlie. — Cette butte, couronnée par un plateau qui s'allonge du nord-est au sud-ouest, domine une vaste plaine circulaire, fermée au loin par une enceinte de collines dont l'élévation est surtout sensible du côté du nord et du côté de l'est.

Pas de politique. — Du 26 octobre au 3 novembre, M. de Kératry visite la Bretagne, en s'efforçant de créer dans toute cette province un vif courant de patriotisme et de confiance, et il y réussit pleinement.

Partout, dans sa tournée, il protesta n'avoir qu'un seul but : défendre la France et sauvegarder la Bretagne, *sans aucune arrière-pensée politique.* A Nantes, où les républicains sont en nombre, il accentua davantage cette attitude. Le 1er novembre, à la réunion de la salle Graslin, convoquée en son honneur par le comité républicain, après un discours très-politique, très-imbu de républicanisme, du président même de ce comité, le chef de l'armée de Bretagne, sans crainte de contraste déclara :

« Je ne suis pas venu ici pour faire de la politique, mais pour adresser un patriotique appel à tous les gens de cœur, afin de préserver l'intégrité du territoire et de sauver l'honneur du pays... *N'énervons pas la défense nationale par des discussions, des conflits, des hostilités. Abdiquons tout esprit de parti pour être tout entiers à une seule tâche, la résistance contre l'invasion...* Nous allons combattre : si nous triomphons, vous nous direz bravo ! si nous succombons, vous nous vengerez. »

Ainsi parla-t-il, non-seulement devant les républicains doctrinaires de la salle Graslin, mais devant les avancés du club de la Renaissance, et à la revue de la garde nationale.

Tout le monde, sauf les démagogues, se sentit entraîné par ce langage.

L'Armement. — Le 6 novembre, cinq jours après son passage à Nantes, le chef de l'armée de Bretagne campait à Conlie avec plus de 6,000 hommes; le 15, il y en avait déjà plus de 13,000 (13,573), et le 23, plus de 25,500.

L'habillement et l'équipement de ces hommes reçus par eux, en partie dans leurs départements (sous le contrôle des préfets et des commissions départementales), en partie au camp, laissait sans doute beaucoup à désirer; mais, eu égard à la précipitation nécessitée par les circonstances, au but que l'on poursuivait de se mettre le plus tôt possible en campagne, il pouvait être, provisoirement du moins, réputé suffisant.

Pour l'armement, c'était autre chose; et ici le rapport de M. de la Borderie mérite une attention toute spéciale.

Trois bataillons de la Loire-Inférieure et un bataillon de Brest (faisant ensemble un peu plus de 2,000 hommes) étaient venus au camp avec des fusils Snider fournis par les villes de Brest et de Nantes. Quant aux autres, — comme on comptait sur les armes à tir rapide promises par le Gouvernement et formellement annoncées dans la proclamation de M. de Kératry, — ils arrivèrent, ou complétement désarmés, ou armés de médiocres fusils à percussion de dix modèles et calibres différents, la plupart en très-mauvais état et d'un usage impossible, cédés par les compagnies de pompiers ou les gardes nationales sédentaires, et dont les préfets, en outre, réclamaient très-instamment le retour, aussitôt faite la distribution des fusils perfectionnés.

L'armement, ou peut le dire, était donc nul. Aussi est-ce à l'armement que le chef de l'armée de Bretagne dut consacrer ses premiers et plus constants efforts.

En parcourant l'Ouest, M. de Kératry avait noté au passage les ressources que pouvaient offrir pour l'armement de ses troupes et de son camp les arsenaux soit de la guerre, soit de la marine. Ainsi, le 28 octobre, dans la matinée, il télégraphiait de Brest au ministre de la guerre pour obtenir, par son entremise, du ministre de la marine, l'autorisation de faire remettre par le préfet maritime (avec qui il s'en était entendu) « vingt pièces de 16 rayées, de siége, avec affûts de siége et projectiles, deux pièces de 12 rayées, de campagne, avec affûts et caissons, cinquante canonniers brevetés, le tout disponible. » Et il ajoutait plus spécialement à l'adresse du ministre de la guerre : « *Je n'ai pas de fusils;* ici l'arsenal de la guerre a de disponible 3,200 chassepots. Je vous conjure de me les donner, cela remontera le moral des troupes, qui disent n'avoir aucune confiance dans les fusils ordinaires. Il y a un intérêt sérieux à donner cette preuve de sollicitude. »

Trois jours après, cette demande pressante était encore sans réponse; mais, sur de nouvelles instances, M. de Kératry, au cours de sa visite à Lorient, recevait le télégramme ci-dessous :

Tours, 31 Octobre, 10 heures 45 matin.

« *Intérieur et guerre à général Kératry, Lorient.*

« Que demandez-vous d'une manière précise? Je vous réponds sur-le-champ. Mais *n'exagérez pas vos demandes.* »

Sur le vu de ce télégramme, d'où l'on pouvait induire que le ministre n'avait pas encore pris connaissance de la dépêche expédiée de Brest le 28, M. de Kératry répéta les demandes très-précises déjà formulées par lui.

Le soir même (31 octobre), première réponse :

« *Intérieur à Kératry.*

« Vu l'extrême gravité des circonstances, je vous autorise à vous emparer, après communications préalables avec les autorités maritimes, *de tout ce qui est nécessaire pour vos opérations.* Mais je vous recommande de ne pas contrarier les miennes. »

Le lendemain, 1er novembre, seconde réponse plus explicite encore, reçue à Nantes :

« *Guerre à général Kératry. — Urgent.*

« Je vous confirme ma dépêche précédente vous annonçant que je suis résolu à seconder par tous les moyens en mon pouvoir la mission dont vous êtes chargé. Ordre formel a été donné à Roussin, du ministère de la marine, de lever tous les obstacles que vous pourriez rencontrer de la part des préfets maritimes pour l'armement de votre corps d'armée. Je n'ai fait de réserves, dans mes rapports avec vous, qu'en ce qui touche les opérations militaires générales ; je vous renouvelle à cet égard l'invitation de les seconder aussi activement que possible. Agissez avec la dernière énergie. *Communiquez la présente dépêche à toute personne tentée de vous opposer résistance.* »

Fort d'un appui aussi explicite, M. de Kératry s'empressa de transmettre ces dépêches aux préfets maritimes et aussi au directeur d'artillerie de Brest, à qui il télégraphia dès le 1er novembre :

« En raison de cette dépêche, je vous prie de délivrer immédiatement au sous-préfet (de Brest) les 3,200 chassepots et cartouches correspondantes que vous m'avez déclarés disponibles, et je vous fais responsable de la prompte exécution de cette mesure, le ministre de la guerre m'ayant donné pouvoir en connaissance de cause. »

Deux jours après, réponse du directeur d'artillerie :

« Mon général, ayant l'ordre de ne délivrer de chassepots que sur une décision du ministre de la guerre, j'ai dû l'aviser, et je vous communique sa réponse (ainsi conçue) : — « *Je vous autorise à délivrer, sur demande du général Kératry, des fusils ou carabines à percussion. Ne laissez prendre, sous aucun prétexte, les fusils et cartouches Chassepot.* » — Et le directeur concluait : « J'ai le regret d'ajouter, mon général, qu'*il n'y a plus ici de fusils ni de carabines à percussion.* »

Cependant, les chassepots disponibles de la guerre avaient été compris, le 22 octobre, dans les armes à tir rapide promises à l'armée de Bretagne, et la dépêche du ministre, du 1er novembre, répondant à la demande de ceux de Brest, ne contenait, on l'a vu, aucune réserve

Ainsi éconduit, M. de Kératry s'adresse à la Commission d'armement chargée par décret de toutes les mesures relatives à l'armement des gardes nationales mobilisées.

A ce moment, on attendait d'un instant à l'autre le paquebot le *Saint-Laurent,* qui arriva effectivement à Brest dans la matinée du 31 octobre avec 38,800 armes à tir rapide, 24,300 fusils rayés à percussion, 2,000 revolvers, 5 mitrailleuses et près de 8 millions de cartouches.

M. de Kératry, avisé par le sous-préfet de Brest, avait, dès le 1er novembre, réclamé énergiquement pour ses mobilisés les armes du *Saint-Laurent.* M. Le Cesne, quatre jours après (5 novembre), lui promit « environ 35,000 spencers, quelque mille remingtons et 3 mitrailleuses Gatling. » Mais une lettre du même et du même jour lui parlait de « spencers avec baïonnettes » ou fusils Spencer, de sniders sans baïonnettes, sans la moindre mention de remingtons ; » et une autre lettre du surlendemain (7 novembre) portait : « On vient de commander en Angleterre 25,000 baïonnettes pour vos carabines Spencer. » Ainsi, on promet d'abord des fusils Remington et des fusils Spencer, puis en place des remingtons, des sniders sans baïonnettes; et enfin, par une dernière métamorphose, les fusils Spencer à baïonnettes se changent en carabines sans baïonnettes ou à baïonnettes problématiques, commandées la veille en Angleterre, et que l'armée de Bretagne ne vit jamais.

En face de ces promesses confuses, contradictoires, M. de Kératry ayant insisté pour obtenir une réponse précise et positive, reçut du président de la commission d'armement une lettre en date du 7 novembre, indiquant avec beaucoup de précision, par quantités, espèces et provenances, les armes dont la commission « pouvait disposer » pour l'armée de Bretagne, savoir 19,000 fusils Spencer à baïonnettes, 27,000 carabines Spencer sans baïonnettes, en tout 46,000 armes à tir rapide. Mais, chose étrange, dans cette masse considérable, les armes de *Saint-Laurent* ne figurent plus que pour un chiffre insignifiant (2,275 carabines Spencer); ce qu'on promet maintenant aux Bretons, ce sont les armes *du Pereire*, dont la grosse part,— 8,000 fusils et 20,000 cartouches Spencer, — lui est positivement réservée.

Quant aux 11,000 autres fusils Spencer, ils sont en mer, assure-t-on, sur le steamer *Avon*, parti de New-York depuis sept jours seulement; il les faut donc attendre un peu; ceux du *Pereire*, en revanche, on les tient, car ce navire doit arriver dans deux jours.

Un fait curieux, c'est que, tandis qu'on assignait ainsi l'armement des mobilisés bretons sur des cargaisons encore en mer, il y avait à Brest plus de 15,000 armes à tir rapide (carabines Joslyn, Remington, Spencer) venues d'Amérique pour le compte de la commission d'armement, et, à cette date, parfaitement disponibles. M. de Kératry le savait, les demanda, et ne les obtint point.

Qu'importe ? car le *Pereire* arrivait (9 novembre) portant, disait-on, 28,000 armes formellement promises deux jours avant à l'armée de Bretagne.

Le *Pereire* était attendu à Brest; c'est au Havre qu'il aborda, on ne sait pourquoi; entré dans ce dernier port le 9 novembre, le déchargement ne fut ordonné que le 13. M. de Kératry demande aussitôt qu'on lui livre les armes qui lui ont été promises. Alors il reçoit une lettre et une dépêche qui proposaient ou plutôt imposaient un nouveau plan d'armement, le quatrième depuis huit jours.

Au lieu de 46,000 armes à tir rapide (19,000 fusils et 27,000 carabines Spencer), on lui promettait maintenant 10,000 carabines, 28 à 30,000 fusils, dont 20,000 spencers, le reste de divers modèles (Berdam, Remington espagnol, etc.), dont 8,000 environ se trouvaient encore en Amérique ; mais on télégraphiait en toute hâte pour les faire venir.

Sans se lasser, le chef de l'armée de Bretagne répond : « J'accepte les 20,000 fusils Spencer. » Mais en vain on promettait et en vain il acceptait, rien ne venait.

Ainsi « comblé d'espérances, mais d'espérances seulement, » et « on ne peut plus désireux d'y substituer des réalités, » M. de Kératry crut devoir envoyer à Tours, au siége du Gouvernement, le lieutenant-colonel Quéneau, son premier aide de camp, pour presser la solution de cette difficile affaire de l'armement et de plusieurs autres dont nous n'avons pas à nous occuper ici. Cet envoyé devait agir de concert avec le commissaire général, M. Carré-Kérisouët, aussi à Tours en ce moment pour des qnestions d'administration.

Le 16 novembre, vers une beure, M. Carré-Kérisouët et M. Quéneau se présentèrent chez M. le ministre de la guerre, qui d'abord les accueillit très-froidement; mais les deux Bretons ayant, parmi leurs griefs, lancé une attaque contre le ministre de la marine, cela rompit la glace : « Je profite du moment, écrit le colonel Quéneau, je saisis mes pièces, et en cinq minutes tout est signé. » Quant à l'armement, M. Gambetta leur dit qu'il mettait tout ce qui serait disponible, en dehors du service de la guerre, à la disposition de l'armée de Bretagne.

Le lendemain 17, M. Quéneau ayant dû quitter Tours, M. Carré-Kérisouët vint seul présenter à la commission d'armement les demandes de l'armée de Bretagne.

Fort de promesses multiformes mais très-répétées, très-explicites, faites depuis un mois par le président de cette commission; fort de l'assurance récente donnée par le ministre, le commissaire général pensait arriver promptement à une solution satisfaisante. Il vit surgir contre lui une résistance des plus vives, et l'un des membres de la commission combattit le principe même de sa demande, en contestant formellement le droit des mobilisés bretons à un armement perfectionné.

Informé de cet incident, M. de Kératry éclata : dans deux dépêches adressées, le 18 et le 19 novembre, l'une au ministre de la guerre, l'autre à M. Kérisouët, il dit :

« Je refuse net de marcher, et l'on verra le camp se dissoudre s'il n'est pas donné d'armes perfectionnées. Je ne veux nullement conduire mes hommes à un désastre certain...

« Les deux tiers de mes hommes sont non armés... La Bretagne est indignée de ce qui se passe. On m'a bercé de promesses illusoires, et M. Gambetta est trompé. Annoncez au comité d'armement pour demain une lettre officielle dans tous les journaux. »

Cette protestation sembla d'abord faire quelque effet : le 19 novembre, le ministre de la guerre demande expressément, pour l'armée de Bretagne, 30,000 fusils perfectionnés à la commission d'armement, et télégraphie à M. de Kératry le lendemain 20, à midi et demi :

« En outre des 2,500 remingtons espagnols et des 10,700 carabines Spencer déjà expédiées, il vous est réservé 17,000 fusils Spencer, à provenir des steamers *Avon* et *Ontario*. On fera mieux plus tard.

« LÉON GAMBETTA. »

Notez que les 17,000 armes promises ici à l'armée de Bretagne ne sont plus, comme précédemment, assignées sur le chargement du *Pereire*, débarqué depuis huit jours, ce qui eût forcé le Ministre à s'exécuter immédiatement. On les assigne sur deux bâtiments encore en mer, dont le terme d'arrivée est incertain, ce qui fait rentrer cet engagement dans la classe des promesses mobiles, toujours fuyantes, dont on avait jusqu'alors payé l'armée de Bretagne. Et de fait, cette armée n'eut jamais une arme provenant de ces bâtiments.

En réponse à la dépêche ci-dessus de M. Gambetta, M. de Kératry télégraphie :

« Conlie, 20 Novembre 1870.

« *Kératry à Kérisouët, Tours. — Urgence.* »

« Le 25 novembre, il y aura au camp 35,000 hommes ; il y en a 25,000 présents. J'ai 9,184 fusils à percussion antique, tous mauvais. Comité d'armement m'a envoyé 5,000 spencers (carabines) et 2,000 remingtons. Je n'ai rien autre chose. C'est avec cela que l'on veut faire la guerre ! Ce serait risible si ce n'était lugubre, quand on arme de fusils perfectionnés tous les aventuriers qui se présentent à Tours au cri de : vive la République ! »

Cette dépêche ne valut pas à l'armée de Bretagne une arme de plus.

La Division de marche. — On en était là le 21 novembre : les mobilisés bretons attendaient un armement toujours promis, toujours remis d'un paquebot à l'autre, et jamais réalisé, quand tout à coup se produisit, dans les destinées de l'armée de Bretagne, une péripétie brusque et imprévue.

Le 21 novembre au soir, M. de Kératry reçut du Ministre de la Guerre cette dépêche :

Tours, 21 Novembre, 8 heures 35 soir.

« *Intérieur et Guerre à général Kératry, Conlie.*

« Concertez-vous avec Jaurès pour couvrir Alençon avec toutes les forces dont vous devez pouvoir disposer. »

Et le lendemain, coup sur coup, arrivèrent les trois dépêches suivantes :

Tours, 22 Novembre.

« *Guerre à général en chef armée de Bretagne, Conlie.*

« L'ennemi paraît vouloir nous pousser assez vivement dans la direction du Mans. *Je vous conjure d'oublier que vous êtes Breton, pour ne vous souvenir que de votre qualité de Français*, et de vous concerter avec le général Jaurès pour opposer à l'invasion votre naissante, mais vaillante armée ; c'est l'occasion de lui donner le baptême du feu. »

Tours, 22 Novembre, 1 heure 5 soir.

« *Guerre à Kératry, Conlie. — Urgent.*

« Je pars pour le Mans avec renforts. Je vous manderai aussitôt arrivé. Jusque-là, travaillez et préparez-vous à mettre en ligne les plus grandes forces que vous pourrez.

« LÉON GAMBETTA. »

Le Mans, 22 Novembre, 4 heures 25 soir.

« *A général Kératry, Conlie.*

« Je suis au Mans ; venez, je vous prie. Il faut nous concerter pour agir et sauver la ligne du Mans, que des incapables ont compromise.

« LÉON GAMBETTA. »

On sait ce qui s'était passé. Le corps du grand-duc de Mecklembourg, partant de Chartres et de Houdan, s'était depuis le 17 novembre avancé vers l'Ouest, occupant successivement Dreux, Châteauneuf, Digny et la Loupe (le 20), poussant devant lui les troupes peu nombreuses, sans cohésion et sans organisation, mises sous les ordres du général Fiereck. Le 21, ces forces ayant été battues à Bretoncelles et à la Fourche, les Allemands avaient occupé Nogent-le-Rotrou et la ligne de Bellême, la Ferté-Bernard, Authon, prêts à descendre vers Vibraye et Saint-Calais, d'où ils menaçaient également le Mans et Tours.

De là, à Tours, grande émotion : on avait commencé, comme toujours, par accuser d'incapacité le général, — très-vigoureux pourtant, — à qui l'on n'avait donné que de très-insuffisants moyens de résistance; on l'avait destitué et remplacé. On cherchait maintenant à mettre dans la main de son successeur (le capitaine de vaisseau Jaurès) des moyens d'action plus énergiques, qu'on tirait à grand'peine de tous les côtés. Dans cette précipitation un peu effarée, le Gouvernement s'était souvenu de l'armée de Bretagne, et l'appelait à son secours à grands cris.

Quoi qu'en puisse penser et dire le Ministre dans une des dépêches qu'on vient de citer, les Bretons, quand il s'agit de défendre la France, n'ont pas besoin d'oublier le nom de leur province, ils n'ont au contraire qu'à s'en souvenir.

M. de Kératry ayant transmis à ses troupes l'appel du Gouvernement, sans dissimuler la gravité de la situation et en déclarant vouloir n'emmener avec lui que des hommes de bonne volonté, tout le monde s'offrit à partir; il put former aussitôt une première division de marche de 12,000 hommes qui, renforcée de plusieurs détachements de ligne appelés en toute hâte de divers dépôts de Bretagne, monta au chiffre de 15,000 hommes environ.

M. de Kératry, secondé par son commissaire général et par son état-major, redoubla d'efforts pour compléter, dans de bonnes conditions, l'armement de ce corps. Jusqu'au bout il se heurta aux mêmes obstacles.

Le 22 au soir, M. Gambetta presse le départ de la division de marche et ordonne à M. de Kératry de partir le lendemain matin avec cette division *de façon à occuper Saint-Calais le 24.* Or, Saint-Calais est à 48 kilomètres du Mans : faire franchir aux mobilisés cette distance à pied, en vingt-quatre heures, *était impossible.*

L'ordre devenait possible à exécuter, en portant les troupes par le chemin de fer jusqu'à la gare de Connerré, à 28 kilomètres de Saint-Calais.

Avant d'embarquer ses hommes, M. de Kératry avait à leur faire des distributions de vivres, d'armes et de munitions; pour ses 1,400 chassepots il n'avait que 600 cartouches; il lui semblait impossible de mener ses soldats au feu l'arme vide. Pour se donner le temps de résoudre ces difficultés, il commanda pour trois heures seulement de l'après-midi les premiers trains destinés à transporter ses troupes.

Je tiens, ici, à citer textuellement et en entier le passage du rapport relatif aux opérations militaires qui eurent lieu alors dans la Sarthe; tous ces faits se rattachent, en effet, étroitement aux circonstances dans lesquelles je fus arrêté quelques heures plus tard.

Dans l'intervalle, 15,000 hommes de Jaurès s'étant trouvés « en prise » vers la Hutte, au nord du Mans, on dut, pour éviter un désastre, « les mettre en lieu sûr à tout prix » par les voies rapides, et cette opération absorba tous les wagons disponibles. M. Gambetta en prévint, à une heure, M. de Kératry, en le gourmandant de n'avoir pas commencé son mouvement plus tôt, sans songer que si cela avait eu lieu, les wagons du Mans, occupés à transporter les mobilisés bretons, n'auraient pas pu être employés à tirer de « prise » le corps de M. Jaurès. Cette dernière opération ne finit que dans la nuit, et ce fut seulement le 24 novembre, à 2 h. 15 du matin, que M. Gambetta fit télégraphier du Mans au général Kératry :

« La compagnie de l'Ouest est prête à faire transporter vos troupes à l'instant; veuillez, je vous prie, vous tenir prêt et nous faire connaître vos intentions. »

Le général fit aussitôt demander les trains nécessaires ; il fit réveiller les troupes, faire la soupe, compléter les distributions de vivres pour deux jours, et, à six heures du matin, les premiers bataillons arrivaient à la gare de Conlie : l'opération du transport commençait.

Elle fut longue, d'abord parce que le transport de 12 à 15,000 hommes peu expérimentés, divisés en vingt et un trains successifs, demande nécessairement beaucoup de temps ; puis elle fut interrompue à plusieurs reprises par le service ordinaire de la ligne du Mans, qui n'avait pas été suspendu ; l'encombrement de la gare de cette ville était tel, d'ailleurs, qu'il imposait à chaque train de mobilisés un stationnement d'une heure ou plus, en arrière du pont de la Sarthe.

A ces causes de retard, qu'on peut presque appeler normales, d'autres s'ajoutèrent. Malgré l'activité déployée par les chefs de l'armée de Bretagne pour se pourvoir d'armes et de munitions, il y eut pénurie pour plusieurs corps, et les munitions ne purent être distribuées qu'à la gare, au moment de l'embarquement. Le bataillon de Rennes, armé de chassepots, resta deux heures sur le quai, n'attendant que des cartouches pour partir ; ces cartouches, qui eussent dû être à Conlie, on ne savait où les prendre. On finit par les découvrir au Mans ; mais, par suite de cette méprise, les mobilisés d'Ille-et-Vilaine, après une très-longue attente, ne purent quitter le camp que par le dernier train, à dix heures du soir.

Au fur et à mesure de leur arrivée au Mans, les troupes descendant de wagon étaient formées en colonnes dans la cour de la gare, et dirigées à pied sur Ivré-l'Évêque (6 kilomètres de l'autre côté du Mans), où elles plantaient leurs tentes en avant de la rivière d'Huisne, couvertes en arrière par cette rivière et par les hauteurs d'Ivré, en tête par un épais rideau de bois, où des grand'gardes avaient été installées.

Le général s'était rendu au Mans vers deux heures après-midi, pour surveiller cette opération ; il coucha le soir au bivouac d'Ivré, avec ses troupes. Le lendemain 25, la journée fut consacrée à achever l'installation, à reposer les troupes, à tirer à la cible. Prévenu dans la nuit que les Allemands étaient à Saint-Calais et que, le 26, le général Jaurès dirigerait sur cette ville (par Parigné-l'Évêque), sous les ordres du colonel Rousseau, une colonne mobile de 10,000 hommes, « pour attaquer l'ennemi et l'empêcher de poursuivre sa marche sur Tours, « M. de Kératry se dispose aussitôt à soutenir cette opération.

Le lendemain, ayant laissé 2,000 hommes et trois pièces de 12 pour garder les hauteurs d'Ivré et le passage de l'Huisne, il forma, du reste de ses troupes, une colonne de marche divisée en trois sections : celle de droite commandée par le général Trinité, celle de gauche par le général Gougeard, le centre par le général en chef. Partie d'Ivré à onze heures du matin, cette colonne s'avança vers Saint-Calais par la route de Bouloire; à 6 kilomètres de Bouloire, les trois sections firent une halte, puis convergèrent vers cette petite ville, où un escadron de lanciers, formant l'avant-garde, entra à quatre heures du soir. Les Prussiens l'avaient quittée depuis midi. — Aucun ennemi n'étant signalé, aucune nouvelle ne lui venant du corps de M. Jaurès, M. de Kératry fit volte-face, et sa colonne rentra à onze heures du soir au bivouac d'Ivré-l'Évêque.

Dans cette marche, ces jeunes troupes s'étaient montrées pleines d'entrain et de confiance; les marins avaient traîné leurs pièces de 4 et leurs mitrailleuses, sans sourciller, pendant 22 kilomètres aller et retour; aucun désordre sérieux ne s'était produit. — Le 27, on laissa reposer les hommes, et le général en chef revint à Conlie pour préparer une seconde division de marche.

La Démission de M. de Kératry. — Le 23 au matin, on s'en souvient, M. Gambetta télégraphiait à M. de Kératry : « Venez, nous combattrons ensemble, nous arrêterons la marche des

Prussiens. » Ce même jour, il s'impatientait contre le retard de quelques heures (si justifié pourtant), apporté dans le mouvement qui devait mettre en face de l'ennemi le chef de l'armée de Bretagne.

Le 24, à 2 h. 15 du matin, il disait par dépêches à celui-ci : « La compagnie est prête à transporter vos troupes à l'instant, veuillez vous tenir prêt. » Et moins de deux heures après, s'adressant au directeur d'artillerie de Rennes, près duquel était alors M. Kérisouet pour tâcher d'en obtenir une partie des ressources nécessaires à l'armement des mobilisés, — M. Gambetta expédiait le télégramme suivant :

« Le Mans, 24 Novembre 1870, 4 heures 5 matin.

« *Ministre guerre à directeur artillerie*, *Rennes.*

« Je vous donne l'ordre formel de ne rien délivrer, ni en matériel ni en munitions, à M. de Kératry ou à ses lieutenants, sans une autorisation explicite de ma part ou de mon délégué à Tours. Suspendez donc d'urgence toutes les livraisons de cartouches, batteries, mitrailleuses et autre matériel. — Avez-vous expédié 50,000 cartouches à M. de Kératry? Sinon gardez-vous de lui expédier ces cartouches ; envoyez-les au Mans.

« LÉON GAMBETTA. »

Ainsi, d'une main, on poussait les Bretons au combat, de l'autre on leur refusait les moyens de combattre.

Le rapport arrive ainsi à la visite de M. Gambetta au camp de Conlie.

Cependant le ministre de la guerre, une fois au Mans, voulut voir par lui-même cette armée de Bretagne dont il entendait parler si diversement ; car dans son entourage, paraît-il, on ne se gênait pas pour décrier cette armée, pour dire qu'on n'en tirerait pas seulement 5,000 hommes à mettre en ligne.

M. Gambetta se rendit à Conlie le 24 novembre, dans l'après-midi, pendant que M. de Kératry était au Mans occupé à diriger sur Ivré les bataillons successifs de sa division de marche.

A défaut du général en chef, il fut reçu par le commandant du camp, le général Le Bouedec, par le zélé directeur de l'artillerie, le colonel Julien, par l'actif et intelligent chef du génie, le colonel Rousseau. Il y vit une concentration militaire de 25,000 hommes opérée en moins d'un mois, dans des conditions, à cette époque au moins, uniques en France; il y vit des travaux d'art et de défense considérables et habilement menés, auquels il ne put refuser ses éloges. Mais il y avait quelque chose qu'il n'y vit pas, — l'esprit républicain. Il y avait là des républicains, sans doute, et aux premiers postes, car M. de Kératry avait provoqué, accueilli, sans nulle acception de parti, tous les concours et tous les mérites, mais on trouvait auprès d'eux, et en grand nombre, des hommes connus pour avoir des opinions tout autres. Tous vivaient et agissaient de concert, en parfaite intelligence, n'ayant qu'un but, qu'un désir : défendre la France.

On l'a dit avec raison : l'armée de Bretagne n'était point une armée politique. Là les amis du régime improvisé le 4 septembre ne songeaient point à triompher, pas plus que ses adversaires à récriminer. Tous admettaient que la volonté nationale pouvait seule, après la guerre, statuer sur la forme définitive des institutions; tous étaient convaincus que le devoir commandait d'ajourner ce débat, de n'y même pas songer, d'unir sans arrière-pensée tous les cœurs, tous les bras pour une même tâche : combattre l'invasion. L'armée de Bretagne était une armée essentiellement française et patriotique, ni républicaine ni royaliste.

M. Gambetta, — on le sait, — prétendait tirer de la guerre de 1870 et des douloureuses épreuves de la patrie la consécration définitive de la République du 4 septembre (1). A ce point de vue, l'éducation de l'armée de Bretagne lui semblait mal faite; ce fut sans doute pour y remédier que ce même jour (24 novembre), revenu au Mans après cette visite à Conlie, il rédigea une proclamation où « l'ordre, la discipline, la sobriété et la bravoure » sont qualifiées de « vertus républicaines »; en voici un extrait :

« **République française.**

« *Liberté — Égalité — Fraternité.*

« Soldats! votre vie est rude, pleine de hasards et de sacrifices; mais songez que vous vous battez pour sauver à la fois la France et la République, désormais indissolublement liées dans la bonne comme dans la mauvaise

(1) Voir le discours de M. Gambetta à Grenoble, dans le recueil de ses *Allocutions*, page 102 (Paris, Pole éditeur, 1872) — M. Gambetta avoue dans ce discours qu'il a « toujours confondu » la cause de la France avec la cause de la République.

fortune... Prêtez-vous donc le serment les uns aux autres, comme nos pères, de marcher d'un pas égal à la délivrance de Paris, afin qu'il soit dit de vous comme de vos aînés : « *Ils ont bien mérité de la patrie et de la République !* »

« Vive la France ! *Vive la République une et indivisible !*

« LÉON GAMBETTA. »

En envoyant ce document à M. de Kératry, le ministre eut soin d'y joindre ce mot :

« Le Mans, 24 Novembre 1870.

« Mon cher général, je vous adresse copie d'une proclamation à l'armée de Bretagne. Cette proclamation sera imprimée pour être lue à trois appels consécutifs. Je pars pour Tours, où je suis réclamé. Bien à vous.

« LÉON GAMBETTA. »

Non-seulement c'était là la contradiction, la condamnation formelle du système de M. de Kératry, qui s'était toujours attaché avec tant de soin et de raison à exclure la politique de son camp ; mais plus on y réfléchit, moins on comprend le résultat utile et patriotique que le ministre pouvait avoir en vue en lançant cette adjuration républicaine à la face d'une province où, de notoriété publique, la République ne comptait qu'un bien petit nombre de partisans.

Mais le ministre n'en était plus aux ménagements, ni envers l'armée de Bretagne, ni envers son chef. Avant même de promulguer sa proclamation, il venait d'avoir avec celui-ci une entrevue orageuse, dont il est indispensable de parler.

Elle eut lieu, le 24 novembre, de huit à dix heures du soir, à la préfecture du Mans et dans le cabinet du préfet, ou M. de Kératry, mandé par le ministre, se rendit accompagné de son chef d'état-major, le colonel de Vauguion, et où il trouva M. Gambetta et M. le capitaine de vaisseau Jaurès, promu depuis quelques jours au généralat et chargé du commandement du 21e corps.

M. Gambetta demanda à M. Jaurès de développer sur une carte son plan de campagne, et, cet exposé fait, le ministre, qui approuvait, se retournant vers M. de Kératry : « Vous avez entendu, lui dit-il ; êtes-vous prêt à marcher dans ces conditions ? »

M. de Kératry répondit que, d'après cet exposé même, la situation lui semblait très-modifiée. Le 21 et le 22 novembre, quand le ministre avait fait aux Bretons un pressant appel, les troupes du général Fiéreck fuyaient débandées ; l'armée de Bretagne était dans cette région le seul élément de résistance que l'on pût immédiatement opposer à l'ennemi pour donner le temps de réunir des forces suffisantes et plus solidement organisées : c'était ainsi que l'intervention de cette armée avait été entendue, le 22, entre son chef et le ministre de la guerre. Or, *maintenant, grâce aux renforts venus depuis deux jours aux troupes que l'on avait pu rallier, ces forces suffisantes semblaient constituées sous les ordres du général Jaurès, et dès lors l'armée de Bretagne, dont l'intervention convenue n'était que temporaire, devait naturellement être rendue à sa destination primitive,* et tout d'abord au travail indispensable pour achever son organisation. On pouvait toutefois maintenir à Ivré-l'Evêque la division qu'on venait d'y installer ; M. de Kératry irait au camp en organiser et en armer une seconde (si le Gouvervement lui en donnait les moyens), puis une troisième, et alors, avec toutes ces forces réunies, il se trouverait en état d'aider aussi utilement que possible à la défense nationale. Que s'il s'agissait au contraire d'engager immédiatement l'armée de Bretagne dans une série d'opérations militaires plus ou moins combinées, mais en tous cas d'une durée indéfinie, il y voyait de graves inconvénients, dont le premier était l'état de préparation insuffisante de la division d'Ivré elle-même.

« Mes troupes, disait M. de Kératry, sont mal exercées, armées d'hier ! Je leur ai distribué ce matin leurs cartouches ; je n'ai point de cavalerie, sauf un demi-escadron de lanciers ; je n'ai que deux batteries attelées, faute de harnais ; votre ministère n'a tenu aucune des promesses que vous m'aviez faites. Je n'ai reçu aucun fusil perfectionné, sauf 14,000 chassepots, sans nécessaire d'armes, qui m'ont été livrés avant-hier. »

Ici le ministre interrompit le général :

« J'ai tout fait pour vous ! Je vous ai donné tout ce que vous m'avez demandé ! *D'ailleurs des fusils à piston suffisent à des mobilisés.* »

« Puisque vous le prenez ainsi, monsieur le ministre, répondit M. de Kératry, je vous déclare que je considère la vie du moindre de mes soldats comme aussi précieuse que celle de n'importe qui, et *je pense qu'il est abso-*

lument de votre devoir et du mien de leur donner les mêmes moyens de résistance en les exposant aux mêmes dangers.

« J'ai pris à leur égard, avec votre assentiment, des engagements que je dois tenir vis-à-vis de la Bretagne. Et dans l'état de préparation incomplète de mes hommes, *je refuse de les exposer à une perte certaine*, — sauf le cas de nécessité absolue...

— Alors vous ne voulez pas marcher?

— Monsieur le ministre, je vous ai fait les observations que mon devoir et ma conscience m'obligeaient de vous faire. Vous êtes ministre, et je suis soldat, prêt à obéir, — mais je vous prie de me donner des ordres *écrits*.

— Bien, je vous en donnerai. »

Au dire d'un témoin, le ton du ministre, qui tourna à l'aigre dans la dernière partie de l'entretien, était dès le principe empreint d'une froideur tellement marquée, que, même avant le mot lâché sur les fusils à piston, M. de Kératry ne put s'empêcher de lui dire : « Pourquoi cette froideur entre nous? Il y a de votre part trop de préventions politiques vis-à-vis de la Bretagne. »

Mais le point important de cet entretien, c'est la parole du ministre niant le droit des mobilisés bretons à un armement perfectionné. Par là tombaient à la fois les promesses faites à l'armée de Bretagne, les engagements pris envers son chef, et l'une des conditions essentielles, nécessaire au succès de l'entreprise; ce coup en annonçait un autre, plus grave encore, qui ne pouvait tarder.

Il s'agit ici du décret qui, rendu par M. Gambetta en rentrant à Tours, soumettait M. de Kératry et les forces organisées par lui au commandement supérieur du général Jaurès. Voici comment s'exprime à ce sujet le rapporteur de la Commission d'enquête :

Cependant le 25 novembre, de Tours où il était revenu dans la nuit, M. Gambetta donna l'ordre d'arrêter et de traduire en cour martiale un journaliste du Mans (M. Le Nordez, de l'*Union de la Sarthe*), coupable d'avoir imprimé que le ministre de la Guerre « n'était nullement satisfait du camp de Conlie. » Pour déjouer de suite cette « calomnie, cette manœuvre odieuse, » il lança au Mans un télégramme destiné à la publicité, où il déclarait au contraire « avoir eu le plaisir de féliciter lui-même le général de Kératry, le général Le Bouëdec, les colonels Rousseau et Julien — sur l'excellente organisation de Conlie et l'état des fortifications. »

Mais en même temps, sans respect pour « cette excellente organisation, » il abrogeait l'acte même d'où elle était sortie, ce décret du 22 octobre qui avait créé l'armée de Bretagne et le commandement spécial de M. de Kératry ; il ramenait le camp de Conlie au commun régime des onze camps d'instruction institués ce jour même, 25 novembre, dans des conditions tout autres que celles du décret du 22 octobre. Le lendemain, il brisait l'autonomie de l'armée de Bretagne en la soumettant, elle et son chef, au commandement supérieur du général Jaurès ; et pour compléter cette exécution, il prenait soin, le 27, d'en faire informer M. de Kératry par un télégramme ainsi conçu :

« Tours, 27 Novembre, 2 heures 35 soir.

« *Délégué guerre à général Kératry.* »

« Le ministre de l'intérieur et de la guerre a décidé que, pour établir l'unité dans le commandement des troupes destinées à opérer dans l'Ouest, le général Jaurès aurait le commandement de toutes ces forces, y compris celles placées sous votre autorité directe. Le ministre me charge de vous en informer. Je vous prie, en conséquence, de vous conformer aux instructions que vous donnera Jaurès pour toutes les opérations militaires. Le Gouvernement avait espéré que vous feriez une marche plus rapide en avant, au lieu de rester à Ivré-l'Évêque, faubourg du Mans. Je compte toujours sur votre vaillant concours.

« C. DE FREYCINET. »

M. de Kératry reçut cette dépêche à Conlie, vers quatre heures après midi. A cinq heures, il répondait par sa démission, en chargeant énergiquement ceux qui avaient porté le coup de s'être, envers le pays, rendus coupables de la ruine de l'armée de Bretagne.

Cette démission, après cette dépêche, était véritablement inévitable.

M. de Kératry avait accepté, dans des conditions spéciales et avec un commandement indépendant, la mission de former promptement une armée de mobilisés bretons. On supprimait son commandement, on changeait les conditions stipulées, on révoquait les promesses les plus formelles, en un mot, on sapait l'œuvre par sa base. Comment eût-il pu la continuer?

Il avait désapprouvé le plan de campagne du général Jaurès et soutenu l'impossibilité, pour ses troupes, d'y concourir activement. Et maintenant, on le soumettait aux ordres de ce général pour toutes les opérations militaires.

Enfin, à l'heure même où, dans une reconnaissance hardie, il venait de pousser ses jeunes soldats sur un poste encore tenu par les Prussiens, on blâmait son inaction, sa mollesse, et, pour rendre le reproche plus sanglant, on y joignait une louange ironique à l'adresse de son « vaillant concours. »

Quelle dignité, quelle autorité morale serait-il resté à un général capable d'accepter un pareil blâme et une pareille situation?

Quant au refus de concourir, du moins sur-le-champ, aux opérations projetées par M. Jaurès, *ce qui démontre le bien fondé de ce refus, c'est que le premier acte du général Gougeard, substitué à M. de Kératry dans le commandement de la division de marche*, fut de déclarer au ministre et au général Jaurès l'*impossibilité où il était de se mettre en mouvement* avant d'avoir complété la préparation de ses troupes ; et de fait, il ne put quitter Ivré que le 4 décembre, délai sensiblement analogue à celui réclamé comme nécessaire par M. de Kératry.

Recherchant ensuite les véritables causes qui avaient empêché les troupes de Conlie d'être, le 24 novembre, prêtes à faire campagne, le rapport en indique deux : « l'extrême disette d'instructeurs capables », et « le défaut d'armement, qui, en se prolongeant de plus en plus, décourageait les soldats ». De l'examen de ces deux points il ressort, de la façon la plus évidente, que les préoccupations politiques de M. Gambetta et de ses agents ont été le véritable obstacle à l'organisation du camp de Conlie et au succès de l'œuvre de M. de Kératry. C'est ce qui fait dire à M. de la Borderie :

Donc, les engagements pris envers l'armée de Bretagne et envers son chef n'avaient pas été tenus.

Était-il impossible de les tenir ?

Si oui, pourquoi le ministre de la guerre et le président de la commission d'armement avaient-ils écrit le contraire dix fois à M. de Kératry ?

Mais cette impossibilité n'existait pas.

A s'en tenir aux armes acquises par la commission d'armement et débarquées en France jusqu'au 13 novembre 1870 (date du déchargement du *Pereire*), il y eut, — cela est constant, — pendant le mois de novembre, plus de 38,000 armes à tir rapide laissées sans emploi et qu'on eût pu réserver aux mobilisés bretons.

Si on ne les arma pas, la cause en est ailleurs.

Mais ce n'était pas seulement des armes que M. de Kératry avait demandées au ministre de la guerre en lui exposant son plan. Comprenant l'impossibilité de mettre en campagne une armée composée uniquement de mobilisés, il avait demandé (on l'a vu) pour la soutenir un noyau de troupes régulières, au minimum 2,000 hommes d'infanterie, 2 escadrons de cavalerie, 20 batteries de campagne, avec faculté de requérir au besoin, pour son artillerie, les marins de Bretagne, et aussi de recevoir dans son armée les officiers de l'armée régulière de terre et de mer qui, sans emploi dans la guerre, demanderaient à le suivre.

Or, comme infanterie, on lui donna, au lieu de troupes de ligne, 2,000 mobiles bretons, à peu près aussi neufs que les mobilisés.

En fait de cavalerie, on fit d'abord miroiter devant lui deux beaux escadrons de chasseurs qui devaient venir d'Afrique, et qui, au dernier moment, quand il parti pour Ivré, se changèrent en un escadron de lanciers incomplet.

Pour l'artillerie, ce fut mieux. Le décret du 22 octobre mettait sous son commandement les mobiles bretons restés en Bretagne. A Rennes étaient alors, justement, les cinq batteries d'artillerie des cinq départements, bien complètes, bien exercées, bien commandées; elles formaient naturellement, aux yeux de M. de Kératry, le fond sur lequel il avait compté. *Il cherchait des chevaux pour les atteler; le ministre lui ôta ce soin en lui enlevant ces batteries et les mettant, malgré ses protestations, sous les ordres du général Jaurès.*

En revanche, on lui donna des canons tant qu'il en voulut, même plus, car, comme *on n'y ajoutait ni traits ni harnais*, il n'en pouvait donc faire aucun usage, d'autant que le personnel lui manquait. Bon nombre d'officiers de marine, oisifs dans les ports de l'Ouest, demandèrent à servir dans l'armée de Bretagne; *le ministère refusa de les y autoriser.* Pour avoir des artilleurs, M. de Kératry fit un appel aux anciens marins; mais l'autorité maritime restant étrangère à ce mouvement, ils craignirent d'être rappelés et il n'en vint que très-peu. Il demanda la levée régulière des marins inscrits de 35 à 45, ou, au moins, à 40 ans; mais, bien que cette demande fût appuyée en Bretagne de tous les côtés, *le gouvernement ne crut pas devoir s'y rendre.*

Peu de marins et pas de mobiles, où prendre des artilleurs? ils ne s'improvisent pas. Aussi, tout ce que put faire le brave colonel Jullien, commandant en chef l'artillerie de Bretagne, après des efforts désespérés, ce fut de former quatre batteries, qui sortirent du camp le 23 novembre avec la division de marche, sous les ordres du commandant Coq. Encore, deux de ces batteries n'avaient pas d'attelages et durent être traînées à bras par les marins, dans la reconnaissance poussée le 25 d'Ivré sur Bouloire.

Enfin, les officiers de l'armée de terre, non employés dans la guerre, et qui demandèrent à servir dans l'armée de Bretagne, ne furent pas plus heureux que ceux de la marine; ils trouvèrent devant eux mille obstacles. En somme, quand, le 24 novembre, la division de marche quitta le camp de Conlie, l'armée régulière avait fourni en tout à celle de Bretagne sept officiers.

Tel fut le concours du gouvernement.

Et M. de la Borderie donne à la première partie de son rapport cetté conclusion :

Si le gouvernement avait tenu l'essentiel de ses promesses et laissé à l'armée de Bretagne un délai suffisant de préparation, nous ne voyons aucune raison de douter que, dans le courant de décembre et le commencement de janvier, elle eût fourni à la défense nationale deux ou trois divisions de même qualité que la première, c'est-à-dire de 20 à 30,000 bons soldats, avec lesquels on eût pu, au lieu de la perdre, gagner la bataille du Mans.

(Du 28 Novembre 1870 au 12 Février 1871)

En quittant le camp de Conlie, M. de Kératry adressa à ses soldats un ordre du jour ainsi conçu :

OFFICIERS, SOUS-OFFICIERS ET SOLDATS DE L'ARMÉE DE BRETAGNE,

J'ai la douleur de me séparer de vous, parce que *je comprends mon devoir autrement que le département de la guerre ;* mais si je vous quitte comme chef, je vous retrouverai bientôt comme simple soldat, en vertu du décret qui appelle les derniers bans des mobilisés mariés à partager les fatigues e l'honneur de notre camp.

Donc, au revoir, et toute ma gratitude vous est acquise pour la haute confiance que vous m'avez témoignée.

Le général en chef de l'armée de Bretagne,

Comte E. DE KÉRATRY.

La rédaction première de cet ordre du jour diffère grandement de celle-ci. « Profondément ulcéré de ce qui se passait, » M. de Kératry disait :

J'ai la douleur de me séparer de vous, mais en me résignant à ce sacrifice, je crois mieux servir les intérêts de la défense du pays et de votre propre sauvegarde, qu'en acceptant des ordres dangereux pour la sécurité des soldats citoyens qui se sont confiés à moi.

M, le général Gougeard, qui prenait le commandement de la division de l'armée de Bretagne amenée à Yvré-l'Evêque par M. de Kératry, pensa que « dire cela à une armée, c'était lui dire : n'obéissez pas à ceux qui me remplacent », et il s'opposa absolument à la publication de cette première partie de l'ordre du jour de M. de Kératry.

A peine le général Gougeard avait-il pris ce commandement, qu'il reçut de l'amiral Jaurès un ordre de marche : il télégraphia aussitôt au ministre de la guerre :

Je ne dois point vous dissimuler que, dans mon opinion, les troupes réunies sous mon commandement sont dans l'impossibilité, quant à présent, de prendre l'offensive ; à part de rares exceptions, elles n'ont aucune instruction militaire.

J'ignore, de plus, l'effet que produira sur l'armée de Bretagne le départ du général Kératry.

Et le général Gougeard écrivait, d'autre part :

Je crains la dissolution de cette armée nationale ; je crains que la disparition de celui qui, depuis deux mois, travaille à l'organiser, ne porte une sérieuse atteinte au moral du soldat et même d'un bon nombre d'officiers.

Le général Gougeard voyait juste, et c'est ce qui fait dire à M. de la Borderie, relativement au camp de Conlie même :

Le départ de la division de marche et l'absence du général en chef avaient effectivement privé le camp de tout ce qui faisait le nerf et la force. Après la démission du général, ce fut bien pis. M. de Kératry n'était pas seulement le premier auteur de l'entreprise, il en était aussi le moteur, l'agent le plus zélé et le plus puissant, le plus immédiatement responsable. Pour lui, et pour lui seul, l'échec ou le succès de cette œuvre avait nécessairement toutes les conséquences d'un échec ou d'un succès personnel. Nul donc ne pouvait avoir autant d'intérêt que lui à la réussite, nul autant de moyens de se la procurer. Dans sa situation politique, dans ses relations, dans les qualités et les défauts de son tempérament aventureux, surtout dans la confiance qu'il avait inspirée aux Bretons, il trouvait contre les difficultés de son entreprise des ressources précieuses, mais toutes personnelles, qui s'en allaient avec lui. Restaient, au contraire, les difficultés qui s'aggravaient de jour en jour. Là où il avait échoué (et nous avons vu contre quels obstacles) qui pouvait espérer de réussir? Qui même, n'étant pas poussé par le pressant aiguillon de l'intérêt personnel, voudrait tenter cette aventure?

La retraite de M. de Kératry entraînait donc forcément l'abandon de son entreprise, du moins sous la forme où il l'avait conçue. C'est là notre opinion raisonnée, c'était celle de tous les hommes capables de voir et de juger la situation.

Le 2 décembre une commission d'enquête présidée par le général Haca fut envoyée pour s'assurer de l'état du camp de Conlie. Son rapport, rédigé le 5 décembre, constatait que les deux tiers des bataillons présents à Conlie n'avaient pas d'armes et que l'autre tiers n'avait que des armes « impropres au service ». Ce rapport concluait à « suspendre immédiatement l'arrivée des nouvelles troupes et reporter en arrière tous les bataillons non armés. »

Or, le camp continua de s'emplir avec une rapidité extrême; du 28 novembre au 12 décembre, c'est-à-dire pendant le commandement du général Le Bouëdec, le chiffre des troupes du camp monta de 25,700 à 49,000.

Par contre, le ministre de la guerre frappait le camp de Conlie d'un interdit véritable en lui fermant tout crédit et en prescrivant formellement à l'intendance militaire de « ne délivrer quoi que ce soit à l'armée de Bretagne. »

Quant à des armes, le camp de Conlie n'en reçut pas plus que par le passé.

Le 10 décembre, le commandement en chef du camp de Conlie et de l'armée de Bretagne passait aux mains du général de Marivault. Le soir même de son entrée en fonctions, il adressait la lettre suivante au ministre de la guerre :

Conlie, 10 Décembre 1870.

MONSIEUR LE MINISTRE,

Je vous prie de vouloir bien envoyer les ordres les plus formels et les plus immédiats pour que le camp de Conlie soit évacué sur un point de l'Ille-et-Vilaine. *La journée passée sur cette position m'a convaincu qu'elle n'a aucune importance stratégique*. Son réduit seul (la redoute de Tennie), qui est à peu près achevé et muni de pièces de marine *avec très-peu de munitions*, serait susceptible d'une défense par 500 hommes environ qu'il pourrait contenir.

43,000 hommes d'effectif, dont la moitié à peine est armée de fusils de onze modèles différents, n'ont point encore l'organisation qu'il *faudrait pour qu'on pût les présenter, s'ils avaient des armes, à un ennemi qui dépasserait la force d'une brigade*. Point de cavalerie, point de harnais pour des batteries de très-belle artillerie, dont deux seulement sont approvisionnées pour quelques heures de combat. *En résumé, tout ce qu'il faut pour attirer une pointe en force de l'ennemi, si l'invasion prenait cette direction; rien de ce qu'il faudrait pour le repousser*.

En Bretagne, ce personnel vaillant et robuste serait sur son terrain, et avec Rennes sur ses derrières, il arrêterait dans le pays de Vitré toute force qui ne dépasserait pas 20,000 hommes.

Voilà mon appréciation de la situation. Elle est tellement formelle que, si vous en aviez une différente, *je vous demanderais de me donner immédiatement une autre destination*.

Le général commandant le camp de Conlie.

DE MARIVAULT.

Dès ce moment, il était évident que l'objectif de l'ennemi serait le Mans, et dans le cas d'une retraite, les 50,000 hommes du camp de Conlie, incapables d'une défense sérieuse, pouvaient devenir, pour l'armée du général Chanzy, un embarras immense et la cause d'un affreux désastre. C'est pourquoi le général de Marivault réclama ardemment l'évacuation du camp de Conlie. Il lui fallut lutter près d'un mois contre l'entêtement de M. Gambetta pour en obtenir de lui l'autorisation.

Le 15 décembre on répond de Bordeaux à M. de Marivault : « Occupez-vous de vous organiser là où vous êtes. » Le 15 décembre il télégraphie à M. Gambetta : « Le camp est inondé, défoncé ; il y a péril physique et moral à rester plus longtemps sans pouvoir donner aux troupes l'assurance d'un changement. » M. de Freycinet répond que, « comme le camp confine à la politique », il ne peut prendre lui-même une décision en l'absence de M. Gambetta, et celui-ci, alors à Bourges, télégraphie le même jour : « Il ne faut évacuer le camp de Conlie sous aucun prétexte. S'il y a des malades, il faut les évacuer seuls..... Le Mans est fort loin d'être attaqué, je ne comprends rien à de pareilles paniques. »

M. de Marivault insiste et menace de donner sa démission ; alors M. Gambetta paraît céder et écrit :

J'admets qu'on étudie la question de translation du camp, mais je vous prie de faire procéder à toute cette opération avec sagesse et lenteur. Ne perdez pas de vue qu'il ne faut pas que l'on puisse quelque jour mettre en avant l'erreur de Conlie, — s'il y a eu vraiment erreur, — pour attaquer l'institution des camps, que je considère comme l'un des actes les plus importants de notre administration.

Ainsi donc, si malgré les réclamations de leur général, les Bretons continuaient à croupir dans l'oisiveté, la boue et la misère, nous en savons maintenant la raison : c'est qu'il ne fallait pas qu'on pût un jour se prévaloir de l'erreur de Conlie contre l'institution des camps, l'un des actes les plus glorieux de l'administration de M. Gambetta.

Dans une dépêche officielle, il était dit encore que « la réaction allait exploiter l'évacuation de Conlie, comme un abandon de la défense. »

Du moment que la réaction était soupçonnée de pouvoir tirer profit de l'évacuation de Conlie, n'était-il pas bien naturel, de la part des adversaires de la réaction, d'ajourner le plus possible cette mesure? C'était là sans doute un des côtés par où le camp de Conlie confinait à la politique.

Quoi qu'il en soit, M. de Marivault procéda à l'évacuation du camp et, pour se conformer aux instructions du ministère de la guerre, qui avait interdit l'abandon complet de cette position, il ne laissa au camp, le 3 janvier 1871, que six bataillons de mobilisés d'Ille-et-Vilaine, lesquels durent à cette circonstance l'infortune dont ils furent, quelques jours après, frappés à la Tuilerie, à 6 kilomètres du Mans.

Restait la redoute du camp de Conlie; l'opinion de généraux compétents était que, dans le cas où le Mans serait pris, elle pouvait rendre d'importants services en arrêtant l'ennemi de façon à permettre la retraite en bon ordre de l'armée du général Chanzy. Le ministre de la guerre donna cependant l'ordre formel de la désarmer.

Ainsi, dit M. de la Borderie, on maintenait encore, provisoirement au moins, le camp de Conlie malgré son inutilité démontrée, et la redoute de Tennie, dont l'utilité plus ou moins grande, en cas de retraite du général Chanzy, ne semble guère contestable, on la supprimait immédiatement.

Le rapport constate ensuite qu'après le départ de M. de Kératry, l'armement de l'armée de Bretagne ne s'améliora guère, et il ajoute qu'amené à s'expliquer sur cet état de choses, qui soulevait en Bretagne la plus vive irritation, le préfet d'Ille-et-Vilaine répondit : « On a eu tort de faire une armée de Bretons ; à Tours, ces messieurs craignent que ce soit une armée de

Chouans. » Voilà comment le camp de Conlie confinait à la politique.

Je n'ai pas ici à rappeler le rôle des mobilisés d'Ille-et-Vilaine dans l'affaire de la Tuilerie lors de la prise du Mans par les Prussiens. On sait que ces mobilisés, qui n'étaient ni instruits, ni équipés, ni armés, ne purent défendre cette importante position et que, faisant retomber sur eux la responsabilité de la défaite du Mans, M. Gambetta les accusa de lâcheté, quasi de trahison. C'était toujours le même système : faire retomber sur les innocents la responsabilité des fautes que les préoccupations de la politique faisaient commettre au Gouvernement de la Défense nationale. Je cite encore ici les appréciations de M. le rapporteur de la Commission d'enquête :

Laissés sans armes pendant deux mois dans une boue où tout exercice, c'est-à-dire toute instruction militaire, était devenu impossible, munis, au dernier moment, d'armes détestables, les trois quarts d'entre eux ne sachant même pas la charge, jetés à l'improviste devant l'ennemi, — leur part de responsabilité, que nous laissons à la conscience publique le soin de déterminer, ne saurait en tous cas être la plus lourde.

S'ils n'ont pas tenu à la Tuilerie, c'est que leur armement était mauvais, leur instruction nulle. La première responsabilité de leur échec tombe donc sur ceux qui devaient leur donner de bonnes armes et qui n'en ont pas donné, qui devaient les mettre dans des conditions où fût possible leur instruction militaire, et qui ont résisté un mois à l'évacuation de Conlie Cette responsabilité est celle du ministre de la guerre. Il est responsable d'abord de n'avoir pas pris en temps utile les mesures nécessaires pour transformer les mobilisés bretons en soldats, puis de les avoir offerts comme de vrais soldats au général en chef de l'armée de la Loire, alors qu'ils étaient restés, par sa faute, incapables d'un service actif.

Quant au général Chanzy, il eut le tort de ne pas assez tenir compte des avertissements du général de Marivault et de montrer une confiance trop aveugle vis-à-vis des affirmations de M. Gambetta. Il l'a, plus tard, reconnu et regretté ; voici, en effet, ce qu'il écrivait, en 1872, à M. le comte Rampon qui, dans son rapport sur les opérations de la Commission d'armement, avait dit que le retard apporté à l'armement des mobilisés de Bretagne avait contribué à la désastreuse issue de la bataille du Mans :

Mon cher collègue, vous avez parfaitement raison dans votre appréciation de l'influence que les retards apportés dans l'armement des mobilisés de Conlie ont eue, non-seulement sur l'issue de la bataille du Mans, mais encore sur toutes les opérations de la deuxième armée de la Loire, à laquelle on annonçait toujours une réserve qui n'a, par le fait, jamais existé à Conlie.

Révocation du général Marivault. — Le général Marivault ne parut pas sur le champ de bataille du Mans. Il avait protesté contre l'usage qu'on voulait faire des mobilisés bretons, refusé même, autant qu'il était en lui, de s'y associer, et, sur ses protestations, une dépêche ministérielle du 11 janvier l'en avait effectivement désintéressé, en excluant de son commandement, redevenu indépendant, tous ceux des mobilisés que le général Chanzy emploierait.

Après la défaite de l'armée du général Chanzy, M. de Marivault résolut de concentrer dans plusieurs villes de l'Ouest les éléments de l'armée de Bretagne, afin de pouvoir reprendre leur instruction militaire, empêchée jusqu'à ce moment par tant de fausses mesures et de déplorables contre-temps. Mais, dit M. de La Borderie :

Il avait compté sans le ministre et le délégué à la guerre qui, malgré tous les avertissements et tous les événements, persistaient à voir dans ces mobilisés des troupes sérieusement armées, exercées, formées; s'obstinaient à leur donner des destinations actives, modifiaient à chaque instant ces destinations par des contre-ordres, et tenaient ainsi, sans aucun profit, ces hommes dans une fatigue et une agitation continuelles.

A la suite de nombreuses dépêches échangées, M. de Marivault télégraphie de Rennes le 21 janvier à M. de Freycinet :

..... Je tiens à vous répéter, puisque vos dépêches affectent de l'ignorer, qu'aucun de ces bataillons n'est susceptible d'aucun service en campagne; que les armes sont pires que nulles, non par leur modèle, mais par leur qualité et celle des munitions: qu'il n'y a ni souliers, ni équipement; que les mettre devant l'ennemi avant que chaque homme ait eu quinze jours d'instruction, avec une arme qui parte, ne sera que répéter le sacrifice inutile et criminel que vous en avez fait au Mans.

« De Marivault. »

Depuis quelque temps déjà, M. Gambetta supportait difficilement les observations de M. de Marivault, surtout contre le mauvais armement.

On lui avait même enjoint de « ne plus parler des armes que pour dire si les bataillons en ont ou n'en ont pas. » Cette dernière protestation épuisa, paraît-il, les dernières ressources de la patience du ministre, et le lendemain (22 janvier, 7 heures soir), le délégué à la gare expédia au général Marivault ce télégramme :

« J'ai reçu votre dépêche d'hier 2 heures soir. — M. le ministre de l'intérieur et de la guerre, Gambetta, m'a chargé de vous informer que votre commandement sur les mobilisés bretons a cessé, et que vous êtes remis à partir de ce jour à la disposition de M. le ministre de la marine.

« De Freycinet. »

Le général, qui n'eut cette réponse que le 23, répliqua :

« Rennes, 24 Janvier, 11 heures 15 matin.

« *Général de Marivault à délégué Guerre, Bordeaux.*

« Reçu dépêche répondant à la mienne par la suppression de mon commandement. Tenez compte des vérités que je vous ai dites; armez ce pays et rendez-lui confiance; je vous serai reconnaissant.

« De Marivault. »

La dépêche qui révoquait M. de Marivault confiait jusqu'à nouvel ordre le commandement des mobilisés bretons au général de Planhol.

Ce dernier déclarait presque aussitôt que, vu l'armement très-défectueux des mobilisés de Bretagne, il ne fallait pas attendre d'eux un concours appréciable.

Quelques jours plus tard, l'armistice venait interrompre ce que M. Thiers a appelé *les folies furieuses* de M. Gambetta.

CONCLUSION. — Il ne me reste plus qu'à extraire de la conclusion générale du rapport de M. de la Borderie les deux passages suivants, qui ont pour moi une importance spéciale.

Si l'effort patriotique de la Bretagne n'a pas abouti, faut-il en voir uniquement la cause dans le mauvais emplacement du camp de Conlie et l'inconvénient de son sol boueux? Cette opinion a été soutenue; M. Gambetta, devant votre commission d'enquête, s'y est rattaché énergiquement :

« Je suis allé voir ce camp, a-t-il dit : il était très-mal choisi... Le grand reproche, le reproche fondé, c'est d'avoir choisi l'emplacement dans un lieu qui n'était pas nivelé, dont les terres étaient très-fortes, et où il n'y avait pas d'écoulement pour les eaux. Comme la saison a été très-pluvieuse, il y avait une boue horrible dans laquelle les hommes pataugeaient... C'est la faute de M. de Kératry; il ne fallait pas qu'il choisît cet emplacement. »

Quand il s'exprimait ainsi, *M. Gambetta avait oublié le journaliste du Mans traduit en cour martiale pour s'être permis de contester la satisfaction de M. Gambetta, dans sa visite à Conlie.*

La principale cause de l'avortement du patriotique effort de la Bretagne fut incontestablement le manque d'armes. Les Bretons s'étaient levés au premier appel : on leur avait marqué un point de réunion à cinquante lieues de chez eux; on leur avait promis en même temps de les traiter en soldats, de les munir d'armes à tir rapide, et ils étaient accourus. Le Gouvernement ne tint pas sa promesse.

Les Bretons restèrent deux mois sans armes, sans moyens de s'exercer et de s'instruire... L'opinion générale attribue le non-armement des troupes de Conlie au sentiment de défiance du Gouvernement de Tours à l'égard des Bretons.

Sans rien préjuger, deux points semblent acquis : 1° la possibilité d'armer les mobilisés bretons, conformément aux promesses qu'on leur avait faites, 2° l'existence à Tours et à Bordeaux, dans le monde gouvernemental, de préventions politiques défavorables à l'armée de Bretagne.

Un troisième point tout aussi certain, c'est que le non-armement des troupes de Conlie porta un grave préjudice à la défense nationale. En armant et instruisant en temps utile, c'est-à-dire en novembre et en décembre, les mobilisés bretons, on eût tiré au moins 30 à 40,000 hommes de bonnes troupes, qui se seraient trouvés prêts au commencement de janvier. C'était la réserve qu'il fallait, et qui manqua au général Chanzy pour se maintenir dans les positions du Mans et battre les Prussiens.

Le camp de Conlie jugé par MM. de Kératry et Gambetta.

Pour compléter les détails qui précèdent, et pour les corroborer au point de vue spécial où je dois me placer, il me reste à faire connaître : 1° l'opinion de M. de Kératry sur le rôle de M. Gambetta ; 2° l'opinion de M. Gambetta sur le rôle de M. de Kératry.

L'Opinion de M. de Kératry sur le role de M. Gambetta dans l'organisation du camp de Conlie. — M. de Kératry a été entendu par la Commission d'enquête sur les actes du Gouvernement de la Défense nationale, à deux reprises différentes. J'extrais de sa première déposition les passages suivants :

J'accepte toutes les responsabilités qui m'incombent, mais que personne n'esquive les siennes ! Il faut la vérité pour que le passé serve d'enseignement à l'avenir . . . .

Je n'ai pas à entrer ici dans les détails de l'organisation à laquelle je travaillai pendant un mois, ni des déboires de toute sorte auxquels je fus exposé de la part des administrations de la guerre et de la marine. Il me suffit de dire que les ministères de la guerre et de la marine me refusèrent constamment des officiers, point capital, et que la Commission d'armement, tout en me leurrant des plus magnifiques promesses, me donna en tout 5,000 spencers, 2,000 remingtons espagnols et 1,500 revolvers. C'est là tout ce que j'en obtins personnellement, en matière d'armes à feu portatives.

. . . .

La cause qui a fait dissoudre l'armée de Bretagne est, pour moi, *dans les craintes politiques* inspirées chaque jour à M. Gambetta par une partie de son entourage *qui recevait le mot d'ordre de la Commune de Paris.*

M. Gambetta jusqu'à la fin de novembre a tout obtenu de la France parce qu'il était l'incarnation du patriotisme français ranimé par son souffle vraiment national... A partir de la grande déception d'Orléans, il brisa tout sur sa route, il se fit dictateur dans toute la force du terme, éperonné par son imagination en feu, surexcité par les voix venues de Paris, par des amis des fournitures à outrance qui exploitaient sa soif d'attacher son nom au salut du pays. Gambetta n'est plus alors qu'un patriote en délire : et quand il sent le pays se retirer de lui, l'invasion monter jusqu'à Tours malgré ses généreux efforts, la capitulation de Paris prête à annihiler le gouvernement central, il songe que la capitale, que les provinces du Nord et de l'Est vont être séparées du reste de la France ; alors, pour retenir les autres provinces prêtes à lui échapper soit par suite de l'invasion, soit par suite de la réaction contre ses tentatives militaires mal conçues, ma présomption est qu'il songea au moyen suprême, *à l'organisation de la Commune dans le Midi comme moyen de gouvernement*, incapable en honnête homme qu'il était de vouloir un seul des crimes de la Commune parisienne, mais pensant aussi que la ligue du Midi qu'il avait tenue en laisse, comme aussi en réserve, pouvait ressusciter utilement, et que le drapeau rouge, qu'il avait eu le tort préconçu de laisser flotter à Lyon, pouvait encore apporter la victoire dans ses plis jusqu'à Bordeaux. Puis, à l'heure suprême, où déjà entré en lutte avec M. Jules Simon, sous l'inspiration de ses amis Ranc et Spuller, on veut le proclamer à Bordeaux chef de la Commune française, l'énergie lui fait défaut, il recule, il refuse de paraître au balcon de la Préfecture, et finit, à l'exemple de Dioclétien, fatigué du pouvoir et se rendant à Salone, par prendre le chemin calculé de Saint-Sébastien. Ce dénoûment était certain, parce que jamais M. Gambetta n'a été et ne sera un homme d'action. Il n'a que de l'imagination parlementaire et de l'éloquence, ce qui suffit à peine à un homme d'État.

Dans sa deuxième déposition, M. de Kératry a été, sur divers points très-importants, beaucoup plus explicite. Rappelant sur quel terrain « d'impartialité politique » il s'était placé, il dit :

C'était le vrai terrain de la défense nationale, en dehors de toutes préoccupations politiques ou dynastiques ; je tiens à le dire, parce que j'avoue que, jusqu'au dernier coup porté à l'armée de Bretagne, j'ai eu confiance dans les assertions du ministre de la guerre et de l'intérieur : dans les dépêches si explicites de M. Gambetta, je n'ai jamais cru à des considérations politiques, servant de guide à sa conduite, j'ai pensé seulement que, dans certaines circonstances, il avait trop facilement cédé à des considérations dangereuses dont l'avait assiégé une partie de son entourage, effrayée d'un rôle que pouvait jouer à un certain moment une armée de Bretons.

Je n'eusse jamais supposé qu'il s'y fût associé de plein gré; ma première déposition sur le 4 septembre en fait foi : mais *aujourd'hui mon opinion est diamétralement opposée, et d'après les documents qui ont été retrouvés et réunis, il me sera bientôt permis de dire et de prouver que l'armée de Bretagne a été sacrifiée politiquement ; sacrifice détestable dont le souvenir restera comme un crime de lèse-nation.*

Plus loin, s'expliquant sur les manœuvres de la Commission d'armement, M. de Kératry s'exprime ainsi :

Au moment où on me laisse espérer les armes portées par le *Pereire*, on fait jouer le télégraphe pour s'opposer au débarquement normal, prescrit par le cahier des charges.

On redoute mes excellents rapports avec les autorités de Brest, qui pouvaient me renseigner sur certains agissements ; on envoie le *Pereire* décharger au Havre.

C'était sans doute dans le but d'éviter de faire tomber les armes dans les mains de fonctionnaires qui étaient dévoués à la cause de l'armée de Bretagne, et comme on ne se souciait pas de nous livrer des armes, tout en nous endormant de vaines promesses, on les a envoyées au Havre.

A la suite des déboires de ce genre, sans cesse répétés, j'ai lancé à l'adresse de M. Gambetta une dépêche qui a, je le crois bien, accéléré la catastrophe de l'armée de Bretagne. Dans cette dépêche, qui indiquait que je cessais d'être dupe, je m'écriais avec une amertume bien légitime : « Vous armez tous les aventuriers qui se présentent à Tours aux cris de : « Vive la République ! » Vous leur donnez des armes perfectionnées, et à nous, vous ne nous donnez rien ! »

A combien, en effet, de gens de hasard a-t-on distribué à Tours ces armes perfectionnées qui faisaient tant défaut aux volontaires bretons ! J'indiquerai en outre que, dans certains magasins, il restait des chassepots laissés inutiles. J'en ai désigné un dépôt le 22 novembre à M. Gambetta qui, sous la pression du danger, l'a mis à ma disposition ; ce que je n'ai, du reste, obtenu que de haute lutte dans notre avant-dernier entretien au Mans. La concession qu'il me faisait d'ailleurs, moi présent, était bien vite démentie par des dépêches, conçues en sens tout à fait hostile à l'armée bretonne, qu'il lançait à mon insu, lorsque nous nous fûmes séparés, et dont je n'ai eu que plus tard connaissance.

Tout ce qui appartient au mouvement séparatiste de la ligue du Midi a obtenu le nécessaire en armes perfectionnées.

A partir de ces manifestations d'hostilité persistante, j'ai compris que l'armée de Bretagne était condamnée. M. Carré-Kérisouët à son retour de Tours m'a tenu le même langage alors que certains officiers de l'armée de Bretagne rentraient au siége du gouvernement où ils avaient été envoyés en mission. A leur sens, *il y avait une intention bien arrêtée dans l'administration de la guerre, et je crois qu'elle ne l'était déjà pas moins dans le cerveau de M. Gambetta, de ne pas armer l'armée de Bretagne.* Les promesses ont continué, mais tout en se ralentissant. J'en ai connu les tristes résultats.

Puis, parlant du changement qui s'était produit dans les dispositions de M. Gambetta, M. de Kératry ajoute :

J'ai lieu de supposer que cette modification a eu pour première cause mon attitude à Nantes, *exploitée dès lors par les préfets radicaux, à qui ma réserve politique a déplu.* Ajoutez à cela les deux clauses suivantes : les administrations supérieures de la guerre et de l'intendance hostiles à la création d'une armée conçue, organisée et fonctionnant en dehors de leur action directe; d'autre part, *les satellites de M. Gambetta soupçonnant et désignant dès le premier jour, l'armée de Bretagne comme foyer éventuel d'une conspiration monarchique. On a supposé un instant que les princes étaient dans nos rangs.*

QUANT A M. GAMBETTA, IL A CÉDÉ ÉVIDEMMENT A DES CONSIDÉRATIONS POLITIQUES, QUAND IL A BRISÉ L'ARMÉE DE BRETAGNE. IL N'AVAIT POINT DE MOTIFS MILITAIRES, IL N'EN PEUT INVOQUER AUCUN.

M. de Kératry insiste sur ce dernier point.

Au 24 novembre, M. Gambetta était devenu secrètement hostile au développement de l'armée bretonne.

On m'a assuré que, dès l'origine, alors que mon quartier général s'était installé dans la Mayenne, une plainte officielle avait été portée contre moi à Tours, parce que mon appel aux Bretons ne contenait pas ces mots : « *Vive la République!* » Je m'étais borné, en effet, à rappeler que le but du Gouvernement de la défense nationale était d'appeler autour de son drapeau toutes les forces vives de la nation, sans distinction de nuances politiques. J'étais convaincu que la Bretagne en grande majorité ne nourrissait point l'idée républicaine; que, par conséquent, inscrire : « *Vive la République!* » en fin de proclamation, était une faute, vu le pays et les circonstances, et de plus une faute inutile. Les Bretons n'avaient pas besoin d'autre stimulant que de l'appel de la patrie en détresse. Les purs m'en ont voulu beaucoup, et je fus signalé à Tours. *J'ai dit, et je maintiens, que la politique avait dominé dans les conseils de Tours, dans les décisions de M. Gambetta; ... Quant à la politique dans les rangs de l'armée de Bretagne, il n'en a jamais été question; c'est précisément parce que je me suis maintenu sur ce terrain que j'ai été attaqué. J'ai cru à la sincérité, à la neutralité politique de M. Gambetta pendant toute la crise militaire : si j'en avais douté à l'origine, je n'aurais jamais entrepris de concentrer 40,000 mobilisés Bretons dans un camp.*

L'Opinion de M. Gambetta sur l'organisation du camp de Conlie. — On a pu lire, dans l'un des premiers chapitres de ce mémoire (1), une dépêche dans laquelle M. Gambetta, donnant son approbation à ma comparution devant une cour martiale, affirmait qu'il était absolument faux que, à la suite de sa visite au camp de Conlie, il eût blâmé l'œuvre de M. de Kératry, et qu'il avait, au contraire, félicité celui-ci de l'excellente organisation de ce camp. On vient de voir comment, devant la commission d'enquête, M. Gambetta s'était chargé de s'infliger lui-même un démenti formel. Il est allé voir ce camp, il a trouvé que l'emplacement était très-mal choisi ; le terrain n'était pas nivelé; il n'y avait pas d'écoulement pour les eaux; les hommes pataugeaient dans une boue horrible, et tout cela,... « c'est la faute de M. de Kératry. »

Mais cette appréciation ne porte que sur l'emplacement du

---

(1) Page 90.

camp, et M. Gambetta n'a pas porté un jugement moins sévère sur M. de Kératry lui-même, comme général, comme organisateur du camp, lorsqu'il a été appelé à expliquer, devant la commission d'enquête, les raisons qui avaient amené le général en chef de l'armée de Bretagne à donner sa démission. Voici en effet textuellement la déposition de M. Gambetta :

M. de Kératry n'a pas voulu mener ses hommes au feu.. Ce général n'a pas voulu faire partir ses troupes, et c'est pour cela qu'il n'est pas resté au camp de Conlie. Mais *il s'est trouvé, par bonheur, un homme plus vigoureux*, un *brave Breton*, un nom qu'il faut se rappeler, Gougeard, capitaine de frégate, et qui a pris le commandement de ces hommes. Il a eu cet honneur d'en faire une des parties les plus solides et les plus vigoureuses de l'armée du général Chanzy. *C'étaient cependant les mêmes hommes.*

Je suis frappé de cette circonstance : du camp de Conlie sont sortis, sous les ordres de deux officiers, les mêmes hommes ; on n'a pas fait de choix, ni pour les hommes, ni pour les armes, et cependant *les uns se sont bien conduits et* LES AUTRES MAL. Voilà ce qui est certain... *C'est une question d'officiers, voilà tout.*

Et, comme un des membres de la commission objecte que M. de Kératry avait en vain attendu des armes pour instruire ses hommes qui pataugeaient dans la boue, M. Gambetta l'interrompt brusquement par ces mots : « C'EST SA FAUTE ! »

CONCLUSIONS. — En analysant les documents officiels relatifs au camp de Conlie, j'ai cru devoir n'y mêler aucun commentaire ; j'ai seulement signalé à l'attention de mes lecteurs, en les soulignant, certains passages dont j'ai maintenant à tirer quelques conclusions.

La vérité sur l'état du camp de Conlie au 25 novembre 1870 est, par ce qui précède, officiellement établie, et elle peut se résumer ainsi :

En principe, l'armée de Bretagne n'avait pas en vue la défense du département de la Sarthe, mais le ravitaillement de Paris.

Le camp de Conlie n'avait pas été organisé en vue de la défense du département de la Sarthe et moins encore en vue de celle de la ville du Mans, que M. Gambetta déclarait ne vouloir pas défendre parce qu'elle n'était pas défendable.

Bien que plus tard, devant la Commission d'enquête, M. Gambetta ait déclaré que l'emplacement du camp de Conlie avait été on ne peut plus mal choisi, c'est sur lui que retombe la responsabilité du choix de cet emplacement, puisqu'il avait vu un sérieux péril à placer le camp de l'armée de Bretagne « en avant de la ville du Mans que quatre uhlans pouvaient prendre sans résistance ».

En signant le décret qui investissait M. de Kératry de tout pouvoir pour organiser, équiper, nourrir et diriger les forces de la Bretagne, M. Gambetta s'était formellement engagé à armer ces forces, dans le plus bref délai. Cependant, le 21 novembre, M. de Kératry le déclare, le camp de Conlie n'avait reçu que des armes en mauvais état, sans baïonnettes et sans munitions, si bien qu'au moment où le ministre de la guerre donnait l'ordre au général en chef du camp de Conlie de se porter en avant pour défendre le département de la Sarthe, M. de Kératry se trouvait n'avoir que 12,000 hommes sur 32,000 ayant des fusils; les hommes armés n'avaient dans leurs gibernes que quelques cartouches et ils étaient même dans l'impossibilité de s'en servir fructueusement, parce qu'ils n'avaient pas été exercés et « n'avaient jamais tiré un coup de fusil. »

Un premier point est donc déjà établi : lors de l'entrée des Prussiens dans le département de la Sarthe, le 21 novembre, les forces réunies au camp de Conlie étaient dans l'impossibilité de prêter un concours efficace à la défense nationale; il était donc vrai de dire que l'organisation du camp de Conlie était loin d'être satisfaisante.

Dans sa dépêche du 26 novembre, relative à mon arrestation, M. Gambetta affirmait qu'il avait été satisfait de l'organisation du camp de Conlie, et devant la commission d'enquête, il a critiqué le camp lui-même et décrété d'incapacité l'organisateur de ce camp. Devant cette même Commission d'enquête, M. de Kératry s'est demandé comment M. Gambetta avait pu se donner à lui-même un démenti aussi complet, et le rapporteur, M. de La Borderie, a répondu que M. Gambetta avait évidemment oublié qu'il m'avait fait arrêter pour avoir contesté qu'il fût satisfait du camp de Conlie.

Ne serais-je pas ici autorisé à dire que les accusations portées contre M. de Kératry devant la commission d'enquête par M. Gambetta, aussi bien que celle qui fut portée contre moi en novembre 1870, n'ont eu d'autre but que de faire retomber sur autrui la responsabilité des actes de l'incapacité dictatoriale de M. Gambetta?

M. de Kératry l'a déclaré : il n'avait pas voulu faire de politique; il s'était bien gardé d'énerver la défense par des préoccupations de parti et il avait fait appel à tous les dévouements; M. Gambetta, au contraire, obéissant à des préoccupations politiques, semble avoir pris à tâche de désorganiser ce que M. de Kératry s'efforçait d'organiser. Après s'être engagé à donner à M. de Kératry des instructeurs capables et un armement perfectionné, il n'a tenu aucun de ses engagements.

Le 24 novembre, M. Gambetta se rend au camp de Conlie, en l'absence de M. de Kératry, et c'est pour y faire de la propagande républicaine, pour y jeter parmi les Bretons un cri de discorde et de rébellion.

Ainsi, jusqu'à ce moment, c'est par le fait, par la faute et par la volonté de M. Gambetta que les Bretons réunis au camp de Conlie sont restés sans armes, sans munitions, sans instruction militaire, sans aucune organisation en un mot. Si donc, le camp de Conlie a avorté et si l'armée de Bretagne est demeurée impuissante, sous le commandement de M. de Kératry, c'est uniquement et absolument sur M. Gambetta qu'en retombe l'entière responsabilité. Il est vrai que, pendant ce temps, — ainsi que l'a déclaré M. de Kératry, — M. Gambetta armait de fusils perfectionnés tous les aventuriers qui se présentaient à Tours au cri de : Vive la République.

*L'innocuité des renseignements fournis sur le Camp de Conlie par l'*Union de la Sarthe.

Un troisième point reste à élucider.

En faisant connaître, dans la correspondance adressée le 24 novembre de Tours et publiée au Mans le 25 au soir, l'état de l'armée de Bretagne et du camp de Conlie, donnait-on à l'ennemi des renseignements de nature à faire naître, dans l'esprit des chefs de l'armée prussienne, la tentation d'opérer un mouvement immédiat sur la ville du Mans?

La parole est ici, avant tout, à l'auteur même de la correspondance. Voici ce que, dans une lettre dont je n'ai cité un peu plus haut que deux paragraphes, dit à ce sujet M. Lavedan :

Paris, le 31 Décembre 1878.

Cher Monsieur,

Vous me demandez de déclarer que je suis l'auteur de la correspondance adressée de Tours le 24 novembre 1870 au soir, qui a été accusée d'avoir provoqué, par ses prétendues révélations sur l'état du camp de Conlie, le mouvement des Prussiens vers l'ouest.

Je ne vois nul inconvénient à cette déclaration, bien qu'en envoyant alors, sur votre demande personnelle, au journal que vous dirigiez des informations rapides et non signées dont vous deviez faire usage à votre convenance, je n'eusse jamais entendu en porter la responsabilité.

Que reproche-t-on à cette correspondance? d'avoir dit que M. Gambetta se trouvait mécontent, « à tort ou à raison, du comte de Kératry, » et que dans une dépêche adressée au gouvernement il allait « jusqu'à dire que le « camp de Conlie ne prouvait que l'incapacité de son organisateur. »

Voilà, suivant M. Allain-Targé, « les révélations qui pouvaient donner « à l'ennemi « la tentation de faire immédiatement une marche sur Conlie. »

C'est là une accusation singulière qui ne résiste pas un instant au plus simple examen des faits.

D'abord, l'appréciation de M. Gambetta sur le camp de Conlie, et ses démêlés avec le général de Kératry étaient à cette époque de *notoriété publique à Tours*. Tout le monde y savait que les malheureux mobilisés bretons étaient laissés sans armes, que leur général en réclamait vainement depuis des semaines, et qu'il était réduit à faire faire l'exercice à ses hommes découragés avec des bâtons. Cette histoire était légendaire, et *du salon de M. Thiers, foyer des informations et de toute la vie politique d'alors, elle s'était promptement répandue dans le public.*

Je n'ai donc rien inventé ni rien révélé en faisant connaître au Mans, le 25 novembre, ce qui était de notoriété universelle à Tours bien avant cette date, et ce que les Prussiens savaient mieux que personne.

Ce qui le prouve, en établissant que la correspondance publiée par l'*Union de la Sarthe*, le 25, n'a nullement provoqué leur mouvement vers l'ouest, c'est que ce mouvement, commencé *dès le 17*, date à laquelle le corps d'armée du grand-duc de Mecklembourg avait quitté Chartres et Houdan, pour se diriger vers l'ouest, avait été marqué d'avance par l'occupation de Nogent-le-Rotrou, de Connerré, de Saint-Calais, d'où l'ennemi menaçait à la fois, dès le 24, Tours et le Mans.

De son côté, M. Gambetta annonçait à M. de Kératry la marche des Prussiens dès le 21. « L'ennemi, lui écrivait-il, paraît vouloir nous pousser assez « vivement dans la direction du Mans. » Le 22, il lui envoyait cette autre dépêche : « Je pars pour le Mans avec renforts. » Et enfin, le même jour dans l'après-midi, il télégraphiait du Mans même au commandant en chef du camp de Conlie : « Je suis au Mans ; venez : il faut nous concerter pour « agir et sauver la ligne du Mans. »

Les Prussiens étaient donc aux portes de la ville, poussant devant eux nos malheureuses troupes débandées, et ce n'est pas la correspondance publiée *trois jours plus tard* qui pouvait leur donner l'idée d'un mouvement exécuté depuis huit jours et poursuivi d'après un plan d'opérations très-réfléchi.

Voilà la vérité simple, telle qu'elle ressort de l'exacte constatation des faits, et elle n'a rien à redouter d'imputations dont le bon sens du public a depuis longtemps fait justice.

J'ignore si l'*Union de la Sarthe* a publié alors d'autres articles également incriminés. Je ne m'occupe ici que de la correspondance de Tours du 24 novembre 1870, pour établir de la façon la plus irréfragable qu'elle n'a pu avoir les conséquences qu'on cherche à lui attribuer.

J'ajoute que, bien que mon nom ait été livré par vous à la commission militaire dès le lendemain de votre arrestation, je n'ai jamais été appelé, ni interrogé d'une façon quelconque au sujet des faits dont il s'agit.

Recevez, cher Monsieur, l'assurance de mes sentiments les plus distingués.

Léon Lavedan.

Je ne crois pas avoir besoin de rectifier les assertions (je ne veux pas dire les insinuations) du dernier paragraphe de la lettre de M. Léon Lavedan. Elles sont suffisamment corrigées par les explications et les documents que j'ai fournis en maints chapitres de ce *Mémoire*. Je ne veux retenir, et je prie mes lecteurs de ne retenir de la lettre qui précède que la démonstration très-péremptoire de ce fait que les renseignements fournis sur le camp de Conlie, dans la correspondance du 24 novembre 1870, n'ont pu donner aux chefs de l'armée prussienne aucune indication de nature à modifier leur stratégie et leurs opérations militaires dans l'Ouest.

Aux arguments de M. Lavedan on pourrait en ajouter d'autres non moins concluants.

Si les renseignements que le correspondant de l'*Union de la Sarthe* donnait sur le camp de Conlie étaient vrais, ils étaient, d'autre part, en effet, de notoriété publique.

Le 20 novembre, le correspondant de l'*Indépendance belge* écrivait à ce journal :

M. Gambetta va se rendre au camp de Conlie, où il y aurait dissentiment entre MM. Cathelineau et de Keratry. *Grosso modo*, voici quel serait, dit-on, l'objet du conflit : Bien des jeunes gens, qui eussent été de par la loi gardes mobiles ou soldats, se sont engagés dans le corps de Cathelineau par choix ; M. de Kératry, qui les comptait dans ses contingents, se serai plaint de la mutation ; un décret les lui a renvoyés, mais ils tiennent, paraît-il, à leur chef choisi ; de là tiraillement..... Comme le moment est bien choisi pour afficher des préoccupations et des susceptibilités d'amour-propre ou de légalité puérile !

Le 19 novembre, dans une dépêche adressée à M. Gambetta, M. de Kératry disait que la Bretagne était « indignée de ce qui se passait » au camp de Conlie; si la Bretagne était indignée, c'est incontestablement qu'elle savait « ce qui se passait. »

Vers la même époque, plusieurs journaux anglais, le *Times* et le *Standard* entre autres, rapportaient qu'un tiers à peine des hommes réunis au camp de Conlie étaient armés et que le plus grand nombre de ces derniers ne possédaient que des fusils d'un modèle fort inférieur.

Enfin, ainsi qu'on l'a vu dans le rapport de la Commission d'enquête, le 24 novembre au soir, M. de Kératry déclarait à M. Gambetta que l'intervention de l'armée de Bretagne dans la défense du département de la Sarthe n'était plus nécessaire, vu les forces réunies sous le commandement du général Jaurès et, dernier détail qui n'est pas sans importance, le numéro de l'*Union de la Sarthe*, paru le 25 au soir, n'aurait pu parvenir aux lignes prussiennes que le 26, alors que l'ennemi s'était retiré du département pour n'y revenir que près de six semaines plus tard (1).

Il est bon d'ajouter que si, pendant ces six semaines, les efforts du général de Marivault, qui avait succédé à M. de Kératry, sont restés infructueux et que si l'armée de Bretagne s'est trouvée, les 9, 10, 11 et 12 janvier 1871, dans l'impossibilité de concourir à la défense du Mans, c'est encore et toujours à l'incapacité dictatoriale de M. Gambetta qu'il faut l'attribuer.

---

(1) Voir plus haut, page 107, la lettre de M. E. de Girardin.

IV

Documents relatifs à l'action en diffamation exercée par moi contre le journal l'AVENIR

Les Diffamations de l'*Avenir du Mans*. — Continuant son système d'attaque et de diffamation contre moi, dans la pensée d'atteindre ainsi les hommes honorables dont l'*Union de la Sarthe* est l'organe, le journal l'*Avenir* n'eut garde de laisser tomber les paroles si légèrement prononcées par M. Allain-Targé, dans la séance de la Chambre des députés, le 16 novembre 1878. Détachant du compte rendu le colloque qui s'était élevé entre M. Allain-Targé et M. de La Rochefoucauld, le rédacteur de l'*Avenir* le fit suivre des lignes que voici :

Nos lecteurs connaissent les faits auxquels il a été fait allusion. Ils savent que le journal patronné par M. de La Rochefoucauld est l'*Union de la Sarthe* et que le rédacteur qui fut arrêté est M. Le Nordez, décoré depuis par le ministère du 16 mai.

Il est, du reste, depuis longtemps acquis que les ennemis de la France ne sont pas ceux des légitimistes.

Ce commentaire me parut contenir une diffamation évidente, puisque son auteur, en me désignant par mon nom, présentait les accusations de M. Allain-Targé comme un fait acquis.

Le numéro de l'*Avenir* où se trouvait cette note portait la date du 19 novembre et me parvint le lendemain. J'informai aussitôt, par dépêche, les journaux du Mans, y compris l'*Avenir*, que j'allais déposer contre celui-ci une plainte en diffamation au parquet du Mans. De cette façon, l'*Avenir* était prévenu, et s'il continuait ses diffamations, il ne pourrait pas exciper plus tard de son ignorance; il ne paraît pas avoir compris la pensée qui dictait ma conduite.

Dans son numéro du jeudi 21 novembre, on put lire :

L'*Union de la Sarthe* annonçait hier soir que l'un de ses anciens rédacteurs en chef, M. Le Nordez, venait d'adresser au président de la Chambre des députés une demande en autorisation de poursuites contre M. Allain-Targé, pour diffamation, et qu'il va déposer immédiatement une plainte en diffamation, au parquet du Mans, contre le journal *l'Avenir*.

Nous avons en effet reçu une dépêche de M. Le Nordez qui nous fait part de ses intentions.

Nous attendons qu'il les formule d'une façon plus précise.

Deux jours plus tard (numéro du 23 novembre) l'*Avenir* publiait l'article que voici :

M. Le Nordez a fait savoir au monde entier qu'il allait demander à la Chambre une autorisation de poursuites contre l'honorable M. Allain-Targé, député.

Il a pris la peine de nous télégraphier, ainsi qu'à l'*Union de la Sarthe*, qu'il allait déposer une plainte au parquet contre nous-mêmes, pour avoir reproduit une partie du procès-verbal de la séance de la chambre du 16 novembre.

A la vérité, les menaces de M. Le Nordez ne nous inquiètent que médiocrement; mais il nous est permis de nous demander si M. Le Nordez ne nous poursuit pas en diffamation parce qu'il sait qu'en pareille matière la preuve n'est pas admise?

Nous ne voulons pas le croire, mais si M. Le Nordez cherche une explication et une justification, il y a pour lui un excellent moyen d'atteindre ce but: Qu'il appelle en témoignage M. Allain-Targé lui-même et M. Potel, avocat à la Cour de cassation, officier en 1870, avec lequel il eut des rapports à cette époque.

Le rédacteur de l'*Avenir* ne maintient pas seulement ici ses attaques et ses diffamations, mais, en les renouvelant, il les aggrave, puisqu'il offre d'en faire la preuve et qu'il désigne même les témoins à assigner. Or, ces deux témoins, MM. Potel et Allain-Targé, avaient, on l'a vu, officiellement, publiquement déclaré que l'accusation portée contre moi était sans fondement. L'*Avenir* ne pouvait ignorer ce dernier fait. Cependant, il invoque et provoque le témoignage de M. Allain-Targé dont, le lendemain, il reçoit et publie la lettre suivante :

Monsieur,

Si l'on vous fait un procès en diffamation au nom de M. Le Nordez, *vous pouvez affirmer qu'on a l'intention d'éviter contre moi un débat contradictoire dans lequel la preuve serait admise et les témoins entendus.*

Ajoutez que je prends et que je garde la responsabilité morale de l'arrestation de M Le Nordez. La responsabilité légale appartient à M. le général Négrier. L'instruction, devant la cour martiale du Mans, fut faite par M. Potel, avocat à la Cour de cassation, alors engagé et sous-officier, délégué par M. le général Négrier pour instruire cette affaire.

Il se tiendra, comme moi, je n'en doute pas, à votre disposition, pour vous fournir tout ce qui sera nécessaire à votre défense, si, par hasard, vous recevez une citation. Je ne crois pas qu'un tribunal puisse vous rendre responsable de ce que j'ai dit à la tribune ou ailleurs ; car les faits auxquels M. de La Rochefoucauld-Bisaccia, mon collègue, a fait allusion, ont bientôt huit ans de date et ont fait l'objet de plusieurs polémiques, dans lesquelles j'ai dû intervenir.

Agréez, Monsieur, l'assurance de mes sentiments les plus dévoués.

H. Allain-Targé.

On sait que, pour répondre au premier paragraphe de cette lettre, je mis M. Allain-Targé en demeure de renoncer à son immunité parlementaire ou bien de répéter ses diffamations dans un journal, de telle façon qu'il me fût possible de le poursuivre devant un tribunal civil où il lui serait permis d'essayer de prouver les faits et de faire entendre les témoins.

Après avoir laissé sans réponse cette sommation, M. Allain-Targé, on le verra plus loin, a jugé digne, loyal et légal de se présenter comme témoin, le 3 janvier 1879, devant le tribunal correctionnel du Mans, afin de prêter au journal *l'Avenir* l'appui qu'il lui offrait dans la lettre qu'on vient de lire.

Tout en paraissant *s'inquiéter médiocrement* du procès en diffamation que je lui intentais, le journal radical du Mans semble bien cependant s'être mis promptement à la recherche de moyens de défense.

Le 28 novembre 1878, il recevait la lettre qu'on va lire et il s'empressait de la publier, en remerciant son auteur de la sympathie qu'il manifestait.

Le Mans, 28 Novembre 1878.

MONSIEUR LE RÉDACTEUR EN CHEF,

Je ne puis rester indifférent à la situation faite à votre journal par les menaces de M. Le Nordez, et je viens vous offrir de me mettre à votre disposition, si vous croyez que je puisse vous être tant soit peu utile.

Engagé volontaire et simple soldat à l'époque des poursuites intentées contre l'*Union de la Sarthe* dans la personne de M. Le Nordez, son rédacteur en chef, je fus désigné pour assister, en qualité de greffier, M. Potel, sous-lieutenant des tirailleurs de Domfront, chargé de l'instruction.

C'est à cette occasion qu'il me fut donné de faire la connaissance de M. Potel, homme d'esprit et de talent, et je n'oublierai jamais qu'en cette circonstance il remplit le pénible devoir qui lui incombait avec une modération et une courtoisie que M. Le Nordez ne put s'empêcher de reconnaître lui-même.

Ce fut avec la même urbanité que fut entendu dans l'affaire M. le duc de La Rochefoucauld-Bisaccia, qui comparut accompagné de M. Vérel.

Les pièces de l'instruction doivent encore exister ; je les ai remises moi-même, en mains propres et à son domicile, à M. le général Négrier, qui demeurait alors rue du Quartier-de-Cavalerie.

Si modeste qu'ait été mon rôle, je crois pouvoir rappeler au besoin toutes les circonstances un peu importantes de ce triste passé.

Vous pouvez, monsieur le rédacteur, faire de ma lettre tel usage que vous jugerez utile.

Je vous prie d'agréer l'assurance de mes meilleurs sentiments.

J. PHILIPPARD,
Marchand de vins, quai de l'Amiral Lalande, 76.

Nous retrouverons, à côté de M. Allain-Targé, à l'audience du 3 janvier, ce marchand de vins qui a soin de donner son adresse et se fait ainsi une double réclame comme bon radical et comme négociant.

Continuant toujours sous le titre de : « *Le cas de M. Le Nordez* » la série des articles publiés par lui depuis plus d'un an, *l'Avenir*, dans son numéro du 30 novembre 1878, disait :

Dès que les intentions de M. Le Nordez out été connues, nous avons reçu un grand nombre d'offres de service et de témoignage de sympathie. Nous avons publié les lettres de MM. Allain-Targé et Philippard ; voici ce que nous lisons aujourd'hui dans le *Patriote de l'Ouest :*

« Il y a des hommes qui devraient employer tous leurs efforts à se faire oublier : M. Le Nordez est du nombre.

« Il a eu le tort ou le malheur en 1870, étant rédacteur en chef de l'*Union de la Sarthe,* de publier des articles dangereux sur les mouvements des armées françaises, malgré les communiqués réitérés et les mises en demeure de l'administration préfectorale. »

Pour expliquer l'intervention du *Patriote de l'Ouest,* qui se publie à Angers, dans le procès intenté à *l'Avenir* du Mans, il faut dire que le gérant actuel du premier de ces journaux était le gérant du second lorsque les articles diffamatoires antérieurs au 16 novembre 1878 y furent publiés. C'est pour cette raison que *le Patriote de l'Ouest* ajoute :

Nous serons assez charitables pour rappeler à M. Le Nordez que nous avons recueilli sur son attitude pendant l'invasion des particularités curieuses puisées dans son propre journal. Il se dérobera aux inconvénients d'un débat contradictoire, soit, mais il ne nous empêchera jamais d'exhumer quelques documents dont la publication paraissait un peu l'effrayer il y a un an. Nous tenons toutes ces pièces à la disposition de la rédaction de l'*Avenir de la Sarthe* et nous les remettrons, dans tous les cas, à notre défenseur, si toutefois la menace de M. Le Nordez n'est pas une vaine fanfaronnade.

L'Avenir de la Sarthe, croyons-nous, est suffisamment armé pour gagner son procès devant l'opinion publique avant de le gagner devant un tribunal français.

Léon LAINÉ.

La reproduction de cet article par *l'Avenir* du Mans était encore une aggravation et une continuation de ses diffamations précédentes. Or, au moment où il qualifiait de *fanfaronnade* mon intention de poursuivre, au moment où il m'accusait de me dérober aux inconvénients d'un débat contradictoire, *l'Avenir* avait sous les yeux la lettre adressée par moi quatre jours auparavant à M. Allain-Targé. En effet, dans ce même numéro du 30 novembre, il dit au sujet de cette lettre :

Puisque M. Le Nordez veut affronter *les dangers d'un débat contradictoire*, pourquoi n'intente-t-il pas à *l'Avenir* une action civile au lieu de le menacer de plaintes en diffamation ?

J'aurais pu répondre à *l'Avenir* qu'une action civile suppose un adversaire de bonne foi et qu'il m'était difficile de le regarder comme tel quand il maintenait et répétait contre moi une accusation qu'il savait dénuée de tout fondement. J'aurais pu aussi ajouter que ce n'était pas avec un journal qui rayonne à peine sur deux ou trois départements que je pouvais fructueusement accepter un débat contradictoire, mais avec M. Allain-Targé, qui avait donné à la diffamation un caractère officiel et que, dès lors, ce n'était pas au Mans, mais à Paris, que ce débat pouvait s'engager.

Il ne suffisait pas à *l'Avenir*, — qui en cherchant des témoins à décharge ne trouvait que des complices, — d'aggraver ses torts et de rendre plus injustifiables ses diffamations. Comme s'il ne les eût pas trouvées suffisantes, il était à la piste de tout ce qui pouvait lui fournir un prétexte à de nouvelles calomnies.

Sans doute pour venir en aide à son confrère radical du Mans, le journal *l'Événement*, dirigé à Paris, comme on le sait, par M. Magnier, publia une note ainsi conçue :

On sait que M. Le Nordez, principal rédacteur du *Bulletin des Communes* pendant le 16 mai, avait fait remettre à M. le président de la Chambre des députés une demande en autorisation de poursuites contre M. Allain-Targé, qui, prétendait-il, l'avait diffamé.

M. le président Grévy a fait prévenir M. Le Nordez qu'aucune suite ne pouvait être donnée à sa requête, la loi du 17 mai 1819 ne permettant aucune action à raison des discours tenus dans la Chambre des députés.

Aussitôt, *l'Avenir* du Mans s'empare de cet article, le reproduit et le commente ainsi :

Nous connaissions le résultat de la demande de M. Le Nordez, mais nous ignorions que ce prétendu diffamé eût été le principal rédacteur de cette feuille ordurière, de cette usine à diffamations qui fut le *Bulletin des Communes* du 16 mai.

Nous n'étonnerons personne en ajoutant que nous attendons toujours que M. Le Nordez, dont nous nous expliquons aujourd'hui la décoration, nous ait fait notifier la plainte en *diffamation* qu'il dit avoir déposée contre l'*Avenir*.

Le journal *la Presse* ayant reproduit la note de *l'Événement*, j'adressai à l'un et à l'autre de ces journaux la lettre rectificative que voici :

Monsieur le directeur du journal LA PRESSE.

MONSIEUR,

Dans son numéro du 30 novembre, votre journal, en annonçant qu'aucune suite ne peut être donnée à ma demande en autorisation de poursuites contre M. Allain-Targé, me qualifie de « principal rédacteur du *Bulletin des Communes* pendant le 16 mai ».

Je n'ai pas ici d'opinions à émettre sur la rédaction du *Bulletin des Communes;* mais, quel que soit le but de votre assertion, j'y oppose le plus formel démenti; je n'ai collaboré à cette feuille officielle en aucun temps et d'aucune façon.

Je ne crois pas avoir besoin de requérir de vous l'insertion de ces lignes.

Recevez, monsieur, mes salutations.

E. LE NORDEZ.

La rectification fut faite par *l'Événement* le 5 décembre, et le lendemain par *la Presse.*

L'Avenir du Mans ne pouvait se dispenser de la faire à son tour; mais, au lieu de la placer dans la *Chronique locale*, où avait paru la note odieuse qu'on a lue, il noya parmi les nouvelles politiques de la journée (numéro du 9 décembre) la lettre ci-dessus et se garda bien de rien retirer des commentaires calomnieux dont il avait fait suivre la note de *l'Événement.*

L'ASSIGNATION. — Ce parti pris de m'injurier et de me diffamer sans vergogne devait cependant avoir un terme.

Le 3 décembre, l'avoué constitué par moi au Mans faisait remettre au rédacteur et gérant du journal *l'Avenir* une assignation ainsi conçue :

L'an mil huit cent soixante-dix-huit, le trois décembre. à la requête de M. Ernest-Léon Le Nordez, demeurant à Paris, rue Percier, numéro huit, pour lequel est élu domicile au Mans, rue Sainte-Marie, quatre, en l'étude de Me Latouche, avoué près le tribunal civil de ladite ville, j'ai, François-Louis Hubert, huissier près le tribunal civil du Mans, y demeurant, rue des Minimes, numéro quatre, soussigné, donné assignation à M. Adrien Grégoire, rédacteur et gérant du journal *l'Avenir*, demeurant au Mans, en son domicile, où étant et parlant à sa personne, à comparaître le jeudi douze décembre mil huit cent soixante-dix-huit, heure de midi, à l'audience et par-devant messieurs les président et juges composant la chambre correctionnelle du tribunal civil de première instance du Mans, au palais de justice de ladite ville, pour :

Attendu que depuis mil huit cent soixante-quinze, M. Le Nordez est l'objet des diffamations les plus odieuses de la part du journal l'*Avenir ;*

Attendu que dans son numéro du quinze novembre mil huit cent soixante-dix-sept, le journal *l'Avenir* a publié un article commençant par ces mots : « Un ancien rédacteur de *l'Union de la Sarthe*, actuellement attaché à la « rédaction du *Moniteur universel*, etc. » et se terminant par ceux-ci : « nous ne voulons pas examiner si le fait de n'avoir point « éclairé les armées « ennemies » ou celui d'avoir essayé d'entraver la défense, expliquent d'une « manière satisfaisante la haute distinction dont M. Le Nordez vient d'être « honoré »; que cet article imputait à M. Le Nordez l'action la plus déshonorante, qu'il le représentait comme un traître, qu'il l'accusait d'avoir aidé les armées ennemies pendant l'invasion ;

Attendu que dans son numéro du vingt-trois novembre mil huit cent soixante-dix-sept, obligé d'insérer une lettre de rectification, loin de rétracter la calomnie qu'il avait dirigée contre M. Le Nordez, le rédacteur du journal *l'Avenir* a accompagné l'insertion de commentaires qui ajoutaient à la gravité des premières articulations ;

Attendu que dans son numéro du quinze décembre mil huit cent soixante-dix-sept, *l'Avenir* a publié un long article commençant par ces mots : « Le « cas de M. Le Nordez » et se terminant par ceux-ci : « nous rappellerions « l'oublieux chevalier au respect des morts, au culte des souvenirs, et l'on « verrait de quel côté se trouvent la bonne foi et le soin de la vérité »; que le journal dans cet article maintient et aggrave ses premières articulations ;

Attendu que le parti pris de dénigrement et d'attaques personnelles se manifeste de la façon la plus évidente et la plus coupable dans le numéro du dix-neuf novembre mil huit cent soixante-dix-huit ; que dans ce numéro le rédacteur du journal *l'Avenir* a publié un colloque qui s'était élevé dans l'enceinte de l'Assemblée nationale, entre M. Allain-Targé, rapporteur de la commission de l'élection de M. de Mun et de M. de La Rochefoucauld ;

Attendu que le rédacteur n'a extrait de la discussion que la partie relative à l'imputation qu'il entend diriger contre M. Le Nordez ;

Attendu que dans cet extrait du compte rendu officiel on lit ces mots : « M. le Rapporteur. — Monsieur de La Rochefoucauld, j'ai fait envoyer « devant la cour martiale votre rédacteur, parce qu'il avait révélé dans son « journal le secret du camp de Conlie aux Prussiens, qui étaient à cinq « lieues de là. (Applaudissements répétés *à gauche* et *au centre* »);

Attendu que le rédacteur de l'*Avenir* fait suivre ce compte rendu des lignes suivantes : « Nos lecteurs connaissaient les faits auxquels il a été fait « allusion, ils savent que le journal patronné par M. de La Rochefoucauld « est l'*Union de la Sarthe*, et que le rédacteur qui fut arrêté est M. Le Nordez, « décoré depuis par le ministère du 16 mai ; il est, du reste, depuis long- « temps acquis que les ennemis de la France ne sont pas ceux des légiti- « mistes. »

Attendu que dans le numéro du vingt-trois novembre mil huit cent soixante-dix-huit, il a été publié dans le journal l'*Avenir* un article commençant par ces mots : « M. Le Nordez a fait savoir au monde entier qu'il « allait demander à la Chambre une autorisation de poursuite contre l'ho- « norable M. Allain-Targé, député, » et finissant par ceux-ci : « Nous ne « voulons pas le croire, mais si M. Le Nordez cherche une justification, il y « a pour lui un excellent moyen d'atteindre ce but, qu'il appelle en témoi- « gnage M. Allain-Targé lui-même et M. Potel, avocat à la cour de cassa- « tion en mil huit cent soixante-dix, avec lequel il eut des rapports à cette « époque ; » que, dans cet article, le rédacteur du journal persiste dans ses accusations mensongères ;

Attendu que les accusations aussi fausses que perfides qui ont été proférées contre M. Le Nordez dans les articles des dix-neuf novembre mil huit cent soixante-dix-huit et vingt-trois novembre même année, révèlent bien nettement la pensée de déconsidérer M. Le Nordez, de le vouer au mépris public, en le représentant comme un traître devant l'ennemi; que tous les articles ci-dessus visés ont été publiés dans le journal *l'Avenir*, dont les numéros ont été mis en vente, vendus et distribués ;

Que ces imputations diffamatoires sont de nature à porter une atteinte des plus graves à la considération de M. Le Nordez, qu'elles constituent la calomnie la plus persistante et la plus coupable ;

Qu'elles causeraient à M. Le Nordez un préjudice irrémédiable, si le tribunal ne faisait justice de si audacieuses attaques ;

Que ces attaques constituent le délit prévu par la loi du dix-sept mai mil huit cent dix-neuf, article dix-huit ;

Qu'il y a lieu de faire application de cette loi au sieur Grégoire, gérant actuel dudit journal,

Par ces motifs :

S'entendre, le sieur Grégoire, condamner à l'insertion du jugement à intervenir en tête des colonnes dudit journal, et ce dans la quinzaine en date dudit jugement, sous peine de cent francs de dommages-intérêts par chaque jour de retard dans ladite insertion ;

Voir et ordonner l'insertion dudit jugement dans vingt journaux de la région et dans vingt journaux de Paris, au choix de M. Le Nordez et aux frais du sieur Grégoire,

S'entendre, en outre, condamner aux dépens ;

Sous réserve de tous autres dommages-intérêts qui pourraient être demandés à l'audience, sauf à M. le procureur de la République à prendre, dans l'intérêt de la vindicte publique, telles conclusions qu'il jugera nécessaires ;

Et je lui ai, en son domicile et parlant comme dessus, laissé la présente copie : coût six francs soixante-dix centimes. Employé pour la copie une feuille timbre spécial à un franc vingt centimes.

HUBERT.

Le lendemain du jour où cette assignation avait été donnée au journal *l'Avenir* pour l'audience du 12, mon avoué me télégraphiait que, sur la demande du défendeur, l'affaire serait remise à un autre jour. D'un commun accord, mon avoué et l'avocat de l'*Avenir* demandèrent le renvoi au 20 décembre ; il fut accordé.

Le 16, mon avoué m'écrivait que mon adversaire, après avoir primitivement choisi un avocat du Mans, venait de demander le concours d'un autre et que, par suite, une nouvelle remise de l'affaire serait peut-être demandée. Le lendemain, je recevais une dépêche ainsi conçue : « Venez vendredi, l'affaire sera plaidée par Gatineau de Paris ou par un avocat du Mans ». Mais, le 18 au soir, mon avoué me télégraphiait : « Ne venez pas vendredi, la remise sera demandée par l'*Avenir* pour le 27 décembre ou pour le 3 janvier ». Le 19, nouvelle dépêche : « Le tribunal veut fixer demain irrévocablement l'affaire. Quel jour convient à votre avocat ? » A ce dernier télégramme, je répondis : « Mon avocat, Me Caraby, était tout prêt à partir et à plaider demain. Il accepte le jour qu'il conviendra au tribunal de fixer. Veuillez faire passer cette dépêche sous les yeux du tribunal, afin qu'il soit bien établi que ce n'est pas par mon fait qu'une troisième remise est demandée. »

Le tribunal fixa le délibéré de l'affaire au 3 janvier ; et malgré les déclarations faites par mon avoué, dont acte fut donné par le tribunal, le journal *l'Avenir* ne se faisait, le lendemain, aucun scrupule d'affirmer que j'avais demandé un nouveau délai, voulant ainsi répondre à l'*Union de la Sarthe* qui lui avait reproché de ne plus être aussi pressé qu'au début de trouver des juges.

L'Audience du 3 janvier. — Pour développer et soutenir devant le tribunal correctionnel du Mans ma plainte contre l'*Avenir*, j'avais fait appel à Me Caraby du barreau de Paris, dont l'esprit droit et la parole éloquente m'étaient connues, mais dont j'ai appris, en cette circonstance, à apprécier les généreux sentiments et le patriotisme éclairé.

Le rédacteur-gérant du journal *l'Avenir* avait confié sa défense à Me Gatineau, député, qui venait d'appeler sur lui l'attention et les sympathies du monde radical en réussissant, par un discours des plus violents, à faire invalider l'élection de M. le baron Reille, élu avec huit mille voix de majorité.

M. Morançais, procureur de la République, occupait le siége du ministère public.

La loi leur interdisant de rendre compte des débats, les journaux du Mans se sont contentés de donner la physionomie de l'audience.

Voici en quels termes l'a fait l'*Union de la Sarthe :*

Après que Me Latouche, avoué de M. Le Nordez, a donné lecture de ses conclusions, Me Gatineau en pose d'autres à son tour, tendant à ce qu'il plaise au Tribunal : — Ordonner l'audition de deux témoins qu'il lui présente et qui sont :

M. Allain-Targé, présentement député du département de la Seine, et ci-devant proconsul de M. Gambetta dans les départements de l'ouest.

M. Philippart, marchand de vins au Mans, qui monta, paraît-il, de l'obscurité de ses caves au soleil de la vie publique, lors du gâchis quatre-septembral, et dont le rôle, dans les faits qui peuvent être débattus au procès, reste enveloppé d'un mystère aussi sombre que la physionomie du témoin.

L'avocat de M. Le Nordez et l'organe du ministère public déclarent, sous certaines réserves de fait et de droit, ne pas s'opposer absolument à l'audition de l'ex-proconsul et du marchand de vin barbu qui semble avoir été un des licteurs du proconsul.

Le Tribunal rend, en conséquence, un jugement par lequel il autorise l'audition des deux témoins à la condition que leurs dépositions ne pourront porter que sur la moralité respective du prévenu.

M. Allain-Targé sourit et M. Philippart se rembrunit; puis M. le président leur pose à chacun les brèves et rares questions qu'a autorisées le jugement qui vient d'être prononcé.

La parole est donnée ensuite à Me Caraby, avocat de la partie plaignante, qui développe, avec son talent habituel, la plainte de M. Le Nordez et demande l'adjudication des conclusions libellées à la fin de l'assignation.

Si nous ne pouvons rien dire de ce brillant plaidoyer, il ne nous est pas défendu de peindre en quelques mots l'orateur qui l'a prononcé.

Me Caraby est un de ces avocats qui honorent la robe et savent la porter. Sa parole est distinguée, comme sa physionomie; elle arrive, élégante et facile, aux lèvres de l'orateur, qui dit ce qu'il pense et le dit bien, sans grands éclats de voix, sans gestes risqués, sans mimique préparée et étudiée. Me Caraby parle pour le Tribunal et non pour le fond de l'auditoire, vers lequel il ne se retourne jamais pour provoquer ou recueillir l'applaudissement ou le rire dont il ne se soucie pas.

Ce n'est pas pourtant qu'il ne s'anime pas au besoin. Au contraire, quand il rencontre la diffamation persévérante, intentionnelle et voulue, la calomnie et le mensonge dirigés soit contre un homme, soit contre un parti, l'indignation vibre dans sa voix, son geste s'anime, il s'émeut, et son émotion, qui est vraie, qui ne ressemble pas à de la mise en scène, se communique à l'auditoire tenté de dire avec Cicéron : — « Voilà un honnête homme qui parle bien. »

Quand Me Caraby a terminé sa plaidoirie, Me Gatineau prend la parole pour défendre le gérant de *l'Avenir*. Me Gatineau, qui plaide la robe ouverte, pour mettre plus facilement les mains dans ses poches, et comme pour montrer sa belle chaîne de montre, ne ressemble en rien à Me Caraby. Sa physionomie qui rappelle et confond en quelque sorte celles de notre moderne Joseph Prud'homme et du Silène antique, reflète assez exactement son genre de talent. Me Gatineau plaide beaucoup moins pour le tribunal que pour ce fond de l'auditoire dont nous parlions tout à l'heure. Il semble se préoccuper énormément du public ou plutôt de cette partie du public dont il vise à faire naître le rire approbateur par des méchancetés et des gauloiseries cherchées, mais pas toujours heureusement ni surtout facilement trouvées, parce qu'elles reviennent trop souvent sous la même forme, avec les mêmes gestes, la même intonation et les mêmes jeux de physionomie.

Des répliques, de part et d'autre, succèdent aux plaidoiries ; et M. Morançais, procureur de la République, prononce un bref réquisitoire, empreint d'une sévère éloquence et dans lequel il conclut à la condamnation de M. Grégoire, gérant de *l'Avenir*, aux peines édictées par l'article 18 de la loi du 17 mai 1819, contre les délits de diffamation commis par la voie de la presse.

Le Tribunal remet à huitaine pour le prononcé du jugement.

L'article du journal *la Sarthe* mérite à plusieurs points de vue qu'on le lise avec attention :

La loi n'autorisant pas le compte rendu des procès pour diffamations et injures, nos lecteurs chercheraient vainement, dans cette chronique, des renseignements sur le fond même de l'affaire qui s'est plaidée hier devant le tribunal correctionnel.

Il s'agissait, on le sait déjà, des poursuites exercées par M. Le Nordez contre M. Grégoire, gérant de *l'Avenir*.

M. Le Nordez qui est actuellement rédacteur au *Moniteur universel*, était, en 1870, rédacteur en chef de l'*Union de la Sarthe*.

Il fut, en cette année néfaste, victime d'un abus de pouvoir monstrueux, et, bien que nous ayons alors signalé le fait, il n'est pas inopportun de le rappeler en quelques mots.

L'*Union de la Sarthe* avait alors comme correspondant à Tours M. Lavedan, ancien rédacteur en chef du *Français* et l'un des amis de M. Thiers.

Le 23 novembre, M. Lavedan adressa à *l'Union* une correspondance qui parut le lendemain. Il racontait une visite faite au camp de Conlie par M. Gambetta et il disait : « Le jeune ministre de la guerre n'est pas satisfait « de Kératry. Il prétend que l'organisation de ce camp prouve tout au plus « l'incapacité de son organisateur. »

C'était là une critique bien anodine. Quatre jours auparavant le *Standard* avait déclaré que le camp de Conlie se trouvait dans le plus grand désarroi et manquait d'armes et le même jour *l'Indépendance belge* signalait de graves dissentiments entre les généraux (?) qui commandaient le camp.

Une dépêche de M. de Kératry disait même « que les deux tiers des « hommes du camp de Conlie n'étaient pas encore armés et que la Bretagne « était indignée de ce qui se passait. »

Le gérant de *l'Union de la Sarthe*, M. Petit, ne vit donc aucun inconvénient à laisser passer la correspondance de M. Lavedan.

Ce fut le point de départ d'une série d'odieux incidents.

Parmi les proconsuls de notre province se trouvait alors M. Allain-Targé. Celui-ci trouva l'occasion bonne et résolut de tenter un grand coup pour déconsidérer le parti légitimiste, dont les principaux chefs étaient alors membres du conseil d'administration de *l'Union de la Sarthe*.

L'arrestation de M. Lavedan qui habitait Tours, celle de M. Petit, gérant de *l'Union*, n'auraient pas produit une émotion suffisante. Ce fut à M. Le Nordez, le rédacteur en chef, que l'on s'adressa, ce fut lui que l'on arrêta avec fracas en l'accusant d'intelligences avec l'ennemi.

Avec cette gentillesse qui distinguait alors les républicains au pouvoir, on le laissa d'abord pendant vingt-quatre heures en prison, lui refusant toute nourriture et toute communication avec le dehors.

Il comparut ensuite devant M. Potel, avocat à la cour de cassation en temps ordinaire et capitaine de francs-tireurs pour le moment.

M. Le Nordez déclara, ce qui était vrai, qu'il était absolument étranger à l'apparition de la note dans les colonnes de *l'Union de la Sarthe;* que, d'ailleurs, cette note ne faisait qu'une très-discrète allusion à des faits déjà signalés par les journaux étrangers et connus des Français comme des Prussiens.

M. Potel fit un rapport sur l'affaire et déclara loyalement qu'il ne voyait en l'espèce aucun motif pour poursuivre M. Le Nordez.

Sous un gouvernement régulier, à une époque moins troublée, tout se fût terminé là. Avec les proconsuls de la Défense nationale, il devait en être autrement.

M. Le Nordez fut placé entre deux gendarmes et conduit, de brigade en brigade, jusqu'à Tours, en passant par Angers.

Là seulement, on voulut bien le remettre en liberté, après cinq jours de souffrances inouïes.

Nos lecteurs ont vu, par les lettres de M. Le Nordez, que nous avons reproduites en ces derniers temps, le parti que M. Allain-Targé — et après lui *l'Avenir* du Mans — ont tiré de cette déplorable affaire.

Les accusations autrefois portées contre lui et dont il avait été solennellement déchargé, on les a reprises une à une, et à différentes reprises on s'est efforcé de ternir son honorabilité.

Il est arrivé une heure où M. Le Nordez s'est fatigué d'être en butte, — malgré ses protestations, — à de continuelles attaques, et ne pouvant s'adresser à M. Allain-Targé, couvert par l'immunité parlementaire, il a poursuivi l'*Avenir*.

Une foule considérable se pressait naturellement dans l'enceinte du tribunal.

M. Le Nordez est venu tout d'abord prendre place à côté de son défenseur, l'un des hommes les plus honorables du barreau de Paris, Me Caraby.

Me Gatineau, l'avocat de M. Grégoire, a fait son entrée flanqué de M. Allain-Targé, qui est trop connu pour que nous le présentions à nos lecteurs, et d'un M. Philippart, qui ne l'est pas assez.

Me Gatineau a tout d'abord demandé à faire entendre ces deux messieurs.

Me Caraby a déclaré ne pas s'y opposer, mais M. Morançais a fait observer qu'en matière de diffamation la preuve ne pouvait être admise.

Le tribunal a autorisé l'audition des témoins, mais sous cette réserve qu'ils pourraient donner seulement des renseignements de moralité.

Nous avons alors assisté à cette petite scène curieuse :

Interrogatoire de M. Allain-Targé :

M. LE PRÉSIDENT. — Monsieur Allain-Targé, pouvez-vous donner quelques renseignements sur M. Grégoire?

M. ALLAIN-TARGÉ. — M. Grégoire est un homme de talent qui fait honneur à la presse.

M. LE PRÉSIDENT. — Et sur M. Le Nordez?

M. ALLAIN-TARGÉ. — Je n'ai pas l'honneur de le connaître.

M. LE PRÉSIDENT. — Monsieur Grégoire, avez-vous quelques questions à poser au témoin?

M. GRÉGOIRE. — Je n'ai qu'à remercier M. Allain-Targé de sa bienveillance à mon égard.

Interrogatoire de M. Jules Philippart (?) :

M. LE PRÉSIDENT. — Vous êtes appelé à fournir des renseignements sur M. Grégoire.

M. PHILIPPART (?). — M. Grégoire est un homme des plus estimables.

M. LE PRÉSIDENT. — Monsieur Grégoire, avez-vous quelques questions à poser au témoin?

M. GRÉGOIRE. — Je n'ai également qu'à remercier M. Philippart.

L'honorabilité de notre confrère n'étant nullement en cause, nous nous demandons encore de quel poids la déposition de ces deux témoins pourra peser dans la balance de la justice.

Me Caraby a pris d'abord la parole. C'est ici que nous regrettons vivement de ne pouvoir parler en détail de l'affaire.

Avec une grande élévation de langage, avec un talent dont il serait superflu de faire l'éloge, Me Caraby a rétabli les faits dans toute leur exactitude, et il a vengé M. Le Nordez des imputations qui se sont trop souvent produites contre lui.

M. Gatineau s'est levé ensuite. On sait que le défenseur de M. Grégoire a pour habitude d'être drôle et qu'il s'attache à dérider son auditoire. Dans une cause grasse, c'est le meilleur avocat que nous connaissions. En l'espèce, à part quelques plaisanteries, goûtées surtout au fond du prétoire, nous ne voyons trop ce qu'il y aurait à signaler, alors même que nous pourrions le faire.

Après une réplique et une contre-réplique où Me Caraby a déployé du talent et Me Gatineau de la grosse malice, Me Morançais a pris la parole. Il a conclu dans le sens de la partie civile.

Le tribunal a remis à huitaine le prononcé de son jugement.

Il est certains points des articles qu'on vient de lire qu'il me paraît utile de rectifier et quelques autres que je crois devoir compléter.

Dans l'assignation, ainsi qu'on l'a vu, réserve avait été faite de tous autres dommages-intérêts qui pourraient être demandés à l'audience. Je n'en ai demandé d'autres que la condamnation aux dépens. En ceci, je ne me suis pas inspiré des mêmes *principes* que M. Challemel-Lacour dans l'action en diffamation intentée par lui au journal *la France nouvelle*. En effet, en défendant son ami, M. Gambetta a déclaré que c'était « à la bourse » qu'il fallait frapper le diffamateur. Lui et son client ont pensé que « la meilleure réparation de l'honneur et du dommage qui découlent de cette sorte de piraterie et de banditisme par le journalisme qui se nomme la diffamation », était d'obtenir du tribunal des dommages-intérêts très-élevés. Ils ont dit tout haut que l'insertion du jugement dans les journaux, de même que des condamnations à la prison étaient « inefficaces » pour réparer le préjudice causé à la réputation d'un honnête homme diffamé.

En poursuivant le journal radical *l'Avenir*, j'ai été, je le répète, d'un avis tout opposé. Comme je n'avais pour mobile aucun intérêt politique, non plus qu'aucun calcul de parti, je n'ai pas un instant songé à susciter à l'organe républicain de la Sarthe des embarras financiers qui auraient pu, sinon amener sa disparition, tout au moins gêner gravement son action et sa propagande. J'ai crû à la fois plus digne de moi et plus conforme au but que je voulais atteindre, de demander uniquement au tribunal et d'obtenir l'insertion d'un jugement fortement motivé, dans un nombre de journaux assez grand pour détruire, dans l'opinion publique, l'effet produit par des diffamations trop longtemps colportées. En un mot, j'ai fait, des poursuites, une affaire d'*honneur* et non une question d'*argent*. Voilà pourquoi, sur ma demande expresse, mon avocat a formellement déclaré que je ne demandais ni n'accepterais aucuns dommages-intérêts.

Singulière intervention de MM. Allain-Targé et Philippart. — Un des incidents les plus curieux de cette affaire a été, incontestablement, la comparution comme témoins de M. Allain-Targé et du nommé Philippart.

M. Allain-Targé est aujourd'hui un grand politique, un des chefs les plus en renom du parti dans les mains duquel se trouvent, en ce moment, les destinées de la France. Mais, avant d'être un de nos législateurs, il a été magistrat. Sous l'Empire, en effet, et au lendemain même du coup d'État, il a été substitut du procureur impérial d'Angers. Comment donc peut-il ignorer que, dans des poursuites correctionnelles pour diffamation, la preuve des faits n'étant pas légalement admise, un témoin ne peut être reçu à déposer sur le fond même de ces faits? Telle était, cependant, la prétention de M. Allain-Targé, en se présentant à l'audience du tribunal correctionnel du Mans, le 3 janvier. On a vu, en effet, que, dans la lettre adressée par lui au rédacteur de l'*Avenir*, le 24 novembre 1878, il offrait *motu proprio* de venir témoigner et de justifier les assertions diffamatoires dont je demandais réparation.

Si la démarche de M. Allain-Targé était en opposition formelle avec la loi, elle n'était pas moins contraire à la loyauté et à sa dignité personnelle.

Quelle était, à la vérité, la situation réelle de M. Allain-Targé en cette affaire? Auteur responsable de mon arrestation, il ne pouvait être juge et partie. D'autre part, auteur premier de la diffamation, complice ainsi du journal que je poursuivais, à aucun titre il ne pouvait être regardé comme un témoin désintéressé, impartial et par conséquent sincère. Si, au lieu de M. Grégoire, il n'était pas lui-même l'accusé, n'était-ce pas grâce à l'immunité parlementaire derrière laquelle il s'est abrité?

Eh quoi! alors qu'une cour martiale, et après elle un conseil de guerre ont déclaré sans fondement l'accusation portée contre moi, M. Allain-Targé, sans aucun respect pour la chose jugée, ose venir devant un tribunal reprendre cette accusation et offrir de justifier la diffamation! Après avoir lui-même, dans une lettre rendue publique, affirmé que j'ai été remis en liberté parce que mon innocence et mon irresponsabilité avaient été irrévocablement établies, il ne craint pas de venir, *en prêtant serment de dire la vérité*, témoigner en faveur d'un journal qui a, tout au contraire, affirmé que j'étais coupable et responsable! Il n'a donc pas songé qu'en briguant et en acceptant un pareil rôle, il encourrait la réprobation de tous les hommes sérieux aussi bien que de tous les honnêtes gens?

A quel degré faut-il donc que la passion politique égare en ce temps les esprits et fourvoie les consciences pour que l'on prenne en flagrant délit de pareils actes des hommes aussi haut placés par les faveurs populaires que l'est M. Allain-Targé!

Quant à l'autre témoin, l'homme à côté duquel venait *fraternellement* s'asseoir M. Allain-Targé, on va voir ce qu'il est.

A quel titre le nommé Philippart avait-il, dans la lettre que l'on sait, offert, lui aussi, le concours de son témoignage au gérant de l'*Avenir*, et dans quel but celui-ci l'avait-il accepté ? Philippart, qui débite aujourd'hui du vin aux Manceaux, était franc-tireur tout comme M. Potel en 1870, et c'est sans doute comme *camarade* que ce dernier l'avait choisi pour scribe, c'est-à-dire pour *greffier* dans l'instruction dont il était chargé à mon sujet.

Dans sa lettre du 18 novembre 1873, M. Potel, parlant de ce M. Philippart, dit qu'il ne tint la plume qu'*après avoir prêté serment;* quel est le serment que prête un greffier? En voici la formule : « En présence de Dieu et devant les hommes, je jure et promets en mon âme et conscience de bien et loyalement remplir mes fonctions et d'*observer en tout les devoirs qu'elles m'imposent.* »

Or, parmi ces devoirs, la loi place, au premier rang, le secret absolu sur l'instruction à laquelle le greffier a pris part : *Un greffier ne peut pas révéler le secret de l'instruction.* Voici comment, dans son recueil de jurisprudence, s'exprime, à ce sujet, Dalloz :

« Un greffier a pour premier devoir la discrétion; s'il y manquait, une action disciplinaire serait aussitôt ouverte contre lui, en outre de l'action des parties en réparation du préjudice qu'elles en auraient pu éprouver. »

Et ailleurs :

« Il est du devoir d'un greffier de refuser son concours aux parties... Lorsque les greffiers assistent les juges, ils ne peuvent en aucune façon donner acte de ce qui s'est passé dans l'instruction. »

Ainsi le nommé Philippart, comme greffier de la cour martiale du Mans en 1870, a fait le serment, devant Dieu et devant les hommes, et *juré en son âme et conscience* de ne rien révéler de l'instruction et de garder le secret absolu sur ce qui s'y serait passé. Mais que dit-il dans sa lettre du 28 novembre à l'*Avenir?* Que, « comme greffier de la cour martiale », il connaît tous les détails de l'instruction, qu'il est tout prêt à les révéler pour aider le diffamateur à faire la preuve des faits et qu'il se met complétement à la disposition du journal poursuivi par moi pour peu qu'on attache quelque prix aux renseignements qu'il peut fournir. Et c'est ce concours que ces Messieurs de l'*Avenir* du Mans ont accepté avec empressement !

Craignant, sans doute, que le tribunal correctionnel ne laissât pas ledit Philippart se livrer tout à son aise à ses révélations, à ses *indiscrétions*, mes adversaires avaient pris la précaution de lui faire écrire et signer une lettre dans laquelle, sous prétexte de résumer les faits de l'instruction, il s'était livré, d'une façon grotesque autant que mensongère, à un débordement d'assertions calomnieuses contre moi. Cette lettre a été lue, à l'audience, par l'avocat de M. Grégoire, dans celles de ses parties qui ne devaient pas couvrir de ridicule son radical auteur.

Le nommé Philippart ignore peut-être quelle opinion, d'ordinaire, les honnêtes gens ont de ceux qui... *oublient* leurs serments ; mais on aura peine à comprendre que les hommes politiques et les hommes de loi, conseillers de l'*Avenir*, n'aient pas empêché ce journal de recourir à d'aussi fâcheux moyens de défense.

La loi en main, je pouvais, par l'organe de mon avocat, refuser de laisser déposer M. Allain-Targé et le nommé Philippart ; je n'ai eu garde de le faire.

Ce que l'ancien greffier de la cour martiale pouvait dire de *vrai* ne m'inquiétait pas. J'avais vivement désiré que les documents des instructions faites devant la cour martiale et devant le conseil de guerre fussent soumis au tribunal ; aussi m'étais-je adressé, dès les premiers jours de décembre, à M. le ministre de la guerre pour le prier de vouloir bien faire rechercher ces documents dans les archives de la subdivision du Mans ou de la division de Tours, et de les communiquer à mon avocat ou tout au moins à M. le procureur de la République au Mans. Il me fut répondu, le 2 janvier, c'est-à-dire la veille de l'audience, que, d'après la règle constamment suivie en pareille matière par le département de la guerre, M. le ministre ne pourrait autoriser une semblable communication que sur la demande directe de M. le procureur de la République. Quant aux *inexactitudes* que, dans ses dires, pourrait commettre Philippart, j'avais pour les réduire à néant des témoignages plus autorisés que le sien. Ce personnage, d'ailleurs, m'était absolument indifférent, aussi bien que le rôle qu'il avait désiré jouer dans cette affaire; je priai donc mon avocat de ne pas même s'occuper de lui.

On comprend que, à l'égard de M. Allain-Targé, mes dispositions étaient tout autres. Je l'avais provoqué à un débat contradictoire; il s'y était absolument dérobé. Maintenant, il venait de lui-même m'offrir ce débat, sur un terrain illégal, il est vrai, mais où cependant il pouvait être complet et décisif.

Me Caraby m'approuva de saisir cette occasion pour établir, d'une façon irrécusable, mon innocence et la mauvaise foi de mes détracteurs.

Mon avocat se leva et, après avoir fait ressortir l'illégalité et le peu de dignité de l'attitude que M. Allain-Targé avait cru devoir prendre, il déclara que si la loi ne permet pas la preuve des faits diffamatoires devant un tribunal correctionnel, le diffamé peut cependant renoncer à ce bénéfice; que non-seulement j'y renonçais, mais que je suppliais le tribunal de laisser à M. Allain-Targé la plus grande liberté pour faire, ainsi qu'il l'avait offert à l'*Avenir*, la preuve des faits.

« Nous voulons, ajouta Me Caraby, qu'en sortant de cette « audience, on sache si M. Le Nordez a trahi sa patrie, « ou si M. Allain-Targé a sciemment diffamé un honnête « homme ! »

Le ministère public, tout en déclarant comprendre et approuver le sentiment auquel j'obéissais, ne fut pas d'avis que l'article de la loi qui interdit la preuve des faits fût, pour le demandeur, un bénéfice auquel il pût renoncer à son gré, et il pria le tribunal de n'autoriser l'audition des deux témoins cités qu'autant que leurs dépositions ne porteraient que sur la *question de moralité*. Le tribunal rendit un jugement conforme à ces conclusions et voilà comment la *moralité* du rédacteur-gérant de l'*Avenir*, laquelle n'était pas le moins du monde en question, fut attestée par M. Allain-Targé, qui ne connaissait pas du tout ce rédacteur, et par le nommé Philippart, le *discret* greffier que l'on sait.

Je n'ai pas ici le droit de rendre compte des plaidoiries, non plus que du réquisitoire du ministère public ; aussi, après avoir exprimé à mon éloquent avocat toute ma reconnaissance, il ne me restera plus qu'à prendre note de la déclaration faite par M. Grégoire lorsque, après les débats, le président lui a demandé s'il avait quelque chose à dire :

« Je ne connais pas personnellement M. Le Nordez, a-t-il répondu, et je n'ai pas eu l'intention réfléchie de le diffamer. »

Dans le monde des honnêtes gens, une pareille déclaration n'a pas deux significations : *elle équivaut à des excuses*.

LE JUGEMENT

Le 10 janvier, le tribunal correctionnel du Mans, vidant son délibéré en date du 3, a statué en ces termes :

« Sur les trois premiers chefs de la prévention, résultant des trois articles intitulés : « Le cas de M. Le Nordez », publiés dans les numéros des 15 novembre, 23 novembre et 15 décembre 1877, du journal *l'Avenir*, articles dont Grégoire décline la responsabilité :

« Sans avoir à se prononcer sur la nature des inculpations que contiennent ces articles ;

« Considérant qu'ils ne portent pas de signature particulière ; que Grégoire, bien qu'il fût alors rédacteur de l'*Avenir* et qu'il ait eu connaissance des attaques dirigées dans ces trois articles contre Le Nordez, ne peut en être rendu responsable légalement, puisqu'il n'a pris que postérieurement à leur publication les fonctions de gérant dudit journal; que la connaissance qu'il en a eue ne prouve pas qu'il y ait concouru;

« Qu'il y a donc lieu de le renvoyer des poursuites sur ces trois chefs;

« Attendu que, dans le numéro du 19 novembre 1878 de l'*Avenir*, Grégoire, alors rédacteur en chef et directeur-gérant, a reproduit un passage du compte rendu des débats de la Chambre, ainsi conçu :

« M. LE RAPPORTEUR (M. Allain-Targé) : Monsieur de La Roche-
« foucauld, j'ait fait envoyer devant une Cour martiale votre rédac-
« teur, parce qu'il avait révélé dans son journal le secret du
« camp de Conlie aux Prussiens qui étaient à cinq lieues de là; »

« Attendu que, si aux termes de l'article 22 de la loi du 17 mai 1819, le compte fidèle des séances publiques de la Chambre, rendu de bonne foi dans les journaux, ne peut donner lieu à aucune action, il n'en est pas de même des réflexions et commentaires par lesquels le journaliste s'approprie l'accusation portée contre Le Nordez d'avoir révélé aux Prussiens le secret du camp de Conlie, et précise cette accusation, en ajoutant :

« Nos lecteurs connaissent les faits auxquels il a été fait allu-
« sion ; ils savent que le journal patronné par M. de La Roche-
« foucauld est l'*Union de la Sarthe*, et que le rédacteur qui fut
« arrêté est M. Le Nordez, décoré depuis par le ministère du
« 16 mai ; »

Que Grégoire, après avoir ainsi désigné Le Nordez par son nom, aggrave la portée des accusations qu'il reproduit en les présentant comme un fait acquis, puisqu'il termine par ces mots :

« Il est du reste depuis longtemps acquis que les ennemis de
« la France ne sont pas ceux des légitimistes. »

« Attendu que le commentaire dont Grégoire accompagne la reproduction du compte rendu de la Chambre contient l'imputation d'un fait déterminé, celui d'avoir trahi la patrie, fait de nature à porter la plus grave atteinte à la considération et à l'honneur du plaignant;

« Attendu que Grégoire, bien qu'il fût averti que Le Nordez avait l'intention de le poursuivre pour diffamation, n'en écrivait pas moins dans le numéro de son journal du 23 novembre dernier :

« Nous ne voulons pas y croire ; mais si M. Le Nordez cherche « une explication et une justification, il y a pour lui un excellent « moyen d'atteindre ce but; qu'il appelle en témoignage M. Allain-« Targé lui-même et M. Potel, avocat à la cour de cassation, « officier en 1870, avec lequel il eut des rapports à cette épo-« que ; »

« Qu'ainsi, dans cet article, il maintient et renouvelle ses attaques, indiquant même les témoins à l'appui ;

« Attendu que cependant Grégoire ne pouvait ignorer que l'ancien rédacteur de l'*Union de la Sarthe* avait protesté, à plusieurs reprises, soit dans les journaux, soit devant la commission d'enquête contre ces mêmes accusations ;

« Qu'il lui était facile, en s'adressant aux personnes qu'il désigne comme témoins, de savoir :

« Que dans une lettre du 11 octobre 1873, publiée dans le journal *la République française*, numéro du 14 du même mois, M. Allain-Targé avait écrit que l'instruction qui fut faite « dé-« montra que les intentions de M. Le Nordez étaient innocentes » ;

« Que dans une autre lettre publiée dans le numéro du 20 novembre 1873 du même journal, M. Potel, qui avait fait l'instruction, déclare :

« Que M. Le Nordez n'était pas l'auteur des articles incriminés « et n'en était pas responsable » ;

« Attendu qu'au lieu de s'arrêter dans cette voie malheureuse, Grégoire publia, dans les numéros de l'*Avenir* des 24, 28 et 30 novembre dernier, trois lettres ayant pour but de provoquer Le Nordez, « de mettre en doute son intention de poursuivre et « d'affirmer que, s'il intentait un procès en diffamation, c'était « dans l'intention d'éviter un débat contradictoire dans lequel la « preuve serait admise et les témoins entendus » ;

« Que cette persistance démontre une intention arrêtée de dénigrement et d'attaques personnelles ;

« Considérant qu'il résulte du commentaire dont Grégoire a fait suivre la reproduction des débats de la Chambre, dans le numéro de l'*Avenir* du 19 novembre dernier, et des attaques contenues dans le numéro du 23 novembre du même journal, numéros qui ont été publiés au Mans, mis en vente et distribués, que Grégoire, gérant dudit journal, s'est rendu coupable d'allégations et d'imputations de faits de nature à porter atteinte à l'honneur et à la considération de Le Nordez ;

« Que ces imputations constituent la diffamation prévue et réprimée par les articles 1er, 13, 14, 18 de la loi du 17 mai 1819 ;

« Par ces motifs :

« Le tribunal, faisant droit aux conclusions du ministère public ;

« Condamne Adrien-François Grégoire ès-qualités en 200 francs d'amende :

« Et, statuant sur la demande de la partie civile, le condamne en tous les dépens à titre de dommages-intérêts envers Le Nordez ;

« Vu l'article 26 de la loi du 26 mai 1819 ;

« Ordonne l'insertion du présent jugement, dans ses motifs et son dispositif, en tête des colonnes du journal *l'Avenir*, dans la quinzaine après le prononcé, sous peine de 10 francs d'amende par chaque jour de retard ;

« Ordonne l'insertion du même jugement, en entier ou par extraits, dans dix journaux de Paris et dans dix journaux des départements, au choix de Le Nordez et aux frais de Grégoire ;

« Fixe à 200 francs le maximum du prix des insertions dans les journaux de Paris, et à 150 francs le maximum de celles qui seront faites dans les journaux des départements ;

« Déboute Grégoire des autres chefs de ses conclusions et demandes reconventionnelles ;

« Réserve à la partie civile son recours contre Grégoire pour les dépens dont elle est tenue, aux termes de la loi, envers l'État ;

« Fixe au minimum la durée de la contrainte par corps. »

TABLE

APPENDICE

6436. — Paris. — Imp. Ve Ethiou-Pérou et A. Klein, rue Damiette, 2 et 4.

www.ingramcontent.com/pod-product-compliance
Ingram Content Group UK Ltd.
Pitfield, Milton Keynes, MK11 3LW, UK
UKHW020444200726
13857UKWH00002B/566